島嶼浮世繪

日治臺灣的大眾生活

蔣竹山 著

臺灣
高雄州
屏東街
旗山街
案内記
職業別索引（イロハ順）
銀行
飲料水商
履物商
保險代理店
ペンキ屋
時計眼鏡商
旅館
屏東ホテル
菓子商
硝子商
金物商
請負業
漆物業
電機店
機械商
指物商
ミシン商
名宗

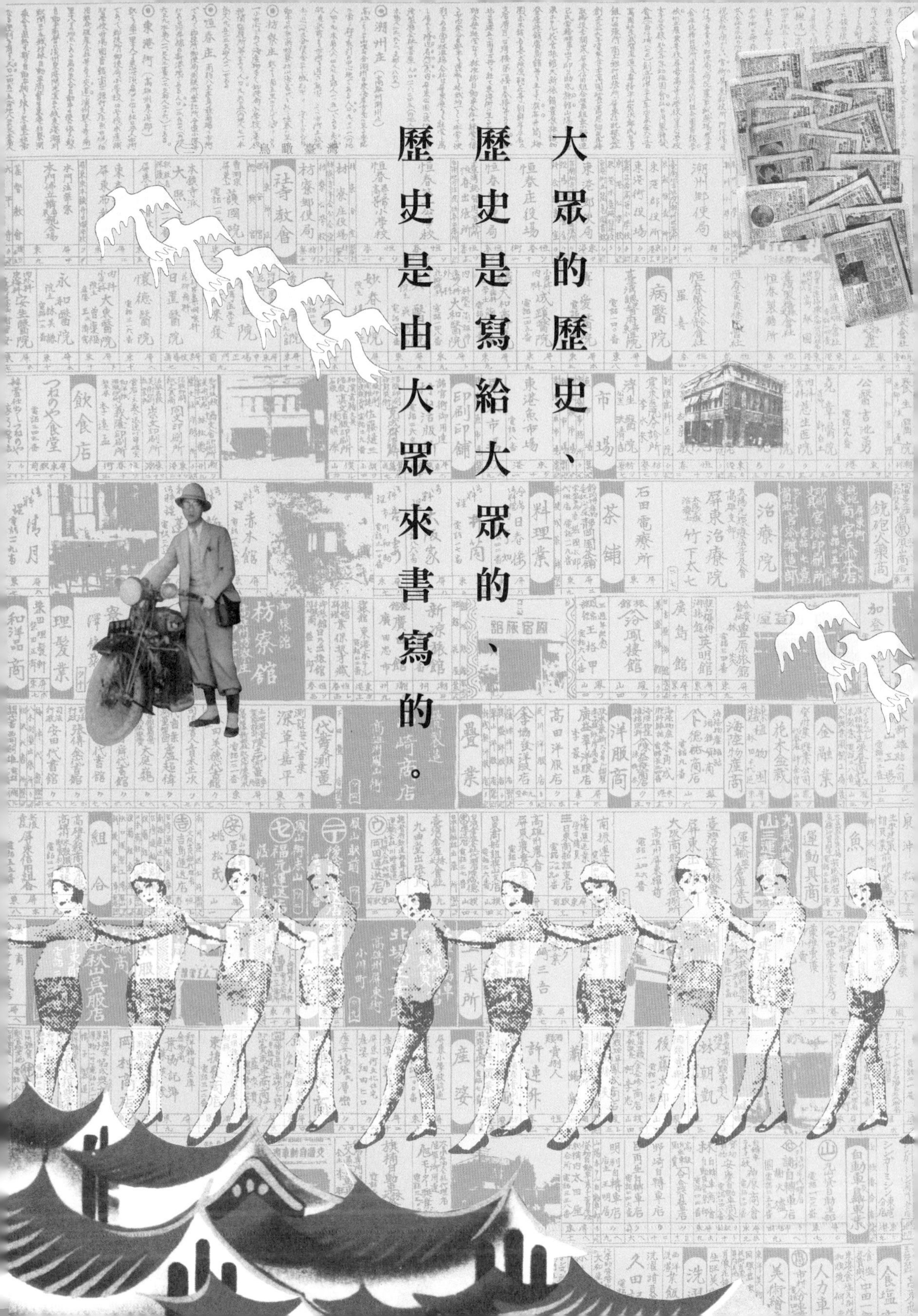
大眾的歷史、
歷史是寫給大眾的、
歷史是由大眾來書寫的。

第二會
映画館
海女館
コドモノクニ
演藝館
銅像
音樂堂
門
迎賓館

第二文化施設館
國防館
船舶館
便所
京都館
台日休憩所
實演場
大阪館
東京館
電氣館
臺灣新聞休憩所
北海道館
第一文化施設館
奈良館
專賣館
鐵道案內所
門
愛知館
荷物預り所
茶亭
花蓮港案內所
休憩所
案內所
ネッスル休憩所
門
水族館
荷物預り所
消防

台湾博覽會

會期 昭和十年十月十日ヨリ十一月廿八日マデ

會場 台北市及草山溫泉

主催 台湾博覽會 後援 台湾總督府

始政四十年紀念博覽會第二波宣傳海報。

1922年的日本平和東京博覽會中的臺灣館。

No. 95（臺北） 新公園と博物館　TAIHOKU NEW PARK &
市の中央にある小規模ながら新施設完　THE MUSEUM, TAIHOKU.
備せる樂園　博物館は蒐集品の充實せる事斯界に名のある處である

新公園與博物館。

臺灣繪葉書

秋は台湾博へ

始政四十周年記念 台湾博覧會協贊會

臺博會製作的宣傳明信片，已經將新高山的意象放入其中。

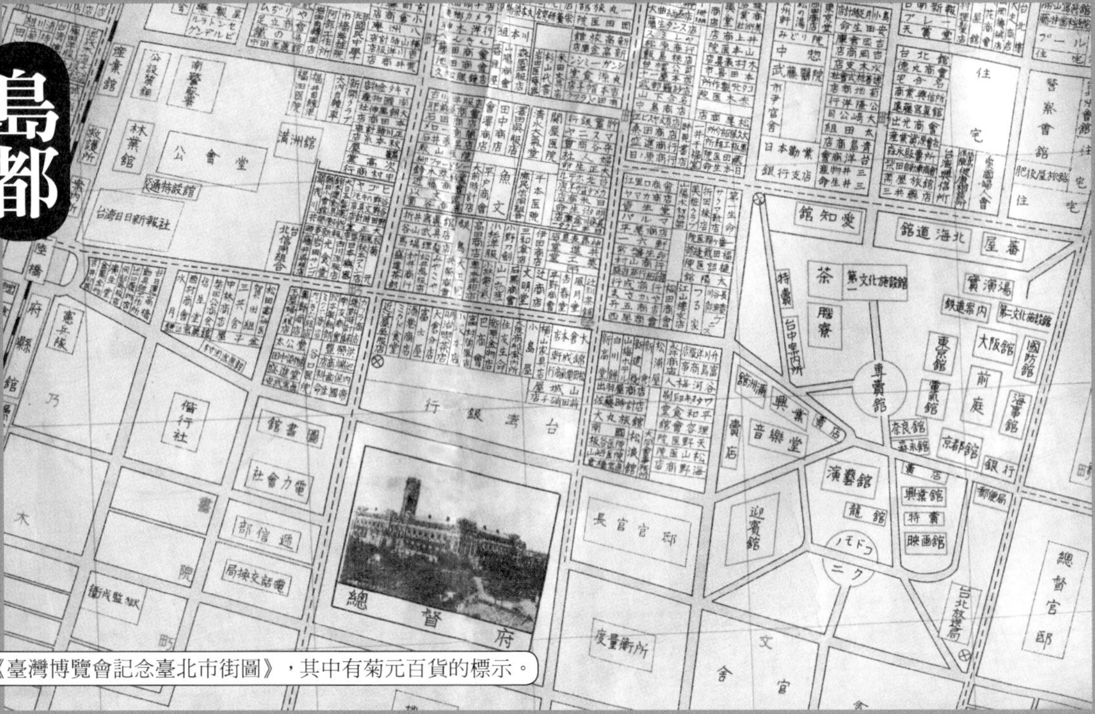

島都

《臺灣博覽會記念臺北市街圖》，其中有菊元百貨的標示。

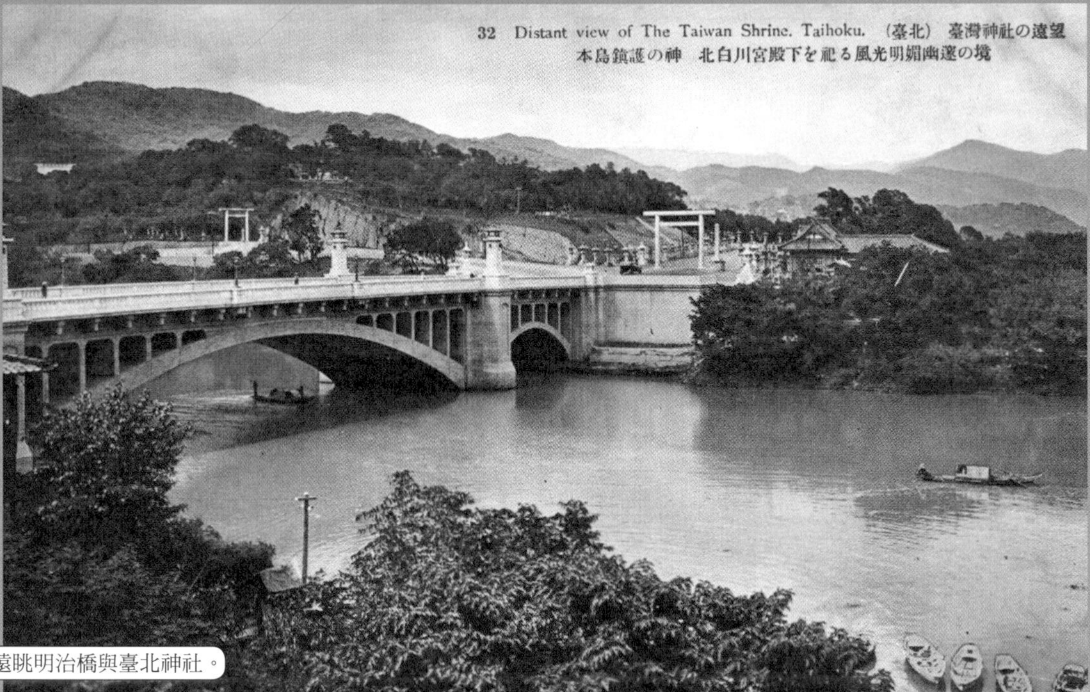

32 Distant view of The Taiwan Shrine. Taihoku. (臺北) 臺灣神社の遠望
本島鎮護の神 北白川宮殿下を祀る風光明媚幽邃の境

遠眺明治橋與臺北神社。

修學旅行

臺博會的宣傳品，吸引了許多學生團體，以參觀博覽會名義進行修學旅行。

日治時期建功神社。

日治時期的角板山貴賓館。

「花蘇斷崖」。

日治時期阿里山的街道。

內地旅行

日本國立公園箱根大涌谷的地熱噴煙。

市區改正

日治時期的臺中街道明信片，從中可以見到有時尚造型電燈、菓子店，以及西式風格的樓房。

臺灣八景

矢崎千代二所繪的的臺灣八景阿里山。

臺灣神社 。

1939年的高雄市役所，耗費五十五萬圓。

臺博協賛會發行的紀念明信片，木下靜涯所繪的「淡水雨後」。

珈琲店

金井廉的《珈琲店時代》的封面。

臺北納涼

臺北南端的水源地明信片。

臺北新公園的音樂堂廣場明信片。

臺南銀座

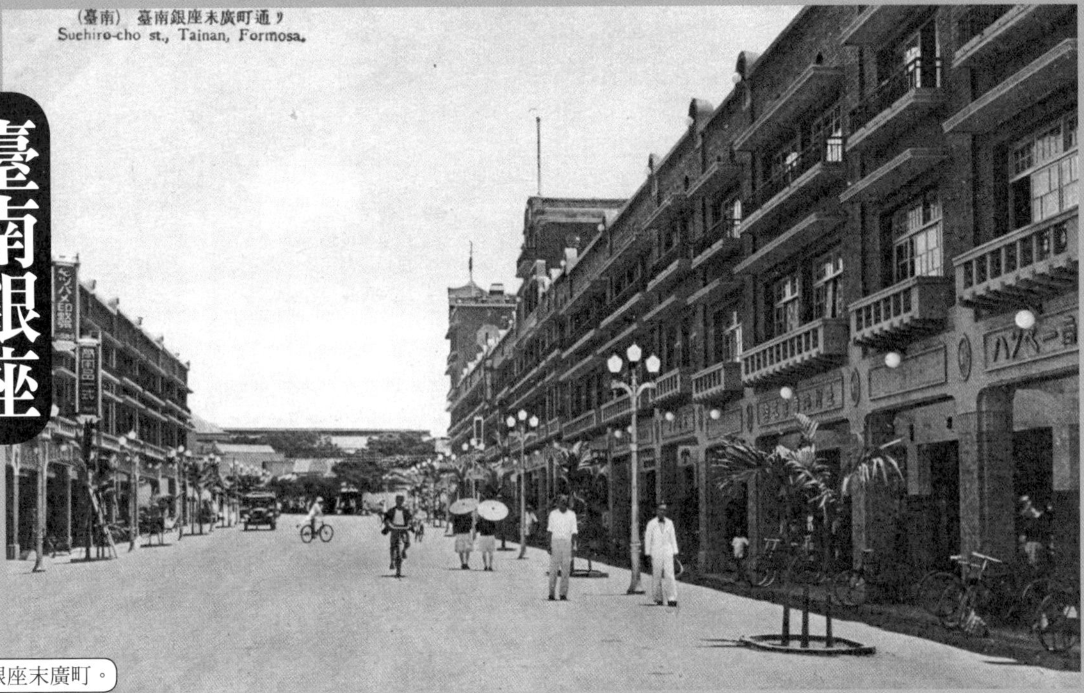

(臺南) 臺南銀座末廣町通り
Suehiro-cho st., Tainan, Formosa.

臺南銀座末廣町。

菓子業

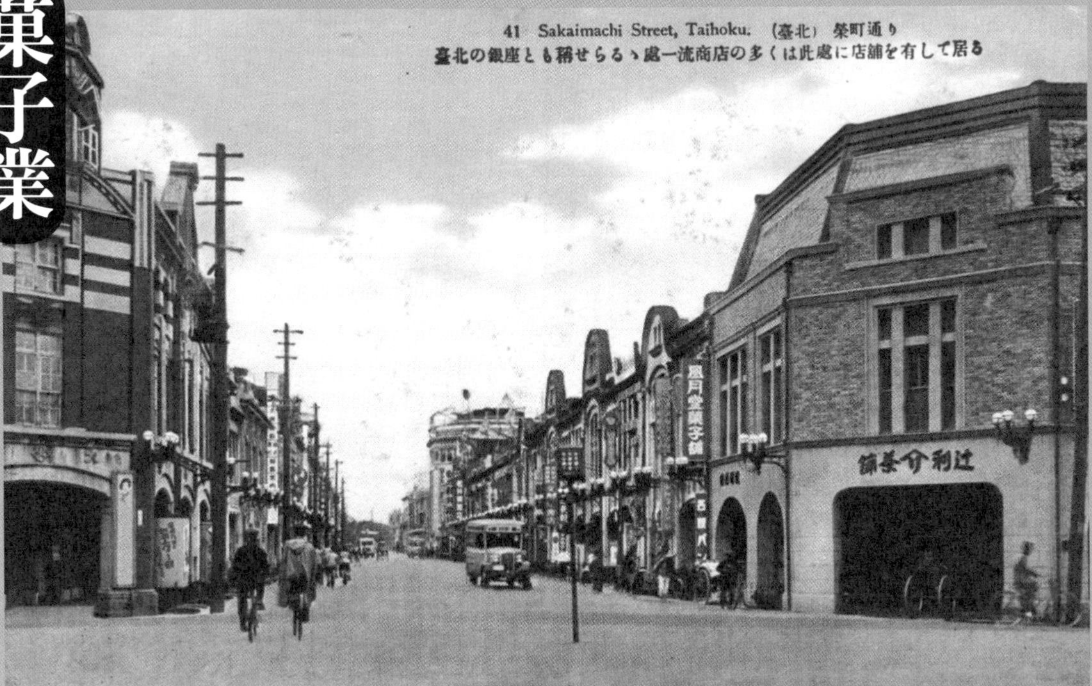

41 Sakaimachi Street, Taihoku. (臺北) 榮町通り
臺北の銀座とも稱せらるゝ處一流商店の多くは此處に店舖を有して居る

有臺北銀座之稱的榮町通，轉角可見辻利茶舖的洋樓建築。

石鹼廣告。

石鹼

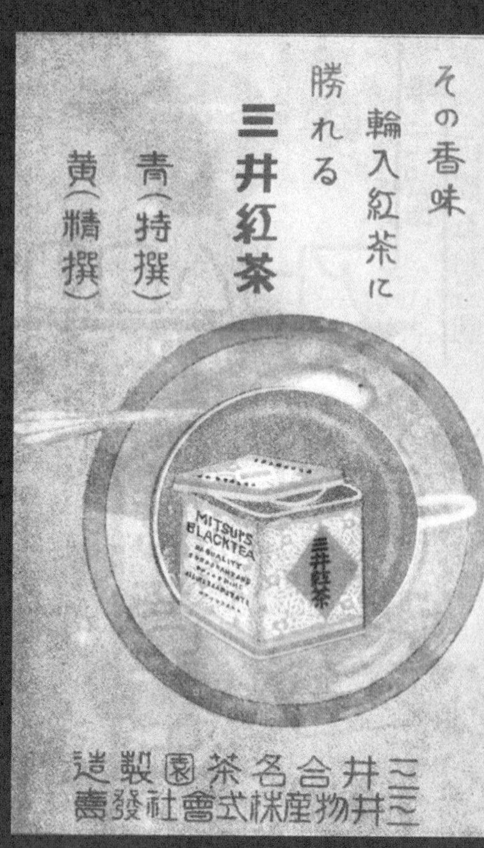

三井紅茶的廣告。

喫茶店

島嶼浮世繪
日治臺灣的大眾生活

三、地景與記憶

四、空間、休閒與大眾文化

五、性/別臺灣

六、舌尖上的臺灣

七、身體規訓與公共衛生

八、物與日常生活

推薦序

看似尋常最奇崛，成如容易卻艱辛。

／傅月庵（茉莉二手書店書物總監）

論交遠在廿年外。我與蔣竹山，不僅就讀同一所大學，同系且是同一「家族」——僅差了一屆的直屬學長弟——在學時，兩人賃居校外，住所一牆之隔，伸手可及，有時要借書、談事情，大聲一吆喝，隔著陽台一丟一吼便搞定了。

竹山自來對編輯有興趣，高中似乎便參加過編輯營，學過一些基本功夫。我則一心想找個「只要看書，就有薪水領」的工作，從來沒放棄當學者的美夢。在學時，他曾以「系學會」之名，編過一份期刊，叫《歷史通訊》，時評、史論、散文、記事……什麼都有，內容十分紮實。我是撰稿人之一，總是奉命寫文章，要什麼給什麼。囿於經費，刊物只能影印裝冊，非常繁瑣辛苦，他卻樂此不疲，做得有聲有色。

離開學校後，運途兩分。我碩士班沒唸完便逃學了，學者自然當不成，一跑跑到出版社掛單，浸淫編輯之道十多年，今雖下崗，仍以「編輯人」自居；竹山則碩士班、博士班一關關闖過去，最後落腳後山，成了臺灣史學界的青壯學者。——人生如歌，顛倒夢想，大約就是這麼回事吧。

大學時，竹山便是開闊之人，活潑潑的，不曾死於句下。當上老師之後，本職學能鑽研深邃之外，也總能向外觀照，期望能讓「歷史」走出象牙塔，跨越校園圍籬，得以紮根社會，更加普及一些。這或跟他昔時愛讀《歷史月刊》，又很早成為《新史學》同人，參與編輯有些關係。但總而言之，他念念不忘「大眾史學」（public history）這件事，老想要「為人民服務」，於是而有了這本書。

上個世紀戒嚴時代，臺灣研究是「險學」，處處受限，一個不小心，還可能觸犯時諱，要倒大楣的。一九八〇年代後期，臺灣民主運動風起雲湧，「臺灣熱」逐漸加溫，到了二〇〇〇年政黨輪替之時，「臺灣」竟成了政治正確的「顯學」標誌，不但相關系所如雨後春筍，一開再開；關於臺灣史的出版品也種類繁多，紛然雜陳。然而，由於此前數十年中所投入的人力、財力相對有限，根基實在薄弱，尤其「日治時期」這一塊，或囿於語文，加上檔案龐雜，許多基礎工程如文獻解題、書目整理……等等均待開展，在此情形下，奢談「大眾史學」顯然不切實際，套句臺灣諺語，真是「生吃都不夠了，哪還有得曬成乾」？！

然而不然的是，又經過十多年的層累堆成，關於「日治臺灣研究」，從量變到質變，近些年來，讓人眼睛為之一亮的成績單，一張接著一張出現。在此基礎上，「大眾史學」或「日治臺灣史普遍化」也才總算有了著落，有其根基可言。

竹山此書，上天下地，網羅殆盡。小如一個糕餅菓子、一塊肥皂、一間藥房、一位小鎮醫生，大到國家公園、市區改正、內臺航線、臺灣八景……等等，但凡關乎日治庶民生活，大眾所樂於參與，時代浮生百相者，無不娓娓道來，以清通而多姿的文字，配合難得一見的圖片，將一件件歷史事件，講得趣味盎然，引人入勝。

自然，這樣的書籍，此前並非沒有出現過。只不過或所據資料有限，無非整輯排比之功；或所據內容雜蕪，不見參互搜討之力。類皆不如此書深入淺出，在極紮實的地基之上，蓋成了一棟宜室宜家宜起居的小木屋，佔地不大，而房舍儼然，花木扶疏，清風徐來。真正茶餘飯後，納涼消遣之好所在也。

「大抵有基方築室，未聞無址忽成岑。」任何一門學問想要普及化，總得有足夠的數量與質量，方始得以讓有心者踩在巨人的肩膀上，萃取精華，化繁為簡，用人人都聽得懂的話，講出人人未曾知的事物。這個工作的不容易，於是可想而知：你必須博覽群書，尤其最新的研究發現；你多半述而不作，僅是以自己的視角，消化整理旁人的研究成果。此事於自己的「學術業績」，幫助恐不大，對於社會大眾的獲益，的的可見，是之謂「功德」！

說功德的人多，作功德的人少，是我們這個時代的澆薄特質。「看似尋常最奇崛，成如容易卻艱辛。」這二句話，遂成為這本書的最好註腳了。

前言

一般所謂的大眾史學（public history）有三個概念：大眾的歷史、歷史是寫給大眾的、歷史是由大眾來書寫的。

當代大眾史學的新趨勢是歷史已成為消費的商品，消費者可以透過物質媒介，公開地接觸過往的工具、人工製品及文本。大眾不僅可透過學院史家掌握歷史知識，也藉由大眾文化發展趨勢下的虛擬轉向（virtual turn）與視覺轉向（visual turn）來接觸歷史，以及發展他們自己的敘事、故事及歷史經驗。

英國曼徹斯特大學歷史教授傑羅米・葛羅特 (Jerome de Groot) 即認為在歷史商品化之後，有愈來愈多的人得以更方便地接觸過去、論述過去，及建立自己的歷史。我們常見的幾種大眾史學類型計有日常生活史、數位歷史、歷史扮演、歷史紀錄片及歷史電影。

近來大眾史學的趨勢之一是名人史家當道，帶有學院身分的史家逐漸增多，往往他們的學院成就可能還比不上他們在消費市場的個人風格及魅力。新世代的史家相當倚賴書籍來建立他們的權威，發展他們的形象。大眾史學著作的訴求是滿足於那些不被專業史家關注的大眾讀者需求。

西方的大眾史學出版品的主題涵蓋了事件、紀念日、記憶、傳記、軍事、地方史、文化史見證敘事、藝術史及邊緣史。書店及圖書館的大眾史學區塊有日漸擴增的趨勢，好滿足大眾對過往敘事的需求。其風格類型的複雜性也相當大，範圍從基礎入門資料——例如為英國人所熟悉的系列 World War II for Dummies、民眾史，到 BBC 所主導的國家解釋系列。

大眾史學的書籍系列作者大多是學院學者、記者、獨立作家、政治人物及小說家等。儘管新的大眾史家當道，但老牌作家依然持續出書不斷，例如臺灣讀者最熟悉的西方史家之一艾瑞克・霍布斯邦 (Eric Hobsbawm)。若以英國大眾史家著作內容的時代來說，二次世界大戰、軍事史及大英帝國時期等都是較受重視的主題。

在大眾史學作家中，戴瓦・索貝爾 (Dava Sobel) 的《尋找地球刻度的人》（*Longiude*）可視為是這方面書市的代表者。本書於一九九六年出版後，書評家及讀者好評不斷，不但成為歐美暢銷書，翻譯成二十多國文字，並屢獲國際大獎。近來，這個故事不僅出過插圖本，更改拍成紀錄片及迷你影集。此後，索貝爾又寫了《伽利略的女兒》，仍榮登暢銷書排行榜之列。*Longiude* 一書講的是一個決定霸權興衰與國家貧富的科學謎題，歷來的伽利略及牛頓都以為無解，最後竟讓一個未受教育的無名錶匠解開，破解了四百年來科學菁英的疑惑。

英國著名藝術史家賽門・夏瑪 (Simon Schama) 則稱當前是大眾敘事史學的「黃金時期」，

有許多平易近人的作品是由專業史家所寫，愈來愈多的史家將學院的研究與敘事技巧相結合，例如近來在臺灣頗受矚目的哈佛大學歷史學教授尼爾・弗格森 (Niall Ferguson) 等作家的作品。

Web 3.0 時代的來臨改變了大眾對於歷史的接觸、互動、認知、理解及使用。它開拓了以往大眾與過去產生聯繫的局面，其中較特別的是 Google、Facebook、Youtube 及 Wiki 的出現。

簡言之，大眾與歷史的關係是互動的，web 3.0 時代改變了以往的知識架構及階層，這種巨變較少受到傳統史家的注意。全球化的知識經濟及與過往有關的知識現在都變得有即時性，技術的轉變改寫了以往史家所扮演的角色。

以英國一位歷史教師拉斯・布朗沃思 (Lars Brownworth) 為例，他所製作的拜占庭君王的「播客（Podcast）」數位檔，就在網路上大受好評，曾獲 *New York Times* 連結為最受歡迎的大眾史家之一，目前至少在網路上已有十幾萬的讀者／聽眾。二〇〇九年，他透過網路上的人氣，將其成果發展成實體的書籍，名為 *Lost to the West*，更是一路長銷。

受到這樣的史學風潮的影響，近年來，我也開始嘗試思考怎麼將現有的史學研究成果讓更多民眾知道。二〇一一年的十二月，在當時東村出版社總編林宜澐的邀約下，我開始策劃臺灣的大眾史學書系，第一波主要推出的是近代臺灣史系列。

回想當時，一共規劃了十二本書，有全球史下的金門、八七水災的文化史、日治臺灣的珈琲店與女給、臺灣棒球的社會文化史、阿媽的魔法學校、微觀吳新榮日記、近代臺北城的日常生活史、唱片與近代臺灣社會生活、近代臺灣的酒家與飲食文化、樂生療養院的文化史及日治時期臺灣的修學旅行等。這些題目，都是我蒐集了許多日治臺灣史的研究書目之後，特別感興趣的文化史課題。在這裡頭，有已經很不錯的研究成果，也有的則是白紙一張。

為了要示範給邀稿對象看寫作方向，我還認領了吳新榮那本，打算好好來讀這套日記。當初會選進這主題，完全是幾年前讀到這套日記的一點點印象。直到那次策劃，才又好好閱讀。心想，這人實在是太有意思了，他的日記簡直是日治臺灣文青生活的百科全書，什麼樣的日常生活細節，都記錄在他的日記裡。

密集閱讀幾個月的結果，從這套日記中，觀察到一九三〇年代的一些生活特色。我隨手筆記下來，觀察書許多常出現的「關鍵詞」。像是：打麻雀、公會堂、傳書鳩、樂春樓、佳里座、寶美樓、溫泉、種痘、內地旅行、公學校、地震、自動車、旅館、始政四十年、百貨公司、世界館、博覽會、臺南神社、國勢調查、森永、喫茶、銀座、咖啡店、電影、納涼會、臺南鐵道旅館、

◆始政四十年紀念博覽會期間，在臺北舉辦的媽祖繞境遊行。

女給、市區改正、西子灣觀光館、林獻堂、飛機、麻疹、水痘、燈火管制、國防獻金、愛國婦人會、吳鳳廟、唱機、醫院、虱目魚等等。

這樣的一套日記，開啟我之後的關鍵詞研究。二〇一二年暑假，我將日記擴展到報紙《臺灣日日新報》及《大阪朝日新聞臺灣版》。我嘗試用在《吳新榮日記全集》中所觀察到關鍵詞，透過報紙的閱讀，開始找尋更多的大眾生活線索。

剛開始的構想是透過關鍵詞，進行日治臺灣社會的三十個文化觀察。擬定的主題有：博覽會、南京蟲、肥皂、國立公園、行道樹、市區改正、賽鴿、修學旅行、菓子業、始政紀念日、富士號、內地旅行、納涼會、空襲警報、溫泉、打麻雀、競馬、臺灣八景、銀座、新公園、野球、映畫、種痘、公會堂、衛生展覽會、臺灣紅茶、廣告。這名單和最早讀《吳新榮日記全集》的關鍵詞相比，明顯做了許多調整。

經過一年半的閱讀寫作，有些課題暫時擱著，也新添了一些關鍵詞，最後選定七大主題：鳥瞰臺灣、帝國之眼、地景與記

◆高雄神社。

◆1930年代，排隊上公車的臺北市民。

◆1923年，臺北本町博物館前的奉迎儀式。

10.11.21
東京館
TOKYOKWAN
昭和十年十一月
南方館
OSAKA
大阪館
10.11.27
10.12.8
TOMOE
草山溫泉
10.11.25
台灣博覽會
台灣の警察
台灣博 第二文化施設館
北投溫泉
10.11.26
馬產館
臺灣產馬協會

◆臺博會各館的紀念章。

憶、空間與休閒、性別臺灣、舌尖上的臺灣、身體與衛生。希望透過這樣的設計，能夠呈現出不同以往刻板印象裡的日治時期的大眾生活。

鳥瞰日治臺灣的方式有很多，在第一部份，我們透過博覽會、鳥瞰圖及島都臺北來觀看大眾生活。在展示臺灣方面，當時很多民眾的生活，是在帝國的視線下進行的。像是，臺灣民眾常有被動員去奉迎日本皇族的經驗；民眾會透過輪船去日本內地旅行，體驗現代化的建設；學生會利用課餘，進行另類的戶外教學「修學旅行」；殖民政府習慣透過「始政紀念日」塑造國家認同。

在地景與記憶的主題方面，我們瞭解到新式空間對大眾文化的形塑及歷史記憶的影響。例如，透過一座地方廟宇可以看出市區改正的影響力；日本曾透過行道樹打造都市新景觀與南島風情；圓山動物園既是休閒，又是權力宰制的空間；日治臺灣已經有了三座國家公園的規劃；公會堂是民眾集會的新空間；民眾票選新八景可是各州廳大力動員而成的；原來一九三〇年

◆日治時期的臺中市民館。

並非易事。每個關鍵詞的背後，若深究下去，都能發展成一篇篇重要的研究論文。要在這麼短短不到四千字的篇幅裡，寫出一個個關鍵詞，我們採取的作法是深入淺出，盡可能的有學術上的依據，而又能將大眾生活的圖像有趣地呈現。

因而，在結構上，我們看似沒有框架，但篇章安排上卻隱約有著這些生活是如何在帝國的政治措施的影響下，慢慢成形的意味。讀者可以從頭讀起，也能隨性地挑選感興趣的主題切入。每篇文末，列有關鍵詞，提供讀者新的連結。此外，還有推薦的延伸閱讀書目，可提供讀者，能進一步地做深度閱讀或問題思考。

首先，擔任我們這趟歷史時空之旅的導遊是林獻堂。大家對他應該不陌生，過去談的比較多是他所推行的社會運動，但或許不知，他的日常生活史也很有意思，透過第一篇文章〈始政四十年紀念博覽會〉，眼尖的讀者不難發現，我們整本書要談的關鍵詞，大多數都在這趟「博覽會之旅」中出現。以下就讓我們透過這一條條的關鍵詞，首先跟著林獻堂去旅行，體驗當時民眾的大眾生活，找尋那些消失已久的歷史記憶。

◆森永製菓株式會社所販售的牛奶糖。（國立臺灣圖書館提供）

◆1930年代，臺北的菊元百貨，是當時附近最高的建築物。

第二會
映画館
海女館
コドモノクニ
演藝館
銅像
音樂堂
門
迎賓館

一・鳥瞰臺灣

第二文化施設館
國防館
船舶館
京都館
實演場
北海道館
大阪館
東京館
電氣館
專賣館
奈良館
第一文化施設館
門
愛知館
茶亭
休憩所
案內所
水族館
門
消防

1 始政四十年紀念博覽會：跟著林獻堂去旅行

一九三五年，在新竹與臺中州發生大地震過後五個多月，十月十日這天，總督府在臺灣舉辦了有史以來規模最大的一次博覽會「始政四十年博覽會」。在這個號稱「博覽會世紀」的時代裡逛博覽會雖然不足為奇，但對於臺灣民眾而言，這樣的等級卻是第一次，也因此成為許多民眾共同的歷史記憶。

這次的博覽會之所以會在民眾心目中留下深刻的印象，與官方的重視與密切宣傳有關。

博覽會的開幕

十月十日開幕當天，《臺灣日日新報》就刊登了參加開幕式的來賓該注意的四件事。第一、開會的接待處在第一會場京町

◆ 1922 年的日本平和東京博覽會中的臺灣館。

◆ 始政四十年紀念博覽會第二波宣傳海報。

門、榮町門及大和町門三個地方。二、由於場地太大，搭車前來者應當和駕駛約好見面的地方。第三、參加者進入時，應在接待處出示公會堂的出入證。第四、參加者可以隨意穿著，但一般文官須一身白色，穿著黑靴，搭配最高勳章。

這則新聞另外提到，當開幕式結束之後，一點後才開放民眾憑票入場。大人二十錢，可以買團體票進行修學旅行的學生及軍人十錢。憑票可參觀第一、第二會場及大稻埕分館，至於展示北投溫泉與大屯山國立公園特色的草山分館則免費。夜間僅開放佔地兩萬四千坪的新公園內的第一會場。

臺大歷史系教授呂紹理是這樣描寫這場博覽會的開幕典禮：「一九三五年十月十日上午九點半，臺北市公會堂前響起了隆隆砲聲，天空煙花四起。第十六任臺灣總督中川健藏緩緩走上公會堂內的舞台，宣布『始政四十周年紀念臺灣博覽會』正式開幕。十一時博覽會開幕式結束時，公會堂外再次響起煙火，一千五百隻傳信鴿振翅高飛；而臺灣國防義會的義勇號飛機則在會場上空劃空而過，五色彩紙隨即自天而降，各會場同時開

◆ 臺北生蕃屋本店印行的新公園與博物館的明信片。

◆ 始政四十年紀念博覽會中第二會場的榮町門入口。圖中可見參觀民眾的服裝樣式的多樣化，有穿著旗袍、和服的婦女，男士服裝則有臺灣服及西裝。

◆《始政四十周年記念臺灣博覽會鳥瞰圖》，其中的上半部第一會場。1935 年 10 月 10 日發行。

◆ 博覽會入場卷，右上為普通票二十錢，左上為軍人、學生、兒童票十錢。

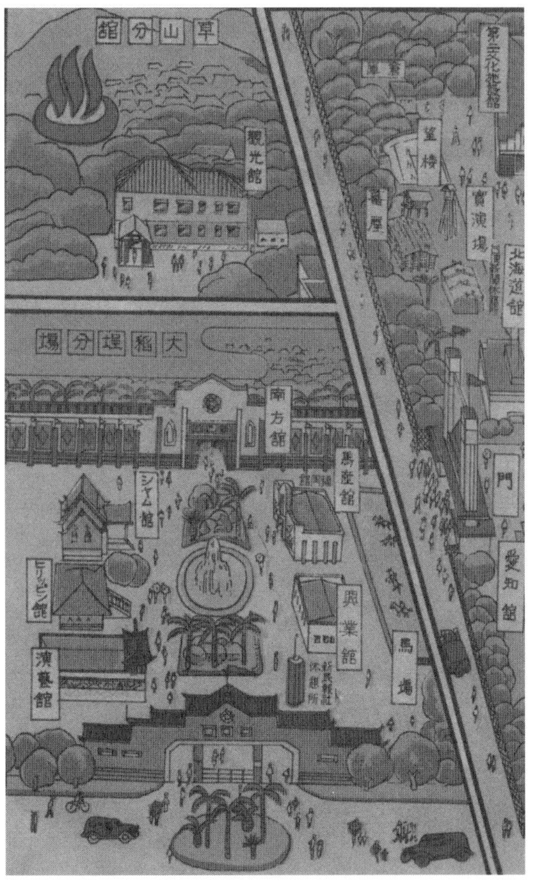

◆《始政四十周年記念臺灣博覽會鳥瞰圖》，其中的左下方的南方館。

放參觀，立刻湧入大批人潮，場面極為熱鬧。」

跟著林獻堂逛博覽會

臺灣民眾中，沒有幾個人像剛去過日本內地旅行及登完新高山不久的民族運動先驅者林獻堂有這麼好的機會，可以親眼目睹這一幕。這一天，在公會堂參加開幕儀式的共有兩千多人，和林一起觀禮的還有他的五位家人。這種公開場合，林獻堂應當不陌生，在此之前，他就常被找去參加類似奉迎皇族的儀式性活動。

緊接著開幕式之後的是設在公會堂周圍的模擬店舉辦「祝賀會」，性質有點類似納涼會或今日的園遊會。會場中種有各式南洋島國風情的行道樹，設有不同口味餐飲的攤位，提供了三明治、洋菓子、圓仔、麵、水果、冰淇淋、烏龍麵、臺灣料理、黑輪、酒、啤酒、汽水、冰紅茶及可爾必思等食品，供來賓享用。場內還有由兩百多位藝妓和女給擔任的接待人員。

祝宴會開始時，在奧田出品部長的前導及中瀨事務總長的介紹下，由中川總督、平塚會長陪同貴賓，巡覽第一及第二會場，其後，與會的來賓則隨意地觀覽。祝賀宴結束之後，約一點起，才開放各會場給一般民眾進入參觀。此時各入口已經擠滿了準備入場的民眾。

林獻堂在祝宴會開始時，就與家人先看了產業館、國產館及府縣館。或許是第一天開放的緣故，有些館內的陳列尚未完成。出館時，他剛好看到施放傳信鴿那一幕。林獻堂在產業館若按著順序走，大致會看到這些臺灣農作物的展覽，例如有臺灣的特產茶葉、米及其他農產品、米作的過去與現在、外銷米的檢查關係、小麥栽培狀況、甘薯栽培狀況、苧麻與黃麻的生產狀況、四季的水果與蔬菜、花生的生產、棉花的栽培、養蠶及紙張製造情況、豬隻霍亂的預防狀況、家禽家畜的飼養、島內的肥料使用、改良農具、移民的活動、臺灣的農業的地圖模型、花卉栽培及漁業等等共三十九個主題。

林獻堂隨意瀏覽幾個館之後，就先回旅館休息。過了中午，才陪同靈石及猶龍在鴨仔寮茶店午餐。接著，他參觀了南方館，並在新民報社設置的休憩所休息。在館內，他碰到了中村總督、平塚長官及日下臺中知事等人。

林獻堂這天還觀看了很多的表演，例如他同猶龍去看上海京劇的演出。四點多漫步至茶店飲茶。後來，在第一劇場看了表演。五點多，就與成龍與雲龍一起在江山樓晚餐。快九點又到

◆ 博覽會第一會場中的產業館，圖中可見「古倫美亞」唱片公司的宣傳招牌。

◆ 博覽會中的開會式祝賀宴攤位。

圓山探訪朋友林柏壽，談了數十分鐘，就前往明治喫茶店飲茶。十點多才返回住所高義閣旅館。一九三五年臺灣始政四十年博覽會的第一天，林獻堂就是如此度過的。

第二會場的參觀

十月十一日，林獻堂參觀了博覽會的第二會場。在第一文化館遇到了當時著名的畫家顏水龍。隨後參觀了第二文化建設館、國防館、京都館、海女館等展覽。接近中午時，同友人到著名菊元百貨的餐廳用餐，才返回高義閣旅館稍事休息。

三點多時，林獻堂在友人伯壽的帶領下，前往板橋林家花園參觀鄉土館。展覽館就設在海山郡的林本源舊宅。林獻堂在這棟展覽館中見到了鄭成功的玉印，寧靜王、鄭板橋及吳梅村的書畫。除了臨時改為咖啡店（日本時代寫成珈琲店）的來青閣未進入外，其餘大多逛遍，直到五點才返回旅館。當日晚餐，林獻堂接受友人招待，宴請在與江山樓齊名的蓬萊閣餐廳。

◆《臺灣博覽會記念臺北市街圖》中的江山樓照片。

林獻堂所逛的第二會場位於今日的二二八和平公園（新公園）。這一個會場中有第一、第二文化設施館，其中附有番屋、望樓、實演場及國防館。還有第三類特設館，計有愛知名古屋館、北海道館、大阪館、船舶館、電器館、京都館、東京館、專賣館等。

第二會場的地理位置充分展現了公園原有的休閒與教化功能。其中第一文化設施館的空間改建自「兒玉——後藤紀念博物館」，也就是今日我們所熟知的國立臺灣博物館。主要的展示特色在於日本治臺後的教育變遷與現代化教育設施的引進過程。除了介紹統治臺灣四十年間教育制度的變革外，並表達學校的體育衛生教育在塑造現代國民身體的作用。

展示的主題包括有：芝山巖學堂、初等教育的發展、師範學校的展開、實業教育的現況、中學學校教育的展望、大學／高等／專門教育、私立學校及特殊教育、教科書的編修、學校體育衛生的全貌、神社崇敬、家庭的敬神、國民的典型生活、教化臺灣的現狀、青年道場的一天、明治天皇的御制、殺身成仁的吳鳳等。

◆ 阿里山國立公園協會發行的明信片，嘉義的吳鳳廟。

◆ 博覽會第二會場中的第一文化設施館，位於新公園內。

第一文化設施館的另一項展示特色為「社會事業」。目的在展示殖民政府在處理疾病、貧窮、犯罪及失業問題上的施政成效。計有全島事業分布圖、內地方面事業概況、部落改善現狀、慈惠院事業及模範農村的住宅模型等。

第二文化設施館的主要展覽是由警務部所規劃。展示主題有：前半部有今昔蕃政的治理、高砂族的生活；中間則屬於醫療衛生的項目，計有奎寧的栽培、臺北市的清掃設施、醫療衛生、瘧疾防制、血清及其他、癩病等；後半部則以警務與法治為主，像是臺灣警察、消防、法務課、刑務所關係、紅十字會的事業等。

位於第二會場的許多展覽館都與娛樂及休閒特色有關，像是映畫館、演藝場、水族館、音樂堂、特產館及兒童樂園等設施。這些館的設置目的既有教育的用意，也可吸引人潮。此外有許多的日本地方館，像是大阪館、愛知名古屋館、京都館、東京館，目的在透過此機會向臺灣民眾介紹殖民母國的民俗與特產。若來此走一遭的話，必定會有種異文化的奇妙感覺。

板橋林家

鄉土館是位於北臺灣的文化中心板橋，館址是利用林本源家的舊宅。當初設立的目的在於希望將此地作為一個史料館，展示海山郡的產物、歷史的作品、林家所珍藏的收藏古物。基本上，

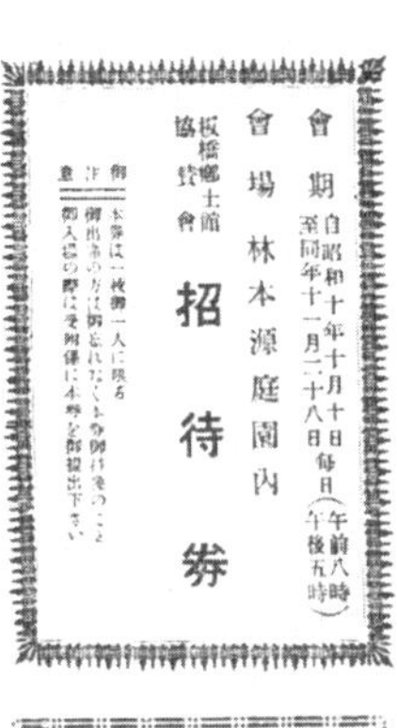

會期 自昭和十年十月十日 至同年十一月二十八日 每日（午前八時 午後五時）

會場 林本源庭園內

招待券

板橋鄉土館協賛會

御注意

本券は一枚御一人に限る

御出入の方は御忘れなく本券御持参のこと

御入場の際に受附係に本券を御提出下さい

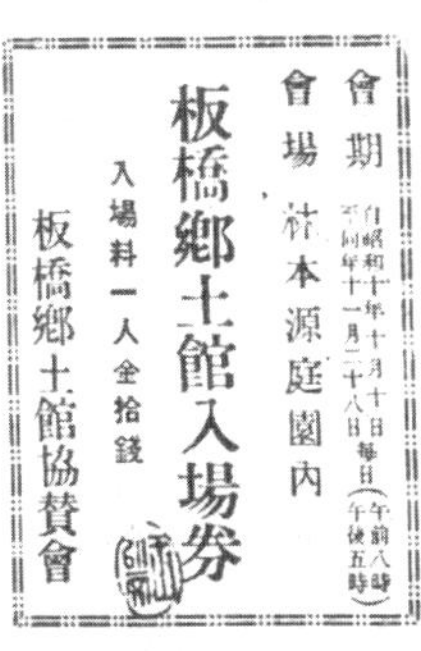

會期 自昭和十年十月十日 至同年十一月二十八日 每日（午前八時 午後五時）

會場 林本源庭園內

板橋鄉土館入場券

入場料一人金拾錢

板橋鄉土館協賛會

◆ 臺博會板橋鄉土館，車站歡迎門、海報、餘興場。

這個館的贊助單位是林本源家族，由林熊光及林履信負責，而由海山郡及板橋街的鄉土協贊會所協辦。在第一棟建物裡，展示的有海山郡的模型與手工藝品、以茶為主題的工藝品、女子手藝品及樹林的製酒工場模型。

第二棟的正中央陳列著林家的傳家之寶，光緒真跡的「尚義可風」匾額。此外，還有與林本源有關的各類作品、淡水廳志的原判木及庭園寫生圖、全臺的歷史人物的作品、平埔族的物品與織品、寧靖王的真跡卷軸、鄭成功的印章、臺灣的古文書等等；第三棟則是林本源家族的珍藏物品，計有書畫、銅器、陶器、玉製品、佛像、印材、珍寶等等；第三棟的廊下則有象徵著林家聲譽的木牌五十多對，中庭還立有雕著「聖旨」的石牌。除了板橋的鄉土館，同樣有此設施的還有臺東及花蓮港廳這兩個地方。

林獻堂參觀完板橋林家之後，於十月十二日回到霧峰，隨即安排一新藝塾的女學生參觀博覽會，並預計當月二十九日出發。

第二次到訪

十一月一日，博覽會的展期進行了一半。林獻堂安排了第二次的博覽會參訪。

這天他搭七點二十八往臺北的火車。中午用餐的地方是著名的鐵道旅館。午後，他共參觀了第一會場的滿洲館、鐵道館、土木館、產業館、府縣館、朝鮮館、糖業館。隔天，他又詳細參觀了第二會場的第一文化館的明治天皇的服飾，以及領臺前後名人的衣服、寫真、文書及物件。

晚上的博覽會也相當有看頭，這夜他看了第二會場的專賣館、國防館、電器館。到了十一月三日，他到了花蓮，參觀了地方上的南濱陳列館。花東行之後，林獻堂在十一月七日至八日兩天，又看了一次第二會場中的第二文化施設館、國防館、京都館、北海道館。

對於當時臺灣民眾而言，博覽會是當年度的大事，再怎麼忙再怎麼沒錢都要想辦法去一趟。當然，不是每個人從外地到臺北來看展，都能有高檔的高藝閣可住，江山樓可吃，並能順道逛菊元百貨。

像有位白天看診，晚上嗜泡咖啡店、打麻雀的臺南醫生吳新榮就抱怨說，當月為了要去臺北看展覽，

◆《臺灣日日新報》中的博覽會活動百態的漫畫。

診所營收非得湊到兩百圓不可。他一直要到開幕一個月之後，才和妻子看了臺南的地方展覽。他參觀了臺南歷史館、安平第二會場及水族館，以及第一會場的商品陳列場與骨董品館。

十一月十二日，他早起北上至臺北，在投宿太陽館之後，開始一天的遊覽。對於第一天的參觀，吳新榮並沒有太多的感想。反而是對第二天的板橋林家的鄉土館感觸較深。吳新榮認為能夠進入這個富可敵國的家族宅地，實在是感慨萬千。他還去了林獻堂沒去的大稻埕附近的南方館，並繞去龍山寺。然後去了教育會館看臺灣美術展覽會。此外，他還為了兒子南星，特地去了圓山動物園進行動物教育。

民眾的參與

不僅主場館的活動受到日本政府的詳細規劃，就連各州政府為了地方分館的展出，也對市容進行了各種整頓。

以臺南州為例，該地的警察署為考量市區改正後的街道美化

◆ 臺博會發行的紀念明信片及封套。

◆ 臺博會的大稻埕分場的南方館。

與週到接待，以因應外來的激增遊客。早在博覽會開幕前，就由署長集合境內的旅館主人及侍女，說明應對外來遊客的注意事項。此外，署長還召集了保安及行政兩主任，指揮轄內警官，前往市內各家旅館查驗，檢查設備是否安全。也召集電影業、劇場主及看板主前來，令其整頓。而店家招牌若有汙損或妨礙交通者，均要求改善。對於人力車夫，為了避免勒索車資情況發生，特別在停車處，設立價目表，以方便乘客參考。

博覽會展覽期間，是臺灣島內民眾短期移動最為密集的時期。由於團體遊客相當多，各級學校學生及會社職員、工廠員工都趁機進行修學旅行或短期休閒，因此如何將大批的人潮由各地載往臺北展區，考驗著當時交通運輸的軟硬體建設，鐵路是當時最大宗的運輸工具。

此外，也有許多團體是乘自動車到臺北來參觀。

像埔里公學校就組修學旅行團，由五名教師率領一百四十六名學生，於十月二十二日，在渡邊校長訓示後，分別乘坐五輛自動車（汽車）前往臺北。而臺灣製糖會社旗尾製糖所四百多

◆ 臺博會的明信片專賣店，是由協贊會直營，上頭招牌寫著定價一律十五錢，右邊窗框柱子上掛著明信片的樣本。

名員工，分為三梯次，至臺北市參觀。由於參觀的人數實在太多，超過鐵道部原先規劃，即使增加臨時列車，還是無法紓解人潮，因而增開夜行車班次是常有的事情。當時從高雄站搭夜車，晚上八點二十五分出發，早晨六點四十六分可以到臺北站。這樣大量人潮的移動充分展現了當時交通運輸的便利性。

將近五十天的始政四十年博覽會的參觀人數，第一會場達八十七萬七千三十人，第二會場達一百零六萬五千六百人，大稻埕分場有四十五萬人，總計，光是臺北地區就已有兩百四十萬人之多。若再加上其他地方的分館參觀人數，總人數早已突破過往的所有大型博覽會。

透過林獻堂逛始政四十年紀念博覽會的紀錄，讓我們得以踏入一九三五年臺灣的時光隧道。這個博覽會將是我們觀察當時臺灣社會面貌的一個重要窗口。

◆ 博覽會的商店街，其中可見賣水果、小吃與明信片的攤位。

關鍵詞：

林獻堂、行啟、奉迎、博覽會、內地旅行、始政紀念日、國立公園、市區改正、行道樹、圓山動物園、公會堂、臺灣八景、北投溫泉、修學旅行、鐵道旅館、高藝閣、富士號、新高山、洋菓子、菊元百貨、蓬萊閣、江山樓、愛鳩會、麻雀、納涼會、喫茶店、南京蟲、肥皂、癩病、屈臣氏、大地震。

延伸閱讀：

程佳惠，《臺灣史上第一大博覽會》，臺北，遠流，2003。

呂紹理，《展示臺灣：權力、空間與殖民統治的形象表述》，臺北：麥田出版社，2005。

國立臺灣博物館編，《世紀臺博・近代臺灣》，臺北：國立臺灣博物館，2008。

吉見俊哉，《博覽會的政治學》，臺北，群學，2010。

2 臺灣鳥瞰圖：吉田初三郎的「看見臺灣」

博覽會裡的名畫

一九三五年，兩百多萬的始政四十年博覽會入場民眾中，凡逛過第一會場交通土木館的人，可能都看過這幅巨大的地圖《臺灣鳥瞰圖》。說它是一幅巨型繪畫也不為過，它長二十尺、寬八尺，掛在牆上，塞滿整個空間，要視線避開這幅畫都很難。製作單位是鐵道部，繪製這幅鳥瞰圖的作者吉田初三郎，更是來頭不小，他可是當時紅遍日臺的地圖繪製家。

這幅鳥瞰圖並非是第一張日治臺灣的鳥瞰圖，但肯定是最受注目的一幅。到現在，你如果去永和的國立臺灣圖書館六樓，也可以見到它的蹤跡。

◆ 博覽會的交通館展示的吉田初三郎的《臺灣鳥瞰圖》。

藝術與實用的結合

一張鳥瞰圖要從無到有，傳統作法大多是靠著實際踏查、記錄位置，加上一些想像力以及繪畫技巧。據羅慧芬的近來研究，吉田初三郎的《臺灣鳥瞰圖》與過去繪製地圖或「名所」的最大不同，在於多了飛行工具的優勢，畫家得以親眼見過實際高空俯瞰的樣貌，因而能細膩地呈現地表特徵。

此外，他所運用的透視角度也與人不同。吉田為了要將完整的內容收納近來，刻意縮短兩端比例，有如用個凸鏡使兩端略微變形。以《臺灣鳥瞰圖》來說，一般常見作法是以西岸為重點；他卻是相反地以東部為中心，整體畫面幾乎以山脈為主。他還使用了大量的亮綠色和少量的藍色，來描繪臺灣中部至東部綿延不絕的山脈。他除了仔細標出群山的名稱外，還註記大城市、鄉鎮，還有紅色框加黑字的「臺灣八景」。

雖然以東部為主，但並未忽略西部城市，他以淺綠色顯示西部平原，上面有紅色的交通線，並註明沿線的幾個大城市。此外，他在山脈的描繪中，用了大量的線條去顯示山壁的崎嶇，這可能與他花了幾個月的時間實際調查這些地方有關，使得畫面比較偏向實際所見到的景觀。整體來看，他的鳥瞰圖結合藝術性與實用知識性。

與吉田初三郎同時期的畫家還有金子常光，他所畫的鳥瞰圖數量比吉田還多。當時常見的圖有：金子常光的《臺灣鳥瞰圖》、《基隆市大觀》、《臺北市大觀》、《新莊郡大觀》、《宜蘭郡大觀》、《臺中市要覽》、《彰化市大觀》、《臺南州大觀》、《觀光的臺南市》、《高雄州大觀》、《屏東市大觀》、《潮州郡大觀》、《觀光的臺東廳全貌》、《大屯山彙》、《國立公園候補地新高阿里山》。

其餘還有見元了的《臺灣俯瞰圖》、一晴的《臺灣產業地圖》、大窪四郎的《大臺北鳥瞰圖》。繪者不詳的有《臺北州大觀》、《淡水郡要覽》、《新北投基點要覽》。這些鳥瞰圖大多在始政四十年紀念博覽會前後完成。除了這些，當時為配合博覽會，也出版了與這活動有關的鳥瞰圖，像是吉田初三郎的《始政四十周年記念：臺北市鳥瞰圖》，一九三五年十月五日，由吉村商會出版。

吉田初三郎的來臺調查

吉田初三郎來臺之前，就已經在日本畫了各地大大小小的城

◆1935年6月15日，《臺灣日日新報》的吉田初三郎寫真照。

市鳥瞰圖。雖沒多少繪製臺灣鳥瞰圖的經驗，但名氣可是比上述畫家都還大。

一九三五年六月，《臺灣日日新報》刊載了吉田來臺的經過。原來吉田初三郎來臺，是受到臺灣日日新報社的委託，同其門生前田、田坂、小林、中村四人，前來田野調查，探尋臺灣八景十二勝，再以繪畫形式呈現。此外交通局也委託吉田，尋遊全臺，遍訪景勝、史蹟、山岳、溪谷、海洋，再搭配各地特產，來繪製臺灣鳥瞰圖。這張圖在博覽會事務局及臺北市役所的補助下，曾製作了一萬套，贈送給出席開幕式的來賓，以及之後參加各種大會的出席者，其樣式可能就是圖中所呈現的那樣的折疊小冊子。這幅圖後來還曾以一套四張的明信片形式，對外發行。

除了城市圖之外，在此之前，吉田還幫日本的博覽會，製作過以日本為中心的世界交通鳥瞰圖。當時報紙形容這畫的大小是「左右八間，上下一間半」，在會展其間，相當受到遊客矚目。有了這樣的經歷，臺博協贊會才會找吉田出馬，幫忙妝點博覽會。當時的要求是，以臺北為中心，包括基隆、淡水、七星山、草山、北投、金山，還有八仙山、日月潭、阿里山、新高山，製作一幅左右長四間，上下六尺寬的鳥瞰圖。

他所畫的這些圖，除了上述在交通館展覽的那幅外，還在當年的十月二十八至三十日三天，借用臺灣日日新報社的講堂，另外展出十張兩尺長絹本的八景圖及九幅鳥瞰圖。此外，報社還搭配展示日本熊本縣與和歌縣等六個地方的二尺五寸大型鳥瞰圖。期間，吸引了大批民眾入場

◆ 臺博會製作的宣傳明信片，已經將新高山的意象放入其中。

◆ 吉田初三郎所繪製的臺灣八景圖，其中之一的鵝鑾鼻燈塔。

◆ 臺博會期間，主辦單位印製的宣傳手冊、明信片，其中就有「臺灣鳥瞰圖」的小冊子。

觀賞，整體給人絢爛奪目的感覺。

另類的「看見臺灣」

如圖中所見到的這些吉田初三郎所畫的八景圖，加上另外兩張聖地作品：臺灣神社與新高山，原畫後來送到京都，由臺灣日日新報社用特殊的紙張，製成了一組十張的明信片。最後在博覽會期間販賣，一組五十錢，除博覽會場地外，還可透過報社商事課及各支局購買。

吉田不僅幫臺灣日日新報社及鐵道部畫明信片，他也幫官方機構或民間社團畫各種鳥瞰圖。例如，基隆市役所（市政府）就請他搭船到基隆，委託他幫基隆神社、市政府廳舍及岸壁，設計一套三枚的明信片。臺北文山郡的宗教聖地指南宮，也趁此機會，請吉田幫忙繪製指南宮鳥瞰全景、文山郡全景、指南宮位置圖、及指南宮殿宇四圖，另附指南宮沿革，製成一萬組明信片，每組五枚，耗費一千圓印費，預計每套賣給信徒十五錢。

就臺灣日日新報社而言，以吉田在日本過去博覽會的聲望，繪製的這套八景二絕的明信片，的確有著龐大的商機。這種結合旅遊景點、明信片、名畫家、新聞媒體的合作模式，讓日治時期的臺灣民眾，得以透過畫家的眼睛，用另外一種形式「看見臺灣」。

關鍵詞：鳥瞰圖、吉田初三郎、觀光、金子常光。

延伸閱讀：

鹿又光雄編，《始政四十年週年紀念：臺灣博覽會誌》，臺北：成文出版社，2010。

李欽賢，《臺灣的古地圖：日治時期》，新北市：遠足文化，2002。

莊永明編，《臺灣鳥瞰圖：一九三〇年代臺灣地誌繪集》，臺北：遠流出版社，1996。

羅慧芬，〈日治時期鳥瞰圖之研究：從日本繪師之眼見臺灣〉，國立屏東教育大學視覺藝術系碩士論文，2011。

◆ 1935 年 10 月，吉田初三郎在即將完成的《臺灣鳥瞰圖》上揮毫。

◆ 吉田初三郎繪製的《景勝之文山郡鳥瞰圖》。

3 島都：城市裡的二十四小時

臺灣的寫真熱

一九三七年，寫真熱席捲全臺，處處可見攝影團體拍照的成果。透過這些照片，所呈現的是怎樣的日常生活呢？

我們現在可以見到這麼多的日治臺灣的各地風景名勝的照片，寫真團體的成果功不可沒。一九二六年，全關西寫真聯盟臺灣支部正式成立。到了一九三七年三月，在這個臺灣支部之下的加盟團體已經累積到三十五個，會員人數達五百三十五人。其中較著名的有臺北寫真會、專賣局寫真會、臺中寫真研究會、赤崁會、南光會、南二中寫真會、臺灣寫真會、臺東タタラ會。

四月一日後，這機構重新辦理登記，進行總整理並歡迎新成員的加入，經統計已有三十二團，五百九十一人，預估當年會

◆ 1936年11月1日，全國關西寫真聯盟與臺北寫真材料商組合合辦的攝影比賽活動，地點在新公園，共有超過一千名的攝影同好到場參與，拍攝的模特兒為臺北市內咖啡店的女給。

上漲至七百人申請。這些新加盟的寫真團體有：臺北的臺銀カメラ、光瞭俱樂部、北工趣味同好寫真部，花蓮港カメラ。

這些寫真團體拍攝的對象除了喜歡隨意地拍攝當時街道上的時髦婦女裝扮，也可見到一些民眾戶外活動的照片，像是大屯山國立公園的登山健行照片。此外，這樣的寫真熱潮也影響了報社的編輯風格，結合散文書寫與報導的專題常常在《大阪朝日新聞臺灣版》出現。

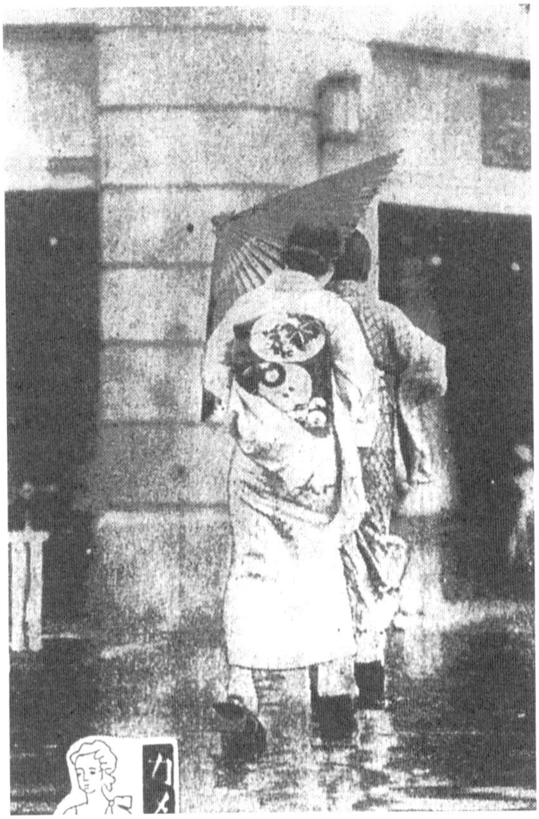

◆ 1937 年，《大阪朝日新聞臺灣版》中刊載的寫真照，記者拍攝走在臺北的雨中街頭，文字描述說像對摯友的撐傘和服母女。

因為山水亭名聞臺灣，既高尚又清素。宴後茶會，然後又是咖啡。各人有事先行離去，最後留下的是王井泉、張文環、楊三郎，大夥就上街散步。之後，時間不早，大家分手道別，走到了謝振聲宅，門已深鎖，就趕緊去大正街，搭乘淡水線的最後一班火車。

誇張的是，人力車夫告訴吳新榮，說臺北的旅館可能都住滿了，可到新北投試試。半夜的新北投，冷冷清清，到蓬萊閣投宿，溫泉變冷泉，吳有點無奈。但環境清靜，床具乾淨，不過料理糟透。躺下來好好休息一下，腦子裡則出現今天經歷過的一張張影像。此次北上，吳新榮的目的已經達成，但感冒尚未痊癒，真有點吃不消。尤其臺北地區下的冷雨，他期望病況不要再惡化。

基本上，這幾位人物日記裡的臺北書寫，反映了當時的城市生活，宛如一幅浮世繪。裡頭一再出現的地景，舉凡菊元百貨、公會堂、大稻埕、森永喫茶店、臺北帝大、臺北醫院、山水亭、蓬萊閣，都是文獻中常見的關鍵詞。

◆《臺灣博覽會記念臺北市街圖》中的蓬萊閣照片。

◆《臺灣博覽會記念臺北市街圖》，以新町圓環為中心，周圍可見高義閣、蓬萊閣及菊元。

藉由對一九二〇至一九三〇年寫真、報紙的專欄及日記的關注，這個刻意被帝國打造的島都臺北的生活，有了與官方檔案不同的城市風貌。這種城市的新風貌，透過了鄧雨賢所寫的日語歌曲《大稻埕進行曲》：「春夜深幽的江山樓，忽聞胡琴的弓弦聲襲心而來，獨守思念，獨守煩惱；夏夜深幽的太平町，懷念的咖啡廳，幽幽的青燈閃爍，爵士聲處處聞；秋夜深幽的臺北橋，沐浴在月影下，聽見流水淅瀝嘩啦。」，更能感受其中的摩登文化氛圍。

關鍵詞：吳新榮、黃旺成、張麗俊、林獻堂、鄧雨賢、張文環、《臺灣文學》、《大稻埕進行曲》、公會堂、江山樓、蓬萊閣、山水亭、森永喫茶店、臺北帝大、臺北醫院。

延伸閱讀：

王慧瑜，〈日治時期臺北地區日本人的物質生活(1895-1937)〉，國立臺灣師範大學臺灣史研究所碩士論文，2010。

李志銘，《單聲道：城市的聲音與記憶》，臺北：聯經，2013。

月ヶ瀬
笠置山
笠置
二月堂
三月堂
手向山八幡宮
知足院
東大寺
正倉院
般若寺
NARA
縣廳
奈良
開化帝陵
油坂
省線奈良
不退寺
法華寺
西大寺
藥師寺
唐招提寺
尼ケ辻
西ノ京
九條
郡山
菖蒲池
安康帝陵
喜光寺
松尾寺
法隆寺
富雄
竜田川

二·帝國之眼與展示臺灣

4 銅像：無所不在的意識形態

講到臺灣的政治雕像，我想大部分民眾的直覺反應就是無所不在的「孫中山」與「蔣中正」雕像。有學者統計，光是「蔣公」銅像就有一萬多座。然而這樣的景觀不是戰後才有，早在日治時代，臺灣就已經接受這種紀念性雕像的政治文化洗禮。

政治銅像的發展階段

走在一九三〇年代的臺灣各大都市街頭，你可以見到大大小小的名人銅像，其中又以臺北為最。圖中就是《大阪朝日新聞臺灣版》所做的「臺北的印象」專輯的其中一幅。據統計，臺北當時有八座全身銅像，其中七個在城內，一個在城外。新公園中有三座、三線道有兩座、鐵道旅館前一座，總督府前一座，

◆日治時期明信片中的臺中公園。

另外一個在圓山公園。

當時不只臺北有銅像，這些政治銅像也散布在全臺各處：像臺中公園、臺南壽像公園、臺南車站、基隆車站、高雄壽山、基隆仙洞等地。

據李品寬的研究，日治時期的紀念雕像的發展有以下三階段。首先是一九〇〇年起，官方主導下的中央官僚型紀念雕像；其次是一九一〇年中期，民間社會紀念雕像的興起；再來是一九三五年起，為慶祝始政四十年，官方的紀念雕像運動又開始興起。

一九〇三年，臺灣首座政治人物雕像揭幕，紀念對象是首任的民政局長水野遵。之後，又陸續出現了擔任民政長官的後藤新平、祝辰巳、大島久滿次，以及第一、第四任總督樺山資紀及兒玉源太郎。

◆ 1939 年，臺北街頭的銅像。

塑造殖民地近代化統治形象

日治時期臺灣的這套設立紀念銅像的作法，來自日本內地。剛開始，從籌設委員會、建設方法，到鑄造材料及雕塑家，大多在內地完成，然後再運送來臺。隨著需求的增加，相關法規逐漸制度化。從剛開始所紀念的對象都是治臺初期的總督與民政長官來看，可知這種政治文化所欲塑造的殖民近代化統治形象。

從空間來看，日治臺灣的這套銅像政治文化又與都市空間的規劃緊密結合。以臺北為例，日本治臺之後，開始實施新的都市計畫，拆除清代臺北城的圍牆，開闢三線道，設立西式公園，而銅像的安置就選擇在這些具有象徵意味的公共空間。所以路樹、廣場、公共建物、公園、紀念碑及雕像，成了日治臺北城的新景觀與新地標。

其餘城市的銅像地點規劃，大致也仿造臺北的方式進行。像豐原水竹居主人張麗俊就曾對此有所紀錄。一九一二年三

◆ 花蓮港廳長江口良三郎的銅像於 1938 年 10 月 25 日，在可以俯瞰米崙灣的花蓮港中學邊揭幕。

◆ 1935 年 6 月 19 日，《臺灣日日新報》刊登，工人正在博覽會第一會場旁三線道旁，種下大王椰子樹。

月三十一日，他坐九點多的火車往臺中，先到河相印刷廠印林野調查申告書紙，又到制文齋刻印章，及到林寫真館拍攝大頭照。午後，他往公園一遊，就見到民政長官後藤新平的銅壽像矗立在物產陳列館前，當時尚未開幕，由布遮蓋著。直到四月三日，才正式揭幕。

同樣地，在臺南也可見到類似情形。一九〇七年，三界壇的巴洛克式圓形廣場安置了兒玉源太郎的雕像，此後，該廣場成為臺南的都市中心。而一九一二年，官方在臺南車站前的道路中央開闢小公園，設立後藤新平的雕像，形成臺南的另外一個公共空間。

這種政治文化雖然表面上由民間發起，但實際上卻是官方背後主導。

發起人大多為和官方關係密切的臺人紳商。捐款也以臺人較日人居多，甚至完全由臺人捐款。其中辜顯榮是最著名的例子。從捐款人數、金額到強制官員捐款，這種紀念雕像的政治文化被塑造成一種頗具規模的紀念活動。這裡面包括有申請的旨趣

◆ 1936年3月，臺北醫專校長堀內次雄博士的半身雕像揭幕，出席的有其夫人及女婿小田滋博士。

書、底座銘文及揭幕祝詞；而揭幕過程更具有正式典禮的儀式性。

到了一九三〇年代，這種官僚雕像的設立慢慢擴大，地方也大為流行。

臺南醫生吳新榮的故鄉佳里也有過類似例子。一九三八年十二月二十二日，臺南到佳里的道路終於鋪建完成，地方機構遂有幫前北門郡守白仁寶一建立銅像的念頭，並發起募款活動。官方的理由是在他任內，完成了郡的道路網，協助南日本製鹽社的鹽田收購、北門神社的營建、部落的整頓、國語講習所的開設、以及一些尚未完成的海岸鐵路與港口建築。然而，這種官方的看法，吳新榮卻不以為然，認為這剛好是國策上需要，恰巧在他任內完成而已。該感念郡守的應該是他對衛生保健上的功勞。

戰時體制下的銅像去處

然而，很弔詭地是，這種由國家機器打造出來的雕像崇拜政治文化，最後的終結者還是國家本身。

當時報紙的一幅漫畫，相當諷刺地說明了政府徵召銅像，投入轉作軍用物資材料行列的現象。一九三七年中日戰爭後，臺灣進入戰時體制。十一月六日，日本公佈「銅使用制限規則」一九三八年，臺灣也開始跟進內地作法，九月十三日公布實施「銅使用制限規則」。所有棉製品、羊毛、橡膠、鋼鐵及銅等民生必需品，都受到禁止。

二次大戰爆發後，臺灣開始總體戰，政府開始管制民間的物資，實施配給制度。並向民間徵收物資，其中樹立在街頭及校內的各種銅像也成為「徵召」的對象。

◆《臺灣日日新報》針對銅像應征現象所畫的諷刺漫畫。

林獻堂的父親那尊銅像，就是活生生的例子。

他父親林文欽那尊四千餘斤的銅像於一九三五年九月十四日揭幕，對其家族是相當重要的大事。之後幾年，又陸續擴建銅像安放地萊園的設施。直到受戰局影響，林家這些事轉為低調，甚至不敢繼續豎立家族其他成員的銅像。

一九四一年十二月二十日，林獻堂的四弟林澄堂忌辰，有醫生身分的臺中州議會議員安田稻實介紹鮫島臺器來訪，詢問需不需要鑄造銅像。林獻堂回覆說，由於當時處於非常時局，鑄像相當不妥，就予以辭退。鮫島是日籍雕刻家，曾加入「臺陽美術協會」，並參加一九四一年第七屆的「臺陽展」。到了一九四三年六月五日，鮫島又來詢問林獻堂一次，是否需要鑄造銅像，最後還是被婉拒。

一九四四年二月二十四日，林獻堂住所的街役場官員命大安會社繳交出單位的電扇、火爐、及各種銅鐵類。之後就有來自嘉義的陳輝東，由水柳介紹而來，說要幫林獻堂的父親鑄造土像，若可行，將來改成雕刻石像，林獻堂這樣才同意製作。

◆ 1937 年，臺灣競馬協會在建功神社捐建的神馬銅像。

一九四四年九月十一日，林家相當配合政府的徵召銅像政策，將由萊園運來的林獻堂父親及其大哥的銅像載到臺中火車站前，林獻堂親自押送這一段路程，最後行禮後才返回。

林獻堂上繳銅像的故事不是孤例，不僅民間銅像如此，就連前述所說的中央級官僚的銅像，也都落得同樣的下場，舉凡自樺山資紀總督以下的銅像都需回收使用。看來，歷史總是無情的，這些昔日受到萬民瞻仰的名人銅像，怎也不會想到，有一天會成為戰事緊逼時的物資徵收品。

關鍵詞：水野遵、樺山資紀、林獻堂、林文欽、後藤新平、兒玉源太郎、吳新榮、祝辰巳、三線道、圓山公園、新公園、壽山。

延伸閱讀：

黃蘭翔，〈臺南十字街空間結構與其在日據初期的轉化〉，《臺灣社會研究季刊》，19期(1995)。

李品寬，〈日治時期臺灣近代紀念雕塑人像之研究〉，國立臺灣師範大學臺灣史研究所碩士論文，2009年8月。

5 行啟與奉迎：殖民地視察

被動員去觀看日本帝國皇室的巡視，是日治臺灣許多民眾的共同記憶。

臺灣作為日本的殖民地，最高統治者的皇室常會安排行程巡視臺灣。其中，又因層級的不同，有不同的稱法，天皇外出稱為「行幸」，「行啟」則指太皇太后、皇太后、皇后、皇太子、皇太子妃的巡視，其他皇族及將軍家的視察稱為「御成」，而官府與民眾的恭迎活動稱為「奉迎」。一九四五年之前，臺灣民眾已經有了許多奉迎日本皇族的經驗，大大小小的有二十三次。

奉迎皇族的共同記憶

◆ 1923 年，裕仁皇太子前往太平公學校落成典禮途中，經過大稻埕的奉迎門。

臺灣民眾這種奉迎的經驗相當多，像是擔任過公學校訓導，臺灣民眾黨創立委員之一的黃旺成，在其日記裡就曾記載過，一九一七年十月二十三日，北白川宮成久王及王妃來新竹巡視，當天新竹各級學校停課，但小學校及公學校學生卻被動員，從十點半就開始排列在橋頭到城隍廟邊，人數約有二、三千人。這些被動員的學生，中午沒有任何午餐可用，可憐地站到兩點半才解散。

在所有的日本皇室巡視臺灣的例子中，最著名的當是一九二三年的裕仁皇太子「行啟」臺灣。

一九二三年四月十二日，皇太子由日本橫須賀軍港搭乘金剛艦來臺巡視。十六日從基隆港登陸，十九日到新竹、臺中，二十七日返回日本。皇太子到臺中州的行程，豐原的水竹居主人張麗俊對此盛事有詳細的描述：「是日，東宮太子殿下駕臨臺中州當驛，欲往盛況者，車不能容，臺中當得未曾有之盛事也。」

張麗俊還提到，太子到臺中州時，天氣晴朗，碧天無雲，車

◆ 1923 年，裕仁皇太子車隊經過臺中車站前奉迎門。

站前的大奉迎門巍然高聳，家家戶戶是懸掛國旗明燈，各町搭建的大小奉迎門三十多處，遠近男女來觀看盛況者塞滿了南下北上的列車，人潮湧進整個市區。午後一點，各地的小學校、公學校、中等學校的學生，以及臺中、彰化高等女學校學生、青年團、在鄉軍人等，擠滿了車站至大正町前，旁邊還站滿著各軍種軍人及其他穿著制服的人士，估計有七萬人之多。

兩點後，太子專車到達，煙砲轟然震空，樂隊洋乎盈耳，太子由新元部長恭導下車，接受奉迎員的報告，然後轉搭自動車，在二十多輛車隊的陪同下，肅肅前進，沿途對奉迎團體鄭重答禮。隨之在行宮稍作休息後巡視市街及各級學校。之後又命東宮侍從牧野貞亮子參拜神社，直到四點多才回到行宮歇息。

行啟的儀式性意義

張麗俊的觀察呈現了皇太子行啟這事的儀式性意義。

相較於張麗俊的外圍觀看角度，隨行的第一任文官總督田健治郎對此行程有更細微的描述。裕仁皇太子於兩點四十分到達臺中車站，常吉知事奉上奉迎文及州治概要，並報告州內治理概況，隨後各級官員行拜謁之儀。三點十五分之後，皇太子巡視了第一小學校、臺中分屯大隊、水道水源地、臺中中學校，以及臺中公園，到四點三十五分才回到知事官邸休息。

在接下來幾天的行程裡，皇太子還到了員林、嘉義、臺南及高雄，一路上觀看了芭蕉實市場、安平港、鹹水魚族養殖試驗場、孔廟、臺南公園、高雄港。

其中學校是巡啟過程中，必定安排的視察重點。

裕仁皇太子是日治時期踏上臺灣土地層級最高的皇族，其視察有許多象徵意涵。日本學者若林正丈認為這時剛好是第一次世界大戰結束，歐洲的君主制陸續崩潰、天皇健康狀況不佳、臺灣出現議會請願運動、一九二二年「新臺灣教育令」的實施，以及總督府初期建設的完成，以上這些因素，多少都促成裕仁來臺的動機。

對日本政府而言，此行除了讓總督府宣揚治績外，還可壓制本島人的地方自治要求，以及營造出日臺共榮的象徵。

視察學校與動員學生

學生大概是奉迎隊伍中最容易動員的一群。也因為如此，透

◆ 裕仁皇太子參觀臺灣製糖會社。

◆ 裕仁皇太子行啟臺灣時，臺南公學校學生的奉迎行列。

過皇太子參觀學校，確實是絕佳的政績宣揚，以及展示殖民地民眾接受教化成果的時機。這在日本，是早從一八七二年以來，就透過學校行啟來培養學生對皇室認同的重要手法。

在「內地延長主義」政策的指導下，日語普及與日本近代教育的引進臺灣，也成為總督府的重要推行工作，因此殖民地的教育機關會成為行啟的展示場所之一。展示的方式不僅是靜態的展示，還有動態的教學觀摩、運動會及體操。透過這些展示活動，一方面向皇室展現教育成果，一方面也可以涵養國民精神、教導學生認識國體、崇敬天皇，並可達到以此作為強化支配的工具。

◆ 裕仁皇太子行啟臺灣時，臺南公學校內的學生聽訓照片。

總督府安排的國語教育展示，不僅有一般的教學觀摩，也有學藝會與演習會。據陳煒翰的研究，東宮太子巡視臺灣時，各級學校會收到一份有關學校行啟的教學觀摩注意事項的規範，學生事前會被教導各種禮儀。例如學生於學藝會場合，在舞台上向臺下御座敬禮時，臺上必須行大幅度的最敬禮，才開始節目。觀摩結束後，學生在其位置上敬禮，下臺之後，須整隊行最敬禮。可見身體的禮儀規訓是當時奉迎活動的學生訓練的重點。

除了動員學生外，地方士紳亦是皇族接見的重點對象。

亮麗活動的背後

林獻堂似乎對於這種奉迎活動相當被動，且興趣缺缺，在其日記裡較少提到行啟的記錄，倒是有幾次拜謁皇室的經驗。一九三四年十月一日，梨本宮元帥搭乘朝日丸到達基隆，十日將駕臨臺中，先後到芭蕉檢查所、特產陳列館、大甲帽編、臺中大隊等地參觀。林被指定為單獨拜謁的地方人士，中午過後，他陪同臺中州內務部部長平輝雄、彰化銀行專務取締役（董事）坂本素魯哉、臺中州警務部部長慶古隆夫等人一同拜會梨本宮。另外一次經驗是，一九四一年三月九日，閑院公戴仁親王十一日將到臺中巡視，當局命林獻堂前往拜謁。

當然，這些被動員的民眾不只上述所說的學生或仕紳，當然還有原住民及在臺日人。在這樣的視察儀式安排過程中，加深民眾對殖民政府的認同，而皇族成員們也體驗了臺灣的風土民情，但這種光鮮亮麗的活動的安排背後，其實隱藏著各種問題存在。

誠如陳煒翰所說的，日本皇族在當局種種儀式與安排下，得以在視察臺灣之時展現他們身為帝國統治階級的權威，並目睹總督府的建設成果。而臺灣人民在迎接的過程中，也被安排進入支配體系中，展現出一齣規範嚴謹的奉迎大戲。

關鍵詞：行啟、奉迎、東宮太子、張麗俊、內地延長主義、田健治郎、梨本宮、北白川宮

延伸閱讀：

岩口敬子，〈國家儀典與國民統合：日治時期臺灣官方節日與儀式之研究〉，國立政治大學臺灣史研究所，2008年。

陳煒翰，《日本皇族的台灣行旅：蓬萊仙島菊花香》，玉山社，2014。

6 修學旅行：課堂外的新體驗

一九〇三年二月二十八日，臺灣總督府醫學校三十多名二年級以上的醫學生，在病理學教授田中祐吉與木下嘉七郎副教授的帶領下，從基隆搭近江丸輪船前往日本修學旅行，經過四天行，三月三日抵達長崎。這次旅行的重點不單只是訪問東京傳染病研究所，最主要目的是參觀大阪的「第五回內國勸業博覽會」。

這群學生在三月三日到達長崎後立即參觀長崎醫學專門學校，三月五日抵達神戶，受到大阪醫學校校長在港口的熱烈迎接。三月六日至八日，他們參觀了大阪的水道與水源地、製藥會社、高等工業學校、造幣局、製紙會社、大阪醫學校與病院。三月九日至十二日則是旅行的重頭戲，參觀了博覽會。

這是第一次日本大規模地展示殖民地臺灣的物產與風俗民情。

◆ 1928 年舉辦的「大日本勸業博覽會」的臺灣館明信片。

從三月一日到七月三十一日的展期中，吸引了四百多萬人次的觀賞，其中臺灣約有五百人以上的參觀團。這或許是醫學校的首次，但卻不是第一次。其實早在一九〇〇年之前，臺灣學生就已經有了修學旅行的經驗。

「修學旅行」可說是日治臺灣學生普遍的集體記憶。

來自日本的玩意

此項活動最早由日本首創，指的是一八八六年由東京師範學校所實施的長距離遠足。其動機是作為學生的軍事訓練用途。然而學生的這種戶外旅行，非日本首創。其實，早在十八世紀的歐洲上層社會，就已經有了由家庭教師帶領貴族子弟前往各國旅行，學習異文化的慣習，這可說是學生旅行的前身。雖然修學旅行不同於歐洲的型態，但二者的教育理念還是有共通處。

「修學旅行」的正式命名，直到一八八七年，才出現在高等師範學校。一八八八年，日本文部省的教育法令首次公告「尋

◆ 大阪造幣局的全景明信片。

硝子貼ポスター
（本會發行）

第一回宣傳繪葉書
（協贊會發行）

第二回宣傳繪葉書

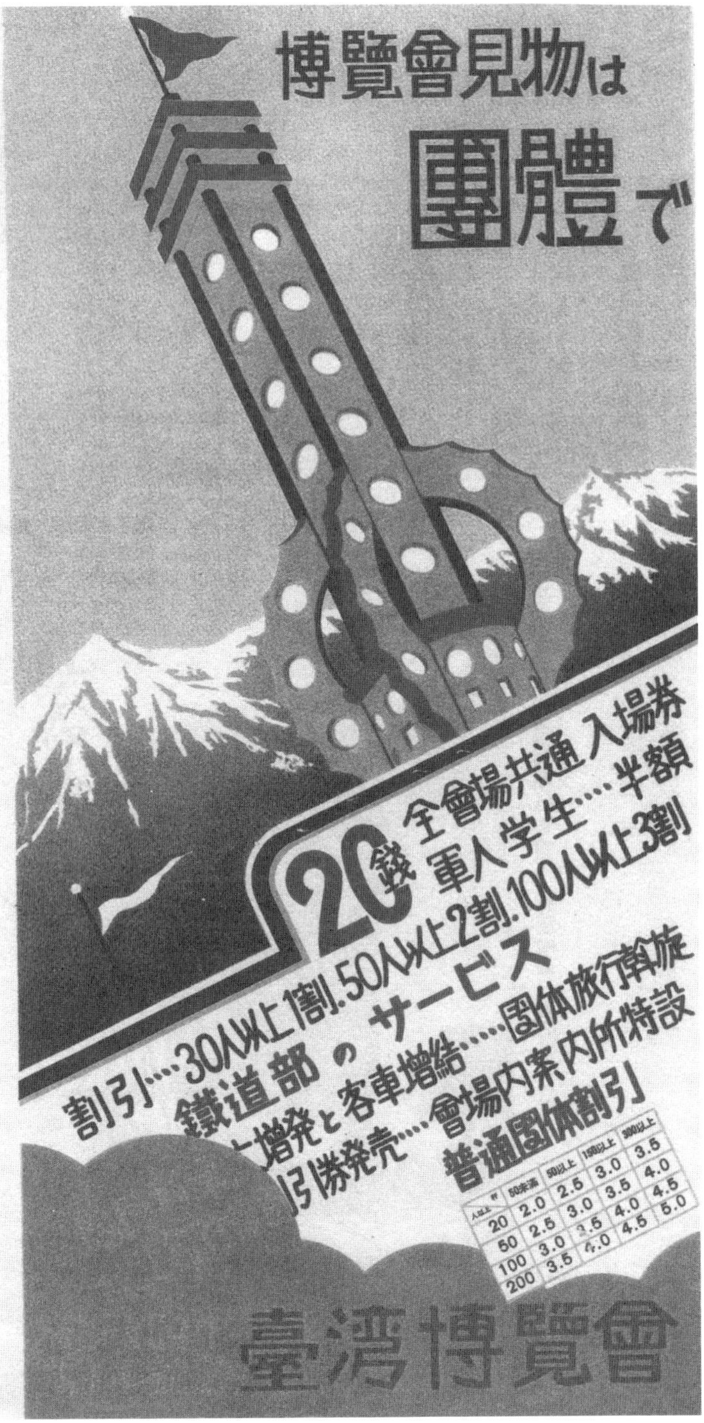

博覽會見物は
團體で

全會場共通入場券
20錢
軍人学生……半額
割引…30人以上1割.50人以上2割.100人以上3割
鐵道部のサービス
上増発と客車増結……團体旅行斡旋
引券発売……會場内案内所特設
「普通團体割引」

人以上 / 粁	50未満	50以上	150以上	300以上
20	2.0	2.5	3.0	3.5
50	2.5	3.0	3.5	4.0
100	3.0	3.5	4.0	4.5
200	3.5	4.0	4.5	5.0

臺灣博覽會

◆ 臺博會的宣傳品，吸引了許多學生團體，以參觀博覽會名義進行修學旅行。

常師範學校設備準則」，此後修學旅行漸漸開始普及到各級學校。這類活動一般有以下特色：一是為了達到師生間的融洽，在旅途中，會塑造同甘共苦的經驗，以培養學生的社會意識；另一項是旅行地點的選擇，除了戶外的山岳與海濱地區外，作為文明象徵的城市「東京」，更是學生吸收新知的熱門選項。

日本治臺後，修學旅行的理念隨著新式教育的制度傳入臺灣。實施的方式與日本類似，都是由師範體系的國語學校開始。其中最大的差異在於，對日本總督府而言，修學旅行不僅帶有教育意義，它更可以透過活動，從精神與身體層面，逐漸地同化殖民地民眾。

臺灣的第一次

各位可能會問，如果是延續日本殖民母國修學旅行的特色，那麼臺灣的第一次究竟在何時呢？據林雅慧的研究，一八九七年，國語學校以興建校舍無處上課為由，改採內地旅行參觀的替代模式，首度舉辦修學旅行，成為臺灣修學旅行的發端。

雖然就實施方式而言，修學旅行與遠足不同，距離較遠，時間較長，多為學術參訪，兼作休閒活動。但有時，仍可見到跨區域的旅行仍稱作遠足的例子。

例如一九二一年十一月十三日有篇名為〈女學校遠足〉的新聞，寫道臺南女學校約四十名四

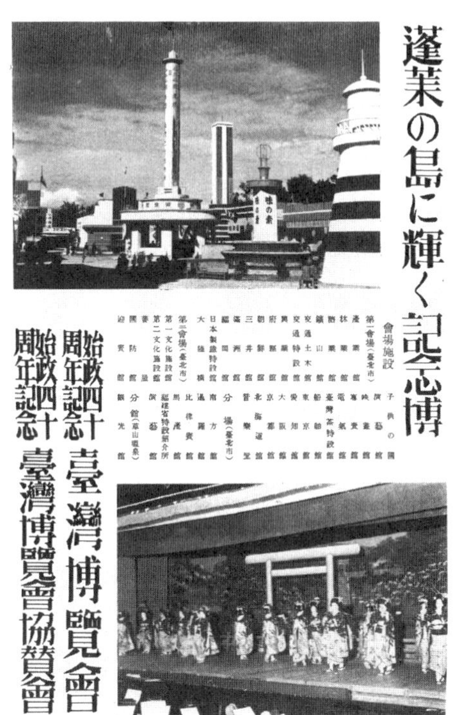

◆ 會展前期，臺博會事務局在新聞媒體所刊登的博覽會廣告。

◆ 臺博會事務局發行的會報。

◆ 1940 年 9 月 29 日，臺北市中等學校學生健行活動，約 485 名學生，步行至 34 公里外的建功神社。

◆ 臺博會期間印製的臺灣觀光宣傳手冊。

◆ 日治時期建功神社明信片。

年級學生，由臺南出發，經臺中、新竹及基隆到臺北。而一九二七年的五月，臺北第三高等女學校也計畫從學校走到基隆，這群學生六百多人，早上六點不到就在新公園集合，由於聽說基隆雨勢過大，遂臨時改變行程，轉為走到淡水，前後往返共十二里，回程則在淡水及關渡等站搭火車回到臺北。

這時旅行的交通工具有鐵道、船運、台車、自動車。實施地點方面可分為島內與海外。島內又可分為環島、中南部、東部與北部等地。海外的範圍大多集中在日本內地、中國、南洋、朝鮮及滿州等地。時間方面，無論島內或是海外旅行，由於是學校主導的課外活動，時間安排以正式課程優先。學生所能利用的旅行時間，大部分是利用寒暑假期、學期結束前或運動會前後舉辦。

從島內到海外

修學旅行分為島內旅行與海外旅行兩種。

島內旅行包括了區域旅行與環島旅行。區域旅行如宜蘭、東部及南部旅行等。秋冬是區域旅行的旺季。當時有相當多的學子利用學校放假前夕，搭乘火車南北旅行。北部由於有許多政府機構的設施、古蹟與休閒景點，是許多學校修學旅行的首選。

這些學校常去的地方有臺北神社、總督府博物館、植物園、動物園、北投溫泉、草山溫泉、基隆沿岸地形、淡水及角板山等等。中部常去景點有日月潭和舉辦臺灣縱貫鐵道開通儀式聞名的臺中公園，以及殖產業中負責香蕉總經銷的青果市場。此外代表近代化水源設施的臺中水源地也是重要景點。

修學旅行的遠近多仰賴交通工具的便捷與否。最常見的是鐵路、輕便軌道、船舶及自動車。其中，鐵路是學生修學旅行最常使用的交通工具。旅行所規劃的路線幾乎多是鐵路所經之地。在臺北，淡水線便是學校利用最多的觀光路線。平地以外的鐵道則以阿里山森林鐵路最為著名，一九一二年通車的這條路線則成為學生旅行的另外一條首選路線。

自動車則是在鐵路未能到達之地，發揮了機動特性。一九一二年第一台自動車行駛在臺臺北市區，直到一九三〇年代，這種交通工具才開始流行。一九三一年蘇澳到花蓮港的「臨海道路」正式通車，東海自動車株式會社的巴士每天兩班行駛在這條險峻的單行道上。

◆ 日治時期阿里山的街道明信片。

◆ 日治時期的角板山貴賓館明信片。

此後東部成為修學旅行的另外一種選擇，當時有許多的學生對於這條路線的驚險路段印象深刻。林雅慧的文章中提到，有篇旅行遊記這樣寫著：「這有名的臨海道路之前曾發生過巴士墜落造成死傷的事件，我們是頭一回聽到。左手邊是垂直的石壁，右手邊懸崖的正下方是湛藍的太平洋浪濤；道路僅供一台巴士通過。每次巴士以相當快的速度轉彎時，都讓人感覺有種好像要往海上開去的衝動。」這樣的驚險感覺，不是只有那時才有。一直到我一九七〇年代，參加

◆ 臺博會中，交通土木館展示的「臺灣遊覽案內圖」，以不同顏色燈泡，顯示內臺航路及鐵道線路附近的景點。

我父親的公司旅遊，當時搭乘遊覽車走在這條公路的印象，跟這篇記載極為類似。

南部的旅行範圍有阿里山，一般會參觀東亞最大的木材工廠嘉義製材所，然搭乘阿里山火車從平地一路爬升至海拔兩千多公尺高的阿里山車站，雲海與沿路的森林景觀，以及日出都是觀賞重點。另外古蹟方面有憑弔牡丹社事件的石門古戰場，臺南的延平郡王祠的開山神社、赤崁樓、熱蘭遮城以及孔廟。此外，一九二三年屏東的阿猴製糖所曾迎接過裕仁皇太子的行啟，也成了日後修學旅行的參觀重點。

搭船的環島旅行

環島旅行指繞行臺灣一周的旅行，多以高年級或中等以上學校為主，時間多集中在十月。礙於各地交通狀況、環境差異，這類旅行的發展自然較晚。隨著東部蘇澳至花蓮港間濱海公路的開通，才使得環島旅行更佳便利。

◆ 來往蘇澳至花蓮的東海自動巴士。

◆ 日治時期，高雄州的製糖會社明信片。

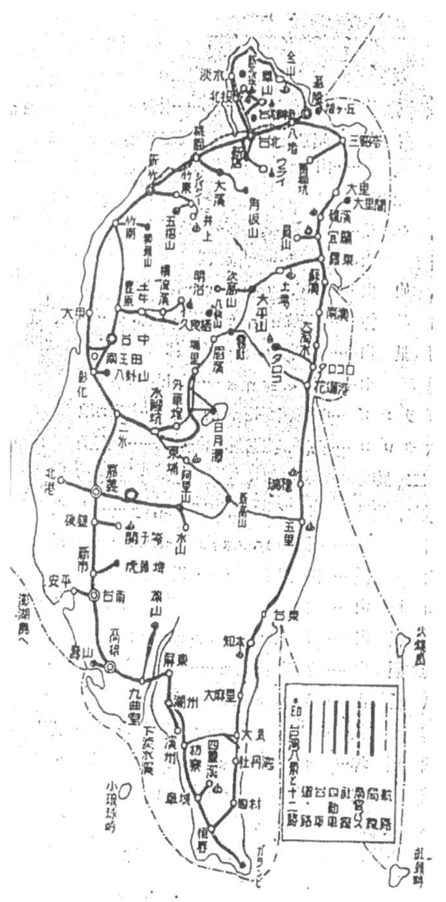

◆ 1934 年版的《臺灣鐵道旅行案內》收錄的臺灣遊覽略圖。（國立臺灣圖書館提供）

◆ 臺博會事務局委託畫家鄉原古統繪製的紀念明信片，三張一組，此為其中一張「花蘇斷崖」。

初期的環島旅行多靠輪船，例如一九一七年國語學校內地生的海岸一週旅行。六月二十八日，中村教授與其他三位老師帶領著國語學校八十多名內地生，午後兩點搭乘奉天丸環島一周。他們從基隆上船，途經澎湖，三十日由安平上岸，一路在臺南、打狗及阿猴見學。七月三日則由打狗港搭長春輪至卑南、花蓮港及蘇澳，最後在七月六日回到基隆港。

隨著新式教育在臺灣的紮根、風俗與治安問題的改善，修學旅行不僅成為臺灣人的新體驗，也開始從島內延伸到日本內地旅行。之後，逐漸成為固定性的學校行事曆項目，各校都有關於修學旅行的各類規定。直到太平洋戰爭爆發，戰況嚴重後才終止，實施的時間長達四十年。

直到戰後，修學旅行才被「校外教學」、「畢業旅行」所取代。然而，這些活動無論在形式或內容上，多少都延續了日治時期修學旅行的精神。

關鍵詞：修學旅行、師範學校、內地旅行、自動車、國語學校、牡丹社事件、勸業博覽會

延伸閱讀：

榮世明，〈臺灣總督府醫學校醫學生1903年的日本修學旅行〉，《臺灣醫界》，55卷11期(2012)。

林雅慧，〈「修」臺灣「學」日本：日治時期臺灣修學旅行之研究〉，國立政治大學臺灣史研究所碩士論文，2009。

7 內地旅行：觀看殖民母國

西方的壯遊

一八〇一年，德國青年探險家洪堡（Friedrich Wilhelm Heinrich Alexander von Humboldt）在南美洲旅遊時，曾寫下一段文字，他提到自己旅行的動機：「有一種無以名之的渴望驅使我遠離煩悶的日常生活，轉向另一個奇異世界。」他後來回憶這段探險之旅時說：「我年紀輕輕就有一股衝動，想造訪歐洲人煙罕至、遙遠的地方。研究地圖、閱讀遊記、有時可以引發讓人無法抵擋、神秘的幻想」。

相較於洪堡這種西方個人探險式的或是到歐洲進行知識之旅的「壯遊」（Grand Tour），日治時期的內地旅行似乎是另一種類型。

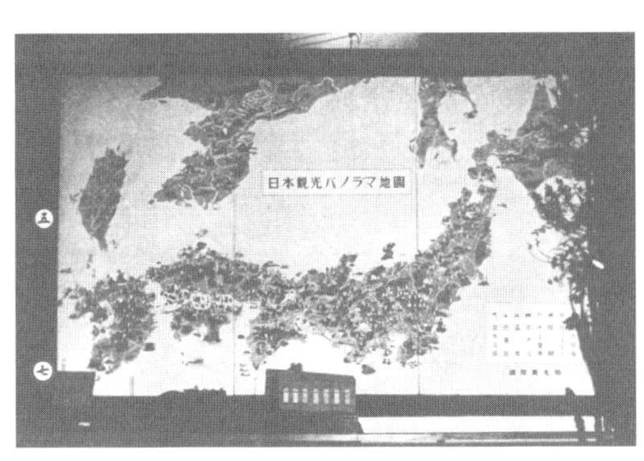

◆ 臺博會的土木交通館，展示日本觀光全景圖。

制度化旅行的開始

日治時期的臺灣民眾，受到日本旅遊文化的影響，許多人開始有旅遊的特別經驗，尤其是「內地旅遊」的異文化體驗。臺大歷史教授呂紹理認為，日治時期是臺灣旅行活動由「個人探險」轉變至「制度化」旅行的重要時期。

日本殖民政府無疑是這種制度化的最重要推動者。所謂的制度化，指的是旅遊組織的出現與旅遊活動的普及。前者表現在出現了專司旅遊活動的機構。當時最早的旅行機構是總督府交通局鐵道部，每年都編列預算刊印現在被鐵道迷奉為經典的《臺灣鐵道旅行案內》，以及發行明信片及照片。此外，還舉辦觀光博覽會。

在非政府部門方面則可見到商業旅館的大量出現。而經由旅遊組織的規劃，促成了溫泉、海水浴場、風景名勝等旅遊空間的開發。旅遊活動的普及化過程則展現在鐵路交通工具的改善，旅遊手冊的編輯、風景明信片的流通與報刊媒介的宣傳等等。

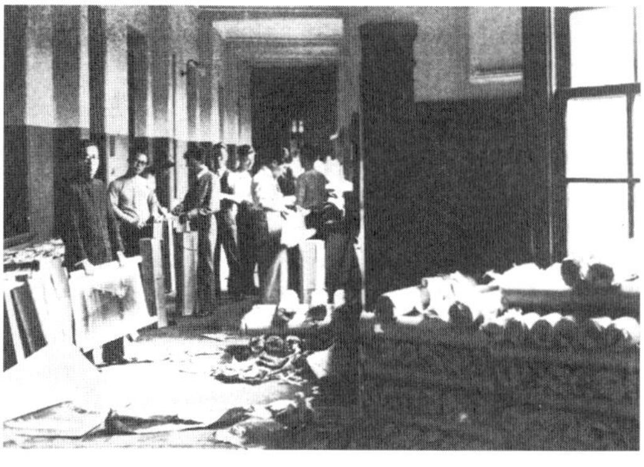

◆ 臺博會員工在打包宣傳海報，準備發送。

日治臺灣之所以出現旅行制度化的原因，多少受到日本原有的旅遊文化的影響。

日本早在江戶時代就已經發展出相當蓬勃的旅遊傳統。當時最常見也最重要的旅遊活動就是到伊勢神宮參拜，這種宗教祈福活動對於後來的制度化旅行習慣的形塑有重要影響。到了十九世紀明治維新之後，西方的旅遊組織傳入日本，民眾的旅遊不再只侷限於宗教。

從政治來看，旅行活動是殖民政府展現統治成果的最佳利器。殖民政府花費不少精力在構築有利的旅行條件，製造促成旅行的活動。旅行因而成為讓臺灣民眾觀看到日本近代性的重要管道，同時也使日人看到日本統治臺灣的成果。

就社會層面來看，都市化的趨勢是生活型態改變的基礎。而作息節奏的改變、星期制的出現，也為人們提供了休閒生活的時間背景。就經濟背景來看，交通工具的升級、鐵道公路網絡的連結，都充分提供了旅遊人們的移動基礎。

內地旅行若再細分，又可分為學生修學旅行的海外版與一般

◆ 伊勢名所中伊勢神宮的別宮倭姬宮。

◆ 臺博會中的土木交通館內的日本景點介紹。

民眾的內地旅行。

日治時期，從小學校、高等女學校到國語學校，都曾有過前往日本進行內地修學旅行的經驗。其目的多在於使學生親身體驗殖民母國的進步設施，感受現代化的環境，更能直接接觸國家神道的神聖氣氛。

由於路途較島內旅行遙遠，經費問題是一大考量。當時官方常三不五時舉辦的各種博覽會，具有就有傳達新知的功能。所以日治時期，總督府大多會利用日本舉辦博覽會的機會，補助學校內地旅行的費用。也因為如此，不少學校會搭配參觀各項展覽或博覽會的行程來安排活動。

大體上，各校的內地旅行的行程差別不大。從下關或神戶上岸後，先在地參觀，接著前往京都、大阪、奈良，然後再搭乘長途列車，經名古屋前往東京。學生在這些地區觀賞的對象包含有自然景觀、歷史古蹟、宗教文化及專業機構等等。

在旅行過程中，帶隊老師會不定期舉行旅行心得的報告會。地點有時會在住宿之旅館，有時會選在參觀地點。老師們通常會趁此機會補充相關史地知識，然後再進行交流互動。

吳新榮老爸的內地旅遊

日治臺灣有關內地旅遊的文人書寫不少。以臺南醫生吳新榮為例，他的父親在一九三五年三月參加由「臺灣新聞社」所主辦的「內地觀光團」。這事對於吳新榮來說相當重要，他在日記中描述，他父親的這次旅行是他今年中的一件大事，為了要替父親壯志，特地叫他兩位弟弟帶著三十五隻賽鴿到溪邊去放飛。

由於這行程是《臺灣日日新報》的臺中分社所辦的團體旅行，辨識用的團員章相當重要。但他父親在中午前十點就離開臺南老家搭協成號自動車前往，沒能及時收到識別證。才出發不久，吳新榮就收到，後來趕緊到郵便局寄往臺中，隔天沒多久他父親才在中途接到了這個證件。從這也可看出當時鐵路交通的便利性。

臺灣民眾到日本的內地旅行一般都是從基隆港出發。四月一日那天，他父親搭的是九千八百噸的大和丸輪船。同一天，吳新榮在臺南佳里公會堂幫北門郡郡守江口送行。差不多兩天的時間，四月三日，吳新榮父親發來電報說已經在九州的門司港靠岸。四月九日，吳新榮收到父親從熊本寄來的信。四月十五日，吳接到父親到達東京的電報。隔沒幾天，臺灣的中部在四

◆ 臺北中央市場的交易場景。

◆ 聯絡臺北城內與郊區的大橋，橋上可見挑著竹簍子，準備到市場賣菜的小販。

月二十二日發生了大地震，造成兩、三千人的死亡，原本可以早點回來的父親因而中途跑去慰問災民，影響了返鄉行程好幾天。直到四月二十五日，才回到臺南。

內地旅行對於當時的臺灣民眾而言，是件相當看重的事。吳新榮在一九三五年的六月三十日，寫說他上半年值得紀念的事情有三，一是父親內地旅行的完成，二是文聯佳里支部成立，三是長女朱里出生。可見，內地旅行對他而言是很特別的經驗。

◆ 高砂丸於 1937 年 5 月 21 日處女航，和大和丸、朝日丸同屬大阪商船團隊，這艘船的加入，縮短了基隆到日本門司港的內臺航線，讓行程縮短到兩天。下圖為一等艙的吸煙室。

吳新榮對內地旅行的嚮往，也反映在一九三七年四月十七日的日記上。當天日記裡，他預先規劃了三年後到日本旅行的路線。分別是佳里→臺南→基隆→神戶→東京→仙臺→東京→大阪→岡山→金川→岡山→廣島→宮島→別府→阿蘇山→熊本→仙氣獄→福岡→臺北→臺南→佳里。整個行程預計一個月，可惜，他的計畫最終沒能實現。

類似吳新榮父親例子的還有豐原地方仕紳與慈濟宮負責人張麗俊。他同樣也於一九三五年到東京內地旅行。三月三十一日，他與朋友一行二十餘人搭著中午的急行火車北上，豐原火車站內擠滿了數百位送行的親友，好不熱鬧，經過了二十七個車站，這輛火車到臺北時已經是凌晨四點多，一行人夜宿在臺北最繁榮的地區榮町的山梅旅館。

隔天一早，他們又搭著六點多北上火車前往基隆，八點多，到了搭船的地方。相當巧地，所參加的是和吳新榮父親一樣新聞社召募的旅行團，團員人數多達一百七十五人，團長是日人佐藤吉治郎。十二點時啟航，送行畫面就有如電影「海上鋼琴師」的場景一般，所有旅行者的親友會在碼頭送行，岸上送行者習慣綁上一環一環的紙圈，數里的長度直到船開出扯斷為止，數量有幾百條之多，對張麗俊來說是個相當難得的奇特經驗。

當時從臺灣航行到日本九州的時間約要三天。在船上，張麗俊乘坐的是空間狹隘的三等艙，他的形容是踘蹐錯雜，好在他不會暈船，有時會登上甲板看海天一色。兩天後的四月三日，早晨起來，遊客已經可以在甲板上看到海中有著大小島嶼，這就是九州一帶。到了下午兩點，大和丸已經抵達門司港。一行人三點多坐上火車，一路由小倉、八幡、賀川，經過十幾個站，直到熊本車站下車，此時已經是晚上八點多了。之後再轉自動車到昭陽旅館。

吳新榮父親在日本所沒記錄的這一段行程，我們可以在張麗俊的日記中找到。

張麗俊的日本現代城市之旅

以下就讓我們跟著張麗俊來一趟日本現代城市文明之旅。

四月四日，他們分乘八輛遊覽車出遊。去的地方有天皇行幸紀念碑、登楠公歷史館、神社、天福寺、動物園、熊本的博多博覽會。在博覽會裡，特別觀看了臺灣館，在那的喫茶店被招待茶菓。

四月五日，脊竹、立野、阿蘇火山、大分、別府，在那自行搭出租車逛了當地著名的溫泉血池地獄與海地獄，然後由鶴見公園回湊屋旅館。

◆ 1936 年 3 月，《大阪朝日新聞臺灣版》上刊登的日本熊本的博多港紀念大博覽會廣告。

四月六日，由宇佐、中津、字島、小倉回到門司。再搭聯絡船到對岸的下關。之後再搭火車由幡生一路到宮島下車，再搭船至嚴島。在嚴島由大阪郵船會社的人帶領遊歷附近的名山佛寺。到了晚上才搭車至廣島。

四月七日，這天由廣島至吳市，參觀國防大博覽會，並坐船遊製軍器廠，參觀造船廠。晚上由海田換坐夜行火車至大阪。

四月八日，抵達大阪時已經是清晨五點半左右。住讚岐旅館，休息片刻後自行租車至附近佛寺。後隨團遊第四師團司令部官邸，又到日本生命保險株式會社，搭乘電梯至九樓俯瞰大阪市街。在那樣的高度，他看到了來往如蟻的汽車、出租車、人力車及電車。下午則參觀臺灣產業協會，又到大阪每日新聞社，坐電梯上八樓觀看大阪繁華的景象。

四月九日，張麗俊這天坐大阪的地下鐵到西宮，然後坐列車到住吉，視察白鶴會社的製酒工廠。午後搭電車至寶塚觀看櫻花，又遊陳列館、動物園、紀念公會堂。最後搭電車回大阪車站。這一天令張麗俊印象最深的是寶塚的繁華景象，該地電車往來

◆ 日治時期的大阿蘇國立公園明信片。

◆ 1936 年 3 月 25 日，博多築港博覽會開幕，佔地一百三十坪的臺灣館的外貌。

不絕，遊玩者又多為婦女，體會到此地男女平等的現象。

四月十日，由湊町搭電車遊天王寺、柏原王寺、法隆寺，最後到了千年古都奈良，在那，他見到巍峨的佛寺、高聳的杉林、宏壯的神像。午後才搭車回大阪，再到三笠屋百貨一遊。

四月十一日，這天由大阪乘火車來到京都。隨後搭乘遊覽車到各佛寺參謁，至桃山參拜明治天皇御陵，而後搭車回菊岡百貨用餐。午後，他們逛了未遷都東京以前的皇都。

四月十二日，由木津搭火車至山田站。張麗俊在參拜外宮時，和團員走失，遂搭電車回山田的宇佐旅館。之後，才由團員找回，然後從龜山、四日、富田一路搭列車至名古屋。午後到市役所享用茶菓，然後搭電梯上八樓欣賞市街景觀。這一天，是張麗俊所有行程中最感穢氣的一天，從中可以感受到他因國語（日語）的不流利，而需依賴他人的困窘之處。

四月十三日，從名古屋搭火車，經大府、岡崎、豐橋、濱松到靜岡。中午在車上吃便當。午後一路由清水、富士、穿越數個隧道到橫濱，然後從川崎到東京，最後在上野車站下車。一

Koyasu-kwau-on at South Garden of Kiyomizutera. 清水寺南園子安塔

◆ 清水寺南原的子安塔。

◆《奈良電車沿線 · 京都 - 奈良鳥瞰圖》，其中有京都地區的名勝。

◆ 1928 年，古田初三郎所繪的《奈良電車沿線 · 京都 - 奈良鳥瞰圖》，其中可見奈良地區的重要名勝。

(一一六)

到東京，給張麗俊的感覺是街道的火車、電車、汽車及摩托車來往絡繹不絕，層樓疊閣，高聳雲霄，令人目想神遊。

四月十四日，整團人分八輛汽車遊東京市街。沿途經過了貴族院、眾議院、陸軍省、海軍省、內務省、外務省、文部省、拓務省、鐵道省，銀行、會社。雖然有些名勝未能下車觀看，但女車長都會沿路說明。最後在皇宮下車，走到二重橋畔時，團員一起脫帽對皇宮行禮。之後，又搭車至明治神宮參拜，並到中央卸買市場用午飯，飯畢，張麗俊登上四樓頂遠眺，才知這樓建在東海之濱。這是他首次感覺到東京位於海濱。午後，坐原車到淺草公園及東京大地震之紀念塔參觀。

四月十五日，上午參觀了東京府廳及新聞社。之後到星製藥會社及製藥工場。中午到富商齊聚的目黑區雅敘園接受臺北人林熊徵及許丙的中華料理晚宴款待。這間庭園餐廳有房間數百間，傍水依山，又細分有宴會室、招待所、結婚室。

四月十六，上午，張麗俊和海浪五位友人前往上野公園，又到物品陳列館一遊。十一點時搭出租車前往。之後，他們到拓

◆ 1938 年 4 月 9 日，臺灣的臺北、臺中、新竹各州廳的 96 名保甲壯丁團團員參拜伊勢神宮，途中參訪大阪朝日新聞社。

務大臣兒玉秀雄官邸接受招待午餐。能夠讓前臺灣總督兒玉源太郎之子款待，可見這團並非一般的民間旅行團。隨後又坐車前往明治製菓會社工場參觀。回程則搭原車去到東京寶塚劇場，接受郵商船會社招待，享用晚餐。結束後隨即上樓觀看號稱是東京第一流的戲劇，無論戲臺及佈景都壯麗巧妙，出場角色男女共五、六十人，演到晚上十一點才結束。

四月十七日，由上野車站搭車，從日暮里、田端、川口、太宮、宇都宮，到日光站下車。午飯後至二荒山祭祀德川家康的神社東照宮參拜，後搭自動車上山腰，換車進日光看名勝華嚴瀑布，見到滿山雪景。之後又搭電梯觀看華嚴瀑布、斷崖峭壁，雪花隨著雨水而下，同團中有人是第一次親眼見到下雪。下山時又到中山禪寺，在那見到有如臺灣日月潭的中山禪寺湖，但可惜雨雪太大，無法下車觀賞。

四月十八日，一早張麗俊又同海浪五人自由行前往東京車站，感覺氣象軒昂寬敞。站前立有一大高聳的歡迎門。後又步行到銀座街逛三越、松屋百貨，都是樓高八、九層的大廈，眺望完繁華街景後，一行人才趕回名倉旅館和其他團員會合。他們一路由上野搭二等列車經過新橋、惠比壽、原宿、代代木、新宿、池袋到橫濱，下車時已經是十點三十分。

之後坐自動車到森永製菓會社工場遊玩。後又坐車到麒麟麥酒會社，分三隊參觀工場。午後在此接受招待午餐，席間佐藤領隊不在，改由副隊長致謝詞，但他卻不客氣地說臺灣人自門司上岸後，到處無禮，引起日人不悅，此舉造成團中青年不滿，作勢要修理副隊長，最後經勸架

◆ 日本國立公園箱根大涌谷的地熱噴煙。

才平息眾怒。在橫濱，參觀了繼熊本及吳市之後的第三個博覽會。

四月十九日，團員搭夜行車到神戶時已經早上九點多。神社參拜完之後，返回海邊的臺灣商船蓬萊丸號，十二點起航。

四月二十日，船到門司港已經早上六點。可自由選擇是否搭小艇至岸邊購物或在船上休息。

四月二十一日，午後五點，船長廣播說臺中州的豐原發生大地震，死傷達一千四百多人。又有人聽到其中有高雄之名，引起船上一時騷動，紛紛打電報回家問是否平安。到了晚上十點，船長又廣播確認只有臺中州的豐原郡、東勢郡及大甲郡受到影響。四月二十二日，近午張麗俊登上甲板，望見基隆山，午後一點靠岸基隆港。結束這趟二十二天的內地旅行。

張麗俊如此鉅細靡遺地將這二十天的日本內地旅行行程記載下來，可能是目前所見內地旅行的日記中最為詳細的資料。

誠如林雅惠所說，島內旅行看到的是建設中的臺灣，以展示殖產興業及顯式統治成果，透過參訪赤崁樓、開山神社等臺灣古蹟來代表臺灣在日本統治前的歷史。而內地旅行則是藉由大量的神社參拜與遙拜皇城來接觸國體的核心。

然而，透過張麗俊的例子，我們卻見到當時臺灣民眾的內地旅行模式和學生的內地旅行，有明顯差異。他們所參觀的景點，已經不再只是跟帝國國體有關的這些符號地景，而是參雜了自然景觀與城市消費文化的特色。

關鍵詞：洪堡、伊勢神宮、張麗俊、修學旅行、臺灣新聞社、內地觀光團、《臺灣鐵道旅行案內》、吳新榮、國防大博覽會、動物園、公會堂、櫻花、寶塚、大阪、京都、奈良、三越百貨、松屋百貨、森永製菓會社。

延伸閱讀：

艾倫‧狄波頓，《旅行的藝術》，臺北：先覺出版股份有限公司，2002。

呂紹理，《展示臺灣：權力、空間與殖民統治的形象表述》，臺北：麥田出版社，2005。

林雅慧，〈「修」台灣「學」日本：日治時期臺灣修學旅行之研究〉，國立政治大學臺灣史研究所碩士論文，2009。

◆ 1935 年版的《臺灣鐵道旅行案內》封面。（國立臺灣圖書館提供）

8 始政紀念日：塑造國家認同

一九四一年三月十日，在陸軍紀念日的這一天，臺南小鎮醫生吳新榮聚集了佳里地方上的有志之士三十多人，組織了一個懇談會，以此方式來紀念這個特別的日子。這些成員大多是地方菁英，有小學校及公學校的校長、牙醫、醫師、代書、協議會員、信用組合幹部、保正等等。懇談會的主要目的在凝聚振興地方的共識，進行國策討論，以及聯絡會員感情。這不是特例，日治臺灣有各種這類型的活動。

各式各樣的紀念日

日本殖民臺灣時設立了各式各樣的紀念日，「陸軍

◆ 1938 年 6 月 17 日，在臺北公會堂舉行的始政紀念日典禮。

紀念日」只是日治臺灣諸多紀念日的其中一個。例如還有三月一日的「滿洲國獨立紀念日」、四月十六日（皇太子殿下臺灣行啟紀念日）、五月二十七日（海軍紀念日）、六月十日（時間紀念日）、六月十七日（始政紀念日）、九月一日（關東大震災紀念日）、七月七日（支那事變）、七月二十日（海的紀念日）、十月十三日（戊申詔書御下賜紀念日）、十一月二十日（社會事業紀念日）及十二月八日（大詔奉戴紀念日）。

五月二十七日的海軍紀念日，也是日治臺灣常被提起的紀念日。吳新榮在一九四一年的日記中提到，當日他們為了紀念這個節日，特別在公會堂成立北門郡在鄉軍人後援會。這一天，也是街的奉公壯年團員，在清晨四點起床，到神社集合，舉行「曉天動員」宣誓，喚醒新的決心的日子。

七月七日對日治臺灣政府而言，也是重要紀念日。吳新榮在一九四一年的這一天日記中記載說這是「日支事變」四周年紀念日。做為皇民奉公會的下屬組織的街庄分會與部落分會，要在此紀念日中成立。吳新榮當晚在部落會的成立儀式上擔任演講者，以臺語講了十多分鐘的國際情勢。

殖民地臺灣才有的紀念日

相較於一些日臺都有的國定祝祭日之外，這之中最常被民眾提起的是始政紀念日。始政紀念日是殖民地臺灣才有的紀念日，而且是臺灣島上最重要的紀念日，相當受殖民地政府重視。

最初是為了紀念日本於一八九五年六月十七日開始殖民臺灣。每年的這一天，日本政府都會

◆ 1936 年 5 月 30 日，《大阪朝日新聞臺灣版》上刊登的海軍紀念日的全島活動。最上圖為總督府前的紀念典禮，右下為臺南市公會堂舉辦的祝賀會。

舉辦許多活動來慶祝。起初是由總督府高官及部份日本人參加。一九一五年後，日本開始要求臺灣民眾一起參與。之後到始政三十及四十週年時，更擴大舉辦。

從一八九五年開始以來二十年的始政紀念日活動，主要的紀念內容無外乎是總督的講演、總

◆ 1936 年的始政紀念日，上圖為在臺北樺山小學校舉行的紀念祝賀會。中間是臺北鐵道旅館舉行的島民大會。左下角為臺北觀測所辦的觀察日食活動。

督府高官參與戰死及災病死亡者的招魂祭典。

透過官員日記，我們可以看出當日活動的一些特色。一九二二年的《田健治郎日記》就提到當日一場花了數月準備的大祭、園遊會及繪本展覽活動，因為一場大雨而受到影響。該日官員的行程，日記也有詳細記載。七點半時，田健治郎就穿好大禮服，前往臺灣神社進行大祭，福田大將以下的參加官民有數百名。十點時，在總督府的大會堂接受職員的參賀。十一點時又到市役所參加市民的祝賀會。到了午後三點半，在總督官邸舉行園遊會，到場的人員約兩千人，後因大雨作罷，原先安排的中國戲曲與日本藝妓表演也臨時取消。

簡吉在他那一九三〇年的日記裡，就寫到透過昭和五年發行的雜誌《まこと》記載的總督府官邸轉播，得知第十三任文官總督石塚英藏，在始政三十五年紀念日的演講內容。內容首先提到經過三十五年的經營，逐漸實現內臺融合的事實。其次，物質與精神方面均有顯著進步。三十五年間，歲出入增加十倍多，財政完全獨立，不需要日本國庫的任何補助。

貿易總額方面，日本是入超，臺灣是出超。在交通方面，全臺已達一千英里，不輸給日本母國。生活狀態方面，由於司法警察制度的完善，使得四百萬百姓生活安定。教育方面，從小學、公學到帝大，校數七百八十所，學生三十萬。最後則呼籲所有民眾要注重培養國民精神與團體觀念。

地方政府則是舉辦儀式、夜會及學校內的活動。剛開始時，執政紀念日多為儀式性活動。主要為：放假一天、聽支廳長的祝詞、要求民眾懸掛國旗、對學生進行訓話。

臺灣民眾在這一天會進行哪些活動呢？

我們可以從一些地方菁英的日記中瞭解其中梗概。臺南的小鎮醫生在《吳新榮日記全集》中對這一天的記載是當天降雨不斷，他相當幸災樂禍地寫道：「是始政四十週年的紀念日，在此兩天也不能熱鬧啦，哈哈。」雖然如此嘲弄這一天，他還是參加了這一天的例行性活動，例如夜晚會施放煙火，公會堂會放映電影，吳新榮就在當日晚上，去看了「電光煙火」及帶兩歲小兒去看紀念電影。

一九一二年的六月十七日，黃旺成提到當日他睡過頭，六點過後才起床。遂和朋友錢仔一起走泥濘的道路，到學校參加始政紀念日的典禮。

林獻堂的日記也提到，一九三五年的這一天，八點半時，他辦的義塾舉行了紀念活動，出席的有學生四十人，先唱國歌，然後有人講東京旅行記事，在座的還有些來賓，最後大家唱塾歌後結束這項活動。同年豐原的地方仕紳張麗俊的《水竹居主人日記》，則只是記載了這一天是始政紀念日，並說明這紀念日的由來與明治二十八年日軍佔領臺灣後由基隆上岸的日子有關。

加入商業與娛樂的紀念日

從一九一五年始政二十週年開始，始政紀念日除了舉辦官方紀念性質與自我慶祝的儀式性活動外，還摻雜許多民間商業性與娛樂性的慶祝活動，拉近了與民眾的距離。像是物產展覽會、南洋展覽會、教育展覽會，或者是音樂會、植樹活動、兒童學藝表演。在娛樂性活動方面，我們可以見到各類的體育活動像是武術、划船、相撲。在夜晚街頭，我們還可以見到各式燈籠、燈光裝飾及表演活動。隨著這類型活動的增加，民眾感受紀念日的慶祝氣氛也愈來愈濃。

除了上述活動外，紀念日時，我們還會見到一連串的優秀人士的表揚活動。表揚的對象包括有仕紳、區長、警察、孝子節婦等。透過這些活動，總督府試圖打造人民百姓受到恩澤的意圖。

社會大眾的批評

然而，畢竟這種象徵意義大於實質意義，社會大眾對殖民政府的作法似乎並不領情，批評聲浪時有所聞。

例如一九二五年的《臺灣民報》就曾對這些表彰活動做出評論：「我們也曉得現在配著那紳章的人們，一部份也不少有人格的人，但也有一大部分沒有人格的人。然而，我們的攻擊是在於制度，不在於個人。我們不但不承認這是什麼大大的恩典，且絕對地知道這是愚弄人格的圈套。換一句話，說這是認定差別內臺人的制度，誰不懂這個明白清楚的道理呢。」

對日本殖民政府而言，這樣的紀念日又具有怎樣的意義？一九三二年的《臺灣日日新報》就刊載了中川健藏總督對始政紀念日的看法：「本紀念日是對臺灣全住民而言，是確保幸福與舒適的絕好紀念日。」

至於日本人對此紀念日也有不同看法。例如一九一五年的期刊《新臺灣》有以下批評。他們認為，始政紀念的第二十年慶祝活動，臺北市內似乎很熱鬧，感覺臺北的活動很有成效。但事實並非如此，臺灣島內可以參加祝賀會的人其實是少數。有些底層民眾，想帶家人去看煙火活動，連個合乎節慶的衣裳也沒有。其實上，這樣的紀念活動，應當由人民來主導才是。

始政紀念日雖然是日本政府要灌輸臺灣民眾變幸福的看法，也要求臺灣人要心懷感激地來慶祝。然而，事實上，這一天並不容易得到臺灣民眾的認同。誠如同岩口敬子所說的：「始政紀念日本身是充滿統治象徵的一個紀念日，雖然呼喊同化，一視同仁，內臺一體等等，不過，此始政紀念日的實質效果卻是破壞同化，使日本人與臺灣人分開，與日本國體論中宣稱的國民統合有所妨害，相當矛盾。」

關鍵詞：奉公壯年團、陸軍紀念日、海軍紀念日、始政紀念日、公會堂、黃旺成、吳新榮、林獻堂、簡吉、石塚英藏、田健治郎、中川健藏。

延伸閱讀：

岩口敬子，〈國家禮儀與國民統合：日治時期臺灣官方節日與儀式研究〉，國立政治大學臺灣史研究所碩士論文，2008。

陳煒翰，〈日本皇族的殖民地臺灣視察〉，國立臺灣師範大學臺灣史研究所碩士論文，2011。

黃昭堂著，黃英哲譯，《臺灣總督府》，臺北：前衛出版社，2013，二版一刷。

三．地景與記憶

9 市區改正：當廟宇遇到都市計畫

我們現在見到的臺灣各大都市的市區樣貌，很多是經過日治時期的「市區改正」計畫才定型的。什麼是市區改正？看看慈濟宮的遭遇就知道。

一九三五年九月十四日的《臺灣日日新報》有一則關於豐原慈濟宮的新聞。這篇報導內容主要講述慈濟宮的拆毀爭議。慈濟宮是日治時期豐原的重要宗教中心，當面臨日本殖民政府強制拆除時，地方菁英是採取怎樣的應對措施？隨著近來豐原地方領袖張麗俊《水竹居主人日記》的出版，我們才逐漸瞭解當廟宇碰到「市區改正」計畫時，會面臨什麼問題。

趁地震進行市區改正

◆ 日治時期的臺中街道明信片，從中可以見到有時尚造型電燈、菓子店，以及西式風格的樓房。

故事要回到一九三五年四月二十一日，臺中及新竹州地區發生了大地震，這引起當局打算趁此機會對豐原進行「市區改正」。據慈濟宮管理人張麗俊對此次地震的描述，相較於內埔及神岡兩處的房屋倒塌與人員傷亡數目，豐原這次的影響算是中部地區幅度較小的。但官方卻想趁此次房屋倒塌的機會，全部改正為大街。在地震中，臺中地區已經有許多重要廟宇受損，例如神岡的聖母廟及清水的觀音亭都有嚴重的倒塌。慈濟宮受損的部分雖不嚴重，但也受到豪雨而導致拜殿的水槽漏水及花柴腐壞。

為此，張麗俊再度到當地的行政機關役場找岩下街長談整修需費工料金的事情。然而，街長不僅無幫助之意，反而提出欲拆除慈濟宮的規劃。岩下街長辯說原本打算將慈濟宮移往他處，但因為耗費過大。因此，較為可行的是先拆除奉祀神農大帝的神農大帝殿的西護厝。

一九三五年六月二十九日，張麗俊前往街庄辦公室召開慈濟宮的修繕會役員會議，討論慈濟宮拆除西護厝事宜。七月一日

◆ 臺中州的沙鹿庄地區的受災情況。

《州報》刊出了豐原、神岡、內埔、石岡、清水、沙鹿、梧棲七個街庄的地震家屋損毀的照片，其中，也提到了慈濟宮西護厝受到了損害，這是第一次官方正式在文獻中告知慈濟宮西護厝要拆除的訊息。

面臨拆除的慈濟宮

自從官方在七月一日宣布了慈濟宮即將局部拆除的消息後，張麗俊較以往更常往役場辦公室打聽消息。他曾多次舉出古蹟維護的觀念來闡述自己對於官方欲拆除慈濟宮西護厝的不滿。例如，他曾舉例說北庄有過一棵大榕樹擋在縱貫路當中，後來不忍心砍樹，遂保留成古蹟。

此日記還提到，最後的決議仍由市區改正的「復興委員會」決定，而非街長一人所能定案。復興委員會由街長召開，有關市區改正的相關細節皆是由此會議討論，其成員多為地方菁英人士，有時也與進行委員重疊，日人及臺人的身分委員都有，比例不一。張麗俊知道要瞭解日人街長的動機，唯有透過直接拜訪復興委員才是最有效的方式。

在舉辦信徒大會之前，張麗俊相當積極地走訪市區改正的復興委員。眾人皆表示復興委員會議進行時，對慈濟宮遷移一事，既無人贊同，也無人反對。張麗俊如此積極地親自登門拜訪委員，多少有其成效。這些被拜訪過的委員都表達，日後若再召開委員會，定當代為陳述張麗俊的意見。

此外役場的助役也是張麗俊鎖定的焦點。透過陳蔡喜的幫忙，街長答應將《民聲報》的報導報告郡守。媒體在這件事情上，也起了推波助瀾的作用。

曾有《東亞新報》記者在張麗俊走訪張力時前來，打算招攬新聞團，共同報導此事的始末。這位記者傳授了張麗俊一招，若要吸引豐原郡的宗藤郡守的注意，必須多找一些重量級的人士共同前往，例如製紙會社事務所的吳水木。在地方人士的建議下，張麗俊的確匯集了許多地方的重要人士的意見。包括有各團體代表、以林柳枝為首的修繕會代表、以張麗俊為首的保甲代表、彰仁醫院的陳章為實業界代表，此外還有新聞界代表。

張麗俊的各方陳情

張麗俊的各方奔走總算沒有白費，最後傳到郡守耳中，在一九三五年七月十八日，他和廖西東被請去豐原郡役所和郡守相談。此次會談，張麗俊首先談到慈濟宮自有葫蘆墩至今已有二百年的歷史，不宜再遷移他處。郡守則回應說此事是總督府市區改正的計畫一部分，陳情也是無益。而且這座廟宇占地八百多坪，價值三萬金，若移轉至他處，不算是毀棄，以其神祇受人景仰的程度，勢必不會比現在的華麗還遜色。張麗俊則舉出民意的概念，對郡守回應說：「郡守尊重技師之設計，亦須順多少民意。」

此外，他還舉出臺灣各地的例子來駁斥郡守的說法。像是新竹的城隍廟、北港的聖母廟，都當市區改正之衝，卻還保留；而臺北的城門、北屯的榕樹也是路衝，也都保留為古蹟，難道慈濟宮不如這些古蹟？

最後，郡守詢問張麗俊能作為信徒的代表嗎？張麗俊則回應說無法代替數萬人信徒的所有聲音，但可以由郡守下令街長召開信徒大會。最後雙方約定，若召開信徒大會的話，張麗俊必須保持中立，不贊成也不反對。這次與豐原郡守的會面，對張麗俊所推動的保存慈濟宮等建物的陳情活動而言，是一大進步。

◆ 1935 年，總督府史蹟名勝天然紀念物調查會，開會通過新史蹟名單，其中有臺北市的四座城門：景福門、承恩門、麗止門、重熙門。

信徒大會

慈濟宮信徒大會選定在一九三五年的九月十一日召開。確認之後，張麗俊又到處去宣傳開會的時間。市場是號召信徒去開會的一個重要訊息傳遞場所。

光是找人去開會還不夠，張麗俊也積極安排能言善道的人士參與開會。例如他曾到進旺家預先安排會議進行事宜。他強調此次信徒大會的重點在於管理人的選定，應該照舊選廖西東，千萬不可讓郡守來指定人選。一旦由郡守決定，則人選必定就是街長，如此一來，管理權就會喪失，很容易就會讓他們主導有關拆毀移轉慈濟宮議題的進行。此外，張麗俊還召集好友進行法律問題的沙盤推演，並預定管理人候選五名。

九月十一日下午，慈濟宮信徒大會終於在男子公學校的講堂舉行。官方的代表有宗藤郡守、野村庶務科長、澤谷警部、川原巡察部長、彰銀支店長、製麻會社及特務等，張麗俊稱這些人為「街當局派」。「信徒派」則有佐藤公證人及鄭松筠律師的協助處理。該日出席列坐的信徒約有六百五十一人，塞滿了講堂。到了兩點，街長在張麗俊的敦促下出席開會。首先由街長報告開信徒總會的原因。此次信徒大會共有三件議案要進行。管理人選任、信徒總代的選任，以及市區改正所引起的慈濟宮的移轉改建。

張麗俊形容此次會議是豐原有開會以來，人氣最盛的一次。五人總代選出了鄭松筠、張麗俊、廖西東、陳章及劉羅五人。會議中，宗藤郡守還是重申總督府的立場，決定要照市區改正圖來進行慈濟宮的拆毀。經過此次會議之後，雖然沒有達成共識，但選出了信徒的總代表的五人小組，全權負責慈濟宮拆除一事的討論與議決。

由於五人小組是由信徒大會選出，具有法律效力。為了避免落入與官方對抗的口實，信徒大會之後的五人小組的重要工作之一是說服西廂厝旁的土地所有人蓋印同意拆毀部分土地，以保全慈濟宮。當所有土地所有人都蓋印完畢後，張麗俊於十月十六日即派慈濟宮書記蘇萬旺將所有佐證資料，備妥送交給臺中的鄭松筠律師。再由律師連同兩封陳情書，分別上呈給臺中州日下知事及豐原宗藤郡守。

問題的落幕

在陳情的過程中，我們可以見到這些陳請者煩惱的另外一件要事，在於有無取得慈濟宮的登記狀。

十一月十日的日記就載有，由於信徒大會當日佐藤記錄的署名是慈濟宮，這與寺廟謄本中登記資料是聖母廟不同，因而無法辦理寺廟登記。張麗俊因而詢問鄭松筠律師是否能夠修改廟名，律師的回應則是要再問過佐藤公證人，最後得到的答覆則是塗改較為不雅，因而作罷。由於鄭松鈞身兼管理人及辯護律師，張麗俊對他倚望頗深。有三件事非由他出面不可，分別是：管理人登記、陳情書的提出，以及廟埕的整理必須經委託警察課派人巡察監督。

此外，慈濟宮管理人的登記須街長同意，此事亦是一波三折，張麗俊請託了許久，才得到街長的同意蓋印證明他與鄭松筠的法定管理人身份。一九三六年六月十一日，慈濟宮管理人的街長證明書類才獲得通過。

最終，在街長首肯的情況下，慈濟宮管理人改採折衷的方式，由張炎坤及林慶通擔任買主，以一坪六十円的價格購買西廂厝西側的彰化銀行百餘坪土地。一九三六年六月十二日，在張麗俊的多次催促下，豐原郡技手重新來測量定界，繪製市區改正的新圖。至此，原本的慈濟宮拆除位置因而能往西邊挪移，終於免於被拆毀的命運。

關鍵詞：慈濟宮、張麗俊、市區改正、《東亞新報》、《民聲報》、役場、復興委員會

延伸閱讀

黃蘭翔，〈日據初期臺北市的市區改正〉，《臺灣社會研究季刊》，18期（1995）。

洪秋芬，〈日治時期殖民政府和地方宗教信仰中心關係之探討：豐原慈濟宮的個案研究〉，《思與言》，42卷2期（2004）。

10 行道樹：打造南國風情

行道樹專欄

一九三八年的九月二十九日，《大阪朝日新聞臺灣版》一連十幾天刊出了臺灣並木（行道樹）的專欄，介紹了臺灣各城市的特色路樹：有臺北市文武町的松樹、新竹市郊外的木麻黃、臺北帝大病院前的樟樹、臺南花園町通（今日的公園路）的鳳凰木、臺北北三線道路的蒲葵、臺中柳川的柳樹、臺北南三線道路的茄冬、臺北敕使街道的樟樹、高雄車站前的椰子樹、新竹的尤加利樹、臺北植物園的亞歷山大椰子樹，這些行道樹構築了日治臺灣的街道景觀。

其中一幅是通往臺灣神社的敕使街道，也就是今日的中山北路，可以見到以下的景象。雪白的街燈與翠綠的行道樹排，道

◆ 施工中的臺北三線道。

◆ 臺南市花園町通，兩旁種有鳳凰木行道樹，宛如綠色隧道。

路上行駛的是三八年車型的八汽缸汽車，後頭的銀色巴士發出清爽的聲響，敕使街道展現了都市的健康美。中央車道旁種的是樟樹，兩旁的步道旁是楓樹。慢車道有小伙計踏著自行車，唱著愛國進行曲，騎在落葉繽紛的楓樹下，微弱的秋陽不時地從楓樹葉縫間灑落在地面，頗有悠閒的感覺。

田代安定的規劃

說到日治臺灣的行道樹，就不得不提田代安定為臺灣城市的行道樹所規劃的體系。

田代安定可說是日本熱帶植物研究的創始者。一九〇〇年，他發表了《臺灣街庄植樹要覽》，指出了領臺後二十年來行道樹種植的缺失。他認為當時殖民地臺灣的行道樹種植發展相當落後及傳統，未能與已經改頭換面且美輪美奐的道路及建築相提並論。

一九二〇年，他又出版了《臺灣行道樹及市村植樹要覽》，

◆ 臺北敕使街道的樟樹。

◆ 臺北三線道路的蒲葵樹。

企圖以「行道樹」打造臺灣熱帶殖民地的完整圖象，進而提出以「南洋殖民地」的街道形式，作為臺灣規劃行道樹的準則。在他的觀念裡，行道樹與國格的關聯，是透過視覺所創造出來的。也就是說，行道樹的存在意義，標舉著一個地方的文明與進步。

他將臺灣的行道樹分為五類：市街、市外、海岸、中高地區及公共區域以外的私設道路。其中，他所規劃的「市街行道樹」共有七十七種，而椰子科植物就佔有二十一種之多。由此可見田代是如何特別關注椰子樹了。

田代這種透過行道樹企圖將臺灣打造成一種具有熱帶殖民地景觀的作法，確實給來臺日人許多熱帶想像。

南國風情的印象

「暑熱」與「南國風情」是日治在臺日人對臺灣的普遍印象。

日本作家佐藤春夫於一九二〇年受在臺醫生朋友之邀，旅遊

◆椰子樹下乘涼的女子。

◆臺北植物園。

臺灣時寫下〈暑夏之旅的回憶〉，文中提到，臺灣的暑熱讓他相當吃不消。有一回，他要踏進從基隆開往臺北的火車車廂時，一踏進車裡，一股熱氣上身身，佐藤不禁大叫：「哇，真是要命。」對於那樣的熱度，他是毫無招架之力。

其次，南國風情的塑造與日本政府在臺刻意打造的行道樹景觀息息相關。在所有象徵南國風情的景觀行道樹中，日人印象最深的則是椰子樹。椰子樹對日人而言，不僅是南國的象徵，更是臺灣的招牌標記。

想到椰子樹，大家的印象是什麼？肯定想到海島、沙灘、熱帶風情之類的。但少有人知道，我們現在所見到的臺北街道的椰子樹，大部份都是在日治時期所刻意栽種的。

據周湘雲的研究，一九四三年日本作家窪川稻子發表了來臺旅遊雜記〈臺灣の旅〉。文中，窪川描述了她搭船剛到基隆港時，天空還飄著小雨，但當轉搭火車到達臺北車站時，所見到的卻是四月的豔陽天，對此景色，他讚嘆不已：

> 我喜歡像這種南島強烈的陽光照射，可以隨意地看見，讓人不習慣的椰子行道樹的粗獷線條，
> 啊，這就是臺灣！

另外一對日人夫婦旅遊到高雄舊式的旗後街道時，也有著類似窪川印象的對話。

> 這裡好多椰子樹啊！
> 是人工栽培的嗎？

是的，因為南臺灣的氣候十分適合椰子樹生長，這些椰子也銷到日本。

果然是北回歸線以南的地區，這些椰子樹蔭不是很浪漫？如果在有月光的夜晚來到這，宛如就像在甜美的夢境一般。

打造椰子樹的景觀

由於椰子樹並非臺灣的原生種，日治在臺日人將椰子樹視為熱帶風情與臺灣連結不可或缺的符號。這樣的地景，其實是經過不同時期的建構才逐漸完成的。

媒體對於這種印象的塑造扮演了推波助瀾的角色。

例如《大阪朝日新聞臺灣版》就常在報紙登載城市中椰子樹的寫真照。例如前圖是臺北植物園中的椰子樹，在高聳的椰子樹下，有兩位打扮時髦的現代女性走在樹下，呈現出南國風情的女性美。椰子樹不僅有女性美的意象，還有種浪漫的風情，就有一位女子坐在椰子樹下享受初夏南國的夢幻時光。有的寫真照會在標題上打著「南國的印象」，例如就以仰視的角度呈現出臺南地方法院的高塔與熱帶椰子樹相互輝映的對比照片。

同樣的意象，我們在電影《扶桑花女孩》中也可以見到。影片描述，一九六五年時，以礦業維生的福島縣居民，如何靠著從臺灣引進椰子樹，日夜小心呵護這些樹種，企圖在日本這樣高

◆ 臺北帝大校園椰子樹下的學生。

◆ 臺南地方法院裡的椰子樹。

緯度地方，複製一個北國的「夏威夷度假中心」。

早在一八九六年，椰子樹種子就被引進臺灣。日本治臺之初，就已經透過隸屬於總督府之下的「臺北苗圃」及「恆春熱帶植物殖育場」，負責培育外國的種子與樹苗的任務。椰子樹經過這些機構的培育繁殖之後，尚須經由都市規劃中的行道樹計畫，才逐漸成為都市景觀中的重要一環。

熱帶化的殖民地

象徵南國的行道樹常出在日人的書寫中。透過從行道樹所散發出的「南國」氛圍，打造出南國的意象。日本政府藉由市區改正計畫，在全臺主要城市的幹道有計畫地栽種街道樹。例如相思樹成為北部意象的代表，隨後又有椰子樹及蒲葵。

其實，日治之前就有的本土樹種也曾吸引不少來臺旅行日人的目光，例如相思樹及榕樹就成為臺灣鄉土特色的代表。

日本畫家三宅克己於一九一〇年來臺旅遊時，就將他自身所觀察的臺灣景色，提出許多異國的連結。他說他在臺北街上或郊外散步時，到處可以見到日本所沒有的樹木。第一種是相思樹。俗稱臺灣松的榕樹也是相當有意思的樹木，會從幹枝垂下許多氣根。從紅色屋瓦的屋頂看到綠意盎然的茂密樹影，就好像深處在國外的感覺。其次是椰子樹、檳榔樹，彷彿到了南洋群島似的。

日本畫家丸山晚霞則是對這樣的景觀有如此印象。他認為臺灣風景的前景應該是相思樹。相思樹是他到臺灣之後最先看到的樹種，在島內旅行到處可看到相思樹。所以他認為臺灣風景的前景一定是相思樹。

隨著現代化都市的建設，如何栽種行道樹成了科學掌管的問題，為了與現代文明的都市接軌，行道樹的篩選開始訂立一套標準作業流程。以往臺灣常見的本土植物如相思樹、榕樹漸漸變成不適合城市景觀的非主流行道樹，取而代之的則變成那些由熱帶地區所引進的外來熱帶樹木。透過椰子樹的栽種，所塑造出來的其實是一種不自然的自然景觀，臺灣不僅被當作成一個「熱帶化」的殖民地，也成為日本對臺灣殖民科學化成果下的景觀。

關鍵詞：並木、田代安定、佐藤春夫、窪川稻子、三宅克己、丸山晚霞、《臺灣行道樹及市村植樹要覽》

延伸閱讀書目：

周湘雲，《日治時期臺灣熱帶景象之型塑》，臺北：國史館，2012。

佐藤春夫，《佐藤春夫：殖民地之旅》，臺北：草根出版，2002。

11 公會堂：遍佈全臺的市民集會場所

圖中所見的雄偉建築公會堂，它可是日治時期全臺最著名的市民公共集會場所。

說起這棟建築的故事，可要上溯至一九二八年，當時日本政府為了紀念裕仁天皇的登基，拆除了清代布政使司的衙門，於原址籌畫興建臺北公會堂。一九三二年動工，歷時四年，一九三六年完成，耗費約九十八萬日圓。

始政四十年博覽會的開幕地

這座號稱是日本規模排名第四，設備排名第二，僅次於名古屋的公會堂，還沒正式啟用，就已經聞名全臺。它可是一九三五年的始政四十年博覽會的開幕場地。當時全島官民內

◆ 1935 年的臺灣博覽會開幕，典禮在臺北公會堂內禮堂舉行。

◆ 臺北公會堂建物外觀。

外貴賓共三千多人齊聚會場。這樣的場面可不是臺灣每個公會堂都可曾有的經驗，也因為如此，更加深了臺北公會堂的象徵地位。

然而，這種在公會堂中集會的經驗，對於日治臺灣民眾而言，並不陌生。

事實上，當時幾乎全臺各地都有公會堂，這完全是日本殖民時代的產物。追溯其源頭，這樣的場所的理念來自於西方，原本具有近代化公共聚會的用途。而後由日本移植到臺灣，目的在透過公共空間的市民集會，來培養文明理念與素養，當然，在扮演傳遞文化的角色同時，它也被賦予了殖民教化的色彩。它既是殖民政府宣揚政令的場所，也是地方人士的各種集會場所。

事實上，臺北的公會堂並非臺灣第一間，最早的是基隆公會堂。

最早的公會堂

依陳凱雯的研究，一九〇〇年，基隆日籍地方人士為皇太子

◆ 1936年12月26日，臺北公會堂落成，圖中為內部空間與大集會廳的觀眾席樣貌。

的婚禮祝賀為由，擬在基隆建立公會堂，表面上看來是市民的公共空間，但實際上仍是日人的聚會之所。一九〇一年初，日人選擇義重橋的山丘建立公會堂（今日的中正公園）。一九〇二年九月，公會堂建築才大致完成。

基隆公會堂的初期建物為石造本館四十坪，另有十三坪的木造附館，視野極佳，可遠眺基隆港。所辦的活動以日人的佛教活動、音樂活動與長官來訪宴會為主，經費來源也多為日資的大型會社，如商船會社、郵船會社或煤礦的藤田組。

一九一四年後，原址屋材毀朽，才在基隆支廳長的召集下，與銀行團體與市街重要人士協議，募款另外擇地改建公會堂。隨後在會社商人所組成的公益社主導下，一九一五年底，座落於日新橋畔的新公會堂正式完工。改建後的公會堂，成為可容納四百人的大型集會場所，擴大了市民的參與範圍。

據統計，在公益社的經營下，市民的參與形態更為多元。計有商品陳列拍賣會、當鋪流當品的拍賣會。表演藝文活動也是重點，如講演會、音樂演奏會、祝賀會、發表會、攝影展、書畫展。此外，官方也會在這舉辦市民活動或軍人的聯誼聚會，例如官民協議會、在鄉軍人會、艦隊及團體的休息所。有時也有醫療衛生活動，如預防注射及種痘。

除了這些展演活動與地方社團的聚會外，遇到有重大爭議事情，公會堂立即成為市民的集會空間，也是殖民政府宣揚政令的重要場所。

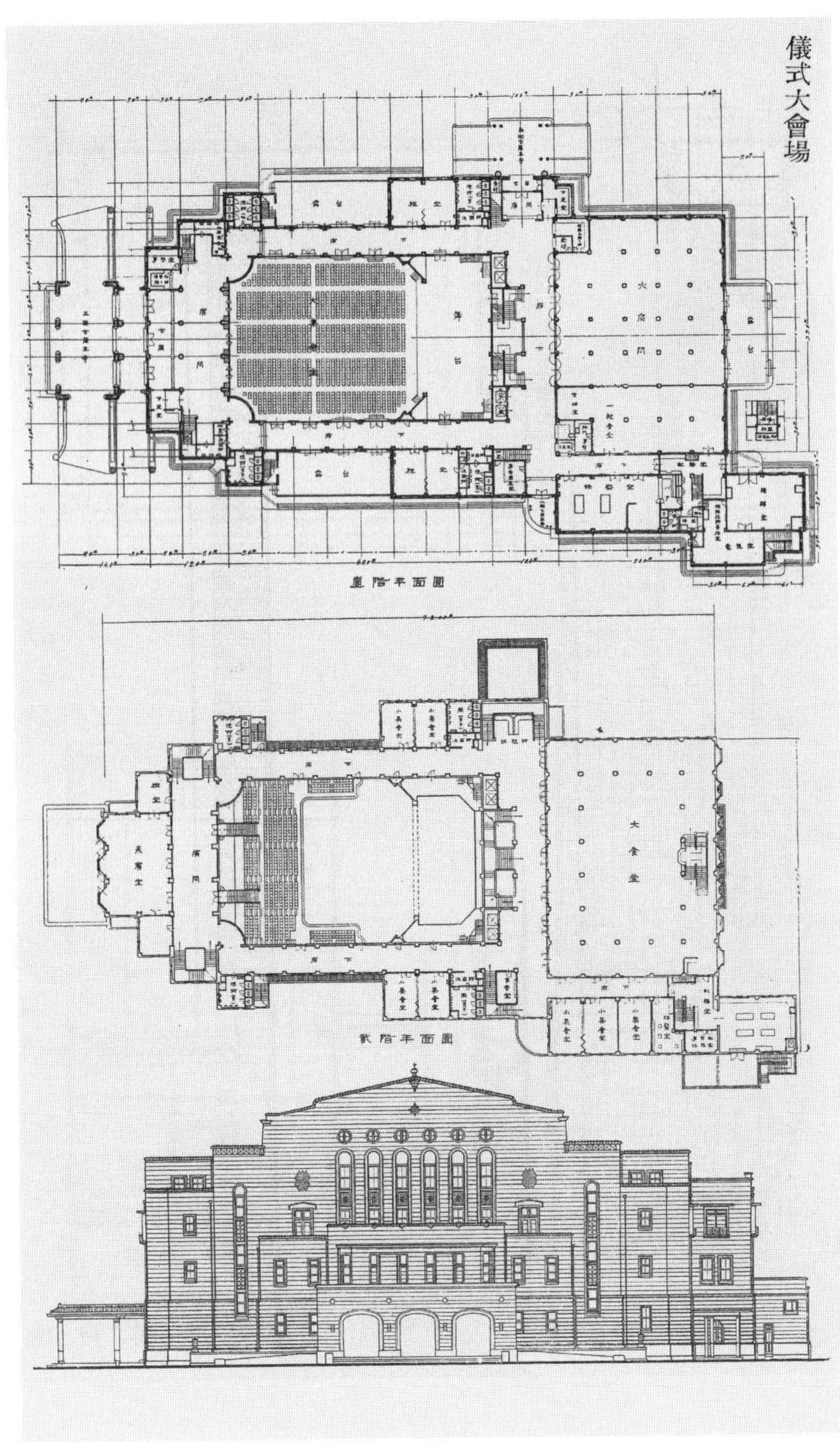

◆ 臺北公會堂立面圖及一、二樓平面圖。

公會堂與地方社會

相較於以往史家將焦點關注在臺北、基隆或臺南等大城市的公會堂，我倒是比較好奇地方上的公會堂與地方社會的關係。以臺南北門郡佳里街的公會堂為例，《吳新榮日記全集》就提供了許多線索。

一九四三年一月三十日，當日在公會堂召開佳里信用購買販賣組合的定期總代會，吳新榮擔任該場會議的監事。

公會堂也是志願兵制度實施的重要宣導場所。一九四二年二月九日，佳里舉辦志願兵制度實施的宣傳演講會。主辦的是奉公會佳里分會，並與臺南魁挺身隊的遊說隊合辦。吳新榮擔任召集人及司儀，還從臺南找來了友人沈榮助講，佳里則有吳的好友郭水潭助

◆ 1923 年，裕仁皇太子行啟臺灣，曾經過基隆義重橋，圖左邊二層樓西式建物為公會堂。

陣。聽眾大多為家長與主婦，在講者雄辯滔滔的演講下，聽者都相當感動。對吳新榮而言，算是一場政治性效果相當好的演講會。會後一行人就在公會堂的二樓晚餐。

公會堂也是新年時地方團拜的地方。一九四二年一月一日，吳新榮的日記寫道，今日是大東亞戰爭以來的第一個新年，由於沒有什麼地方好玩，更沒有多餘的錢可用，只好取消了所有旅行計畫，只待在佳里過年。當日上午，他參加了街庄主辦的團拜。會後，一起到信用組合參加郡守主持的座談會，共有北門郡下的產業組合職員和主事等二十多人與會，大家發表對有關一九四一年新修正的「臺灣產業組合規則」，表示看法。

除了這些，還有軍人出征壯行會。當然街協議會是例行性的會議。一九四一年二月二十日，當日冬雨不斷，來看病的人很少，是個開會閒聊的日子。那天在公會堂召開當年度的第一次佳里街協議會，從上午十點一直到下午三點，雖然沒什麼大議題，但與會人員都很熱心，只有官選議員被批像個機器人似的，沒啥反應。結束後，吳新榮到公會堂二樓吃點日本料理後才回家。

公會堂還是地方防空演習的練習場所。一九四〇年六月二十五日，吳新榮提到，他們在前一天舉行了第二種防空演習，這是由他擔任救護班副班長的第一次演習。下午一點演習結束後，所有人在公會堂前檢閱，接受州教育長課長審判官的講評。

吳新榮的公會堂參與

除了佳里的公會堂活動外，吳新榮還會到臺南市去。一九四三年三月十五日，下午後，他就就搭巴士到臺南公會堂，參加臺南州醫師會成立典禮。活動內容就是因應當時新的法規，把現有的臺灣奉公醫師團改為醫師會。或者去到麻豆公會堂，參加曾文郡麻豆街和北門郡佳里街的上水道組合會議。吳新榮也曾在佳里公會堂看在鄉軍人會舉辦放映的軍事電影。

另有一次到公會堂參加佳里街奉公會壯年團的經驗，也令他印象深刻。一九四二年二月十二日，在建國紀念日的紀元節隔天下午，佳里奉公會壯年團正式成立，團長為近藤明糖工場長，吳新榮被任命為幹事，並負責宣讀誓文，其中一條內容令他驚訝，所謂：「做為團員，無法維護名譽時，該自決之。」他很懷疑這句話出自他的口中，但又不得不具備這樣的精神武裝。

吳新榮這麼多在公會堂參與活動的經歷，或許可視為日治臺灣各地民眾參與公會堂活動的記憶之一。然而這些承載著日治

◆ 始政四十年博覽會中的京町門後就是公會堂，也是博覽會開幕典禮的場地

臺灣民眾的集體記憶的公會堂，在一九四五年之後，終究不敵意識形態的重新操弄，通通搖身一變，成為了中山堂或中正堂。

而臺北公會堂，更是這些改名為中山堂的代表。

一九四五年，太平洋戰爭結束後，來自日本宮城縣仙台市，時任第十九任臺灣總督安藤利吉，在十月二十五日代表日方簽署降書，於臺北公會堂將政權交與陳儀。這個簽訂儀式的場所，戰後改名為臺北中山堂。

關鍵詞：中山堂、公益社、陳儀、藤田組、志願兵制度、奉公會、奉公醫師團、紀元節

延伸閱讀：

陳凱雯，〈日治時期基隆公會堂之研究：兼論基隆地方社會的發展〉，《海洋文化學刊》，3期（2007）。

柯勝釗，〈日治時期臺南社會活動之研究：以臺南公會堂為例〉，臺南：國立臺南師範學院鄉土文化研究所碩士論文，2002。

徐逸鴻，《圖說日治臺北城》，臺北：貓頭鷹出版社，2013。

12 圓山動物園：休閒與權力宰制的空間

動物慰靈祭

一九三八年十一月二十五日，《大阪朝日新聞臺灣版》刊出一張相當特別的照片，活動內容是動物慰靈祭由圓山動物園與臺北佛教兒童聯盟聯合主辦。

這次的祭典特地加入因中日戰爭而戰死的軍用犬的慰靈菩提，席間邀請到帝國軍用犬協會副會長坂本健吉及理事參加。大多數參與者為臺北佛教兒童聯盟的青少年及善男信女。從圖片中，我們可以見到有不少父母親背著孩子一同觀看儀式的進行。有趣的是，人參加不稀奇，但連大象和猿猴都成為現役動物的代表，披著禮服彩帶一同參加祭典，一起上香，還行下跪禮，那可就相當罕見。

◆ 圓山動物園的動物慰靈祭。

從自然史到休閒空間

臺灣本地最早的官方動物園，是一九一三年總督府殖產局博物館轄下的小型動物展示場所，原先是在博物館及總督府飼養，之後移到臺北苗圃。直到一九一五年十二月，因臺北廳決定經營圓山動物園，原來苗圃的動物才移交臺北廳管理。

一九一五年五月，臺北廳藉著「御大典紀念事業」的名義，購買了民間位於圓山公園內經營的動物園，並合併了新公園苗圃內飼養的動物。之後，又從馬戲團及巡迴動物園購入更多動物。這過程中，有兩位日人要認識，片山竹五郎與大江常四郎。有著日本馬戲團經驗的片山一九一四年時，在圓山公園創設了動物園。大江則從日本內地引進動物到圓山公園內，後來則成為官營動物園的飼養人員。

之後，趁著一九一六年臺灣勸業共進會舉行的機會，圓山公園內的官營動物園正式開幕。動物園設立以來，主管機關屬地方層級的臺北廳。基本上是以市民為主要對象的市政型動物園。圓山動物園的所在地為圓山公園，是臺北的第一座自然休閒公園。

一九一六年四月二十日，圓山動物園正式啟用。臺灣日日新報社長赤石定藏出席致詞時表示，報社曾送二十四種，又從苗圃移入二十一種，再加上新買進的二十五種，共有七十種動物。剛開始就對一般民眾開放，收費價格為大人五錢，小孩三錢，三十人以上團體八折，公教及慈善團體、軍隊半價。一九二一年，地方制度改革，所屬機關改為臺北市之後，大人調升為十錢，小孩五錢，這樣的收費，當時的中產階級還負擔得起。

著名的觀光景點

臺灣民眾觀看圓山動物園的經驗許多是配合博覽會而進行的，一九一六年的勸業博覽會就是一例。

當時在新竹公學校擔任訓導的黃旺成就有過這樣的經驗。一九一五年四月十五日，住在新竹的黃旺成四點半就起床，六點二十帶著四年級以上學生四百七十名北上，進行兩天一夜的修學旅行。十點到臺北後，他們先將學生帶到位於艋舺的臺北高等小學校，安排住宿卸行李及用餐。然後，老師們到新起町的聚仙樓用臺灣料理。隨後和學生一同觀賞位於總督府廳舍與圖書館的第一會場的共進會。由於會場人數眾多，步履艱難，直到四點才出來。晚上則夜宿大稻埕的旅館鯤溟會館。

◆ 1940 年，關西寫真聯盟舉辦的動物園寫真大賽。

在這旅行的第二天，黃旺成五點半就起床，七點鐘到臺北車站乘車到圓山。他們先前往臺灣神社參拜，再觀看圓山動物園。中午則前往勸進會的第二會場，參觀了南支南洋館、蕃族館、機械館、音樂堂及喫茶所。晚上到新公園遊晃後，才搭火車回到新竹。

此外，由於圓山動物園旁有當時著名的臺灣神社，當時很多民眾將這兩個景點安排在一起。像作家呂赫若在一九四三年的日記就提到，他上午帶田鶴及緋紗子去圓山動物園。下午一點起要舉行臺灣文學決戰會議，就在圓山集合，先參拜臺灣神社，然後去公會堂開會。

圓山動物園是日治臺灣民眾的重要觀光景點。一九三〇年代，圓山公園更進一步朝公共娛樂化經營。首先，圓山動物園於夏季夜間開放，舉辦活動供市民納涼，並購入附近土地設立附屬於動物園的圓山遊園地。這塊位於基隆河畔的遊樂場，有飛行塔、旋轉椅、旋轉木馬，在一九三八年七月正式開放，是現今「四、五年級」兒時必去的場所。

◆ 1938 年，臺北圓山的遊園地的飛行塔，園區開幕時間是當月的 7 月 21 日，上圖所見是已經整理九成的園區景觀。

除了遊樂設施外，日治時期的圓山動物園吸引人的當然是園內的動物，特別是明星動物。日治時代可有像日後大象林旺一樣紅的動物明星呢？

當時的明星動物，除了熱帶地區特有的大蛇外，一般大型哺乳類動物如獅、虎、象、猿，都是遊客關注的焦點。例如戰前唯一一次增加民眾參與感的公開命名活動，是一九三五年為一對新加坡買進的馬來虎舉行。而來自新加坡的印度象，一九二六年搭船來到臺灣後，就吸引了數倍的民眾到訪動物園，算是當時最常被報導的動物。

納入國家動員體系

鄭麗榕認為在戰時體制下，人與動物園的關係呈現另外一個面貌。

在一九三〇至一九五〇年代間，臺灣動物園的歷史，在動物慰靈祭、軍用動物、猛獸處分政策上，顯示動物被極端軍事資源化，呈現一種人類對動物的愛與支配的矛盾情形。

據統計，在一九三七至一九四一年的戰爭期間，圓山動物園的人氣並未受到影響，觀覽人次約維持在三十萬人次左右。主要因素在動物園被國家納入戰爭動員，作為展覽、愛護與追悼軍用或國家動物等愛國活動的展演場。

例如在戰時的宣傳上，通常會以某動物與軍隊為題，強調這種動物在軍事上的功能，以及牠們與士兵所建立的親密關係。一九四二年的《臺灣日日新報》曾以「象與軍隊」為題。透過照片與文字，描繪一個母親帶著孩子到圓山動物園看象、騎象，進而想念在南方前線當兵的父親。

有時動物園會配合狗年干支，辦理兩天以狗為主題的展覽會，除軍犬是主角外，還涵蓋了寵物犬、守衛犬及獵犬。此外，日本帝國南進政策中，動物資源調查的任務也是圓山動物園的事。像園長就曾於一九四三年到海南島調查動物一個月。

動物慰靈祭也是圓山動物園常辦的活動之一。一九二五年，臺灣第一次試辦。由圓山公園內的佛教臨濟寺日曜學校主辦，直到一九二九年才轉為正式。時間為每年的十一月二十三日，祭典主題為愛護動物，以安慰逝去動物之靈。

一九三六年起，改為臺北佛教兒童聯盟與圓山動物園合辦。祭典流程為：為亡靈誦經，由兒童合唱「佛陀的孩子」，獻花、燒香，主辦單位讀祭詞。致祭者還包括一些動物園的動物，常見的有大象、狗及猿猴。這之中最受矚目的是大象，牠會穿著

◆ 1936 年 1 月，新春的圓山動物園，以六百圓新購了丹頂鶴，立即成為園內的明星動物。

大紅禮服，面向祭壇牌位行跪姿並燒香。

一九三〇年代末，隨著戰爭的逼近，圓山動物園在動物宣傳上的地位退居為配角。圓山動物園不僅是個休閒空間，還是個有著濃厚政治文化的權力宰制空間。到了戰後，雖然換了另外一個政權經營，但它的管理方式仍大致屬於日本動物園的體系，直到一九七〇年代，才改以美國動物園文化為取法對象。

關鍵詞：臺灣勸業共進會、黃旺成、呂赫若、片山竹五郎、臺灣神社、動物慰靈祭、御大典紀念事業

延伸閱讀書目：

鄭麗榕，《文明的野獸：從圓山動物園解讀近代臺灣動物文化史》，遠足文化，2020。

◆圓山動物園內的猩猩。

13 國立公園：從探險到休閒

我們現在所熟悉的國家公園，在日治臺灣又稱為「國立公園」。這不是現代才有的新玩意，其實早在一九二〇年代，臺灣就已經有了「國立公園」的規劃。當時共有三座候選地被規劃為國立公園，分別是大屯山、阿里新高山及太魯閣三地。

日本的國立公園設置運動

一九三〇年代是這三座國立公園規劃底定的時代，其理念可以上溯自日本眾議院於一九二五年提出的「國立公園建議案」。日本自大正十年（一九二一）起，日本內務省衛生局，最早在全國候選了十八處地點。之後，在鐵道省、遞信省與民間的力促下，為了要招來外來遊客，提高觀光收入，設置了國立公園調

◆阿里新高、太魯閣及大屯山國立公園。

查會，選了一些候補地點，其中有：上高地、日光、富士山、十和田湖、雲仙嶽、小豆島、大沼公園、屋島。

一直要到一九二九年八月，所有候選地的調查工作才完成。到了一九三二年，調查委員會總會重新公布了最新的十二處地點，計有富士、日光、日本北最高峰、阿寒、大雪山、十和田湖、大臺原、瀨戶內海、伯耆大山、阿蘇、霧島、雲仙。最後又限縮到五、六處地點。當時的《臺灣日日新報》就為此名單中沒有臺灣景點，感到惋惜。然而，儘管不在獲選名單中，但臺灣也搭上這波國立公園調查的浪潮，開啟了籌設的各項工作。

田村剛博士來臺考察

在這波調查工作中，最著名的就是日本田村剛博士的來臺調查工作。這位森林學博士的意見對於日本政府決定何者能獲選成為國立公園有舉足輕重的地位。他曾於一九二八年起三次來臺勘查新高山、太魯閣及大屯山三處預定地。

◆ 富士山國立公園明信片 。

◆ 田村剛博士寫真照。

在一九二八年二月那次的考察阿里山一帶後，一下山就在嘉義公會堂公開演講，田村博士的意見相當受到媒體的重視，《臺灣日日新報》一連四天刊出專題，標題為「就阿里山一帶創設一大國立公園」。

田村在這一場看來是嘉義地方邀請的演講中提到，他考察的範圍是阿里山、新高山、八通關、東埔、日月潭一帶。一個國立公園要能成立，不能只靠官廳的力量，還必須有地方的支持。國立公園和一般公園大不相同，美國對洛磯山脈一帶的自然地理調查開啟了設立國立公園的運動。園中到處都是高達一萬多英呎尺的高山，以及令人讚嘆的間歇泉，為了要妥為保存這樣的生態，才有了設置國家公園的規劃。

要達到國立公園的標準，有三大要素：偉大優美之風景、能夠永久保存的天然景物、任何人都可以利用此空間。日本自一九二〇年代以來的國立公園設置運動，正是受到美國這方面經驗的影響。

◆ 1936年4月，從臺中遠眺，所拍攝到的新高山山頂的照片。

◆新高山神木。

新高山的特色

新高山一帶是否適合當作國立公園，田村的看法如下。

田村博士發現新高山的自然區域大小約為六萬町步，相較於美國的十五萬町步稍嫌過小，若和富士山的五萬町步相比，則算是大的。其範圍北從阿里山麓算起，東則沿著陳有蘭溪的東埔溫泉，南則自新高主山，延南走南山南玉山之分水嶺，西則以塔山為起點。這樣的範圍算是當時日本最大的國立公園候選地。若以相對高度來看，從新高山頂到山麓的嘉義，落差一萬幾千尺。此外，這個區域普遍是八千尺的高山，一萬尺以上的有九座，算是少見的地理景觀。此處還有陳有蘭溪的峽谷地形，比日本內地的黑部峽還更為壯觀。其地質為第三期水成岩，能與之比擬的只有加拿大與日本的大河。樹種方面則有柏杉與阿里山的紅檜原生林，和美國相近。這樣比美國的國立公園都還特殊的景觀，若不能好好保護，將會受世界嘲笑。

田村博士也評斷了新高山的不足之處。唯一的缺點就是阿里山一帶沒有湖水，所謂：「無水則風景不潤」，好在臺中州有陳有蘭溪及好幾條注入此地的溪流及瀑布，其水量不輸於日本的華嚴與那智。此地還有一特色，可以和日月潭結合成一整個遊覽系統，靠著這一帶豐富的氣候變化，吸引遊客。這樣的地理優勢位置，可作為東亞的一大休養地。

田村剛的建議

此外，這裡地理形勢雖然險峻，但平坦地區也多，相當適合興建旅館或別莊。阿里山鐵道沿線，是田村認為最好的地方。此外，鹿林山可以開闢為大型旅館，結合東埔溫泉，作為眺望遠景與休閒養身之地。若泡湯溫度太高，還可以引流至陳有蘭溪與風賒溪的合流處，在該地另築溫泉場。還可以增設數處徒步或騎馬可到的休養地。即使這裡夏季多雨，但能在此觀賞雨如銀線般的雨景，反而可以增添趣味。

在經營管理方面，田村博士則建議可仿效歐美，考慮架設登山鐵道。在建設之餘，他還不忘提醒一切國立公園的開發建設該注意的環保問題，務必做到不破壞大自然。除了管理監督、登山鐵道、道路應由國家來出面外，其餘娛樂設施、溫泉、土產選定、登山引路人組合、公園宣傳等事情，則必須交由民間的力量來做。

在宣傳方面，也可以效法歐美等地，乘船則分發小冊子，以風景圖片及文字吸引導引遊客；並可以在遊覽引路會社的店面放置模型與寫真，以及安排美女在門外接待。凡此種種，都是田村博士對新高山的調查印象以及經營建議。

由於日本政府對於殖民地臺灣及朝鮮的作法是將內地國立公園法實行於臺灣，因此打算在兩地各選出一處成立國立公園。

◆ 阿里山宣傳明信片。

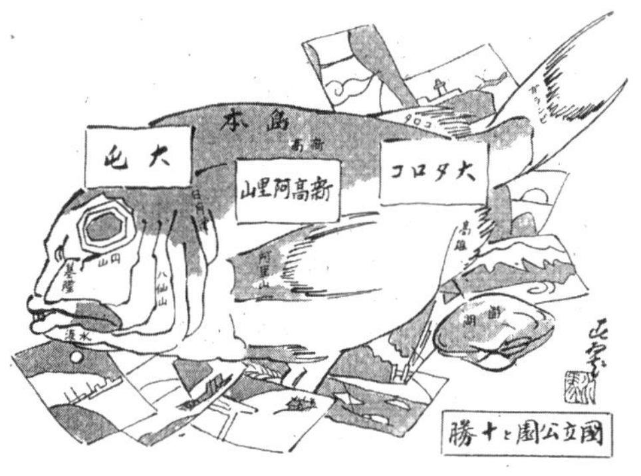

◆ 1940 年 1 月 28 日，《大阪朝日新聞臺灣版》中的漫畫，以一條魚的形狀標誌出十勝及三個國立公園名稱。

由於是否得以成立國立公園牽涉到地方經費的運用與觀光收入，各地的地方人士對此都感到相當熱衷，不僅頻頻舉辦演講、公聽會，甚至各類請願、陳情活動紛紛出爐。

地方對規劃地的推動與競逐

一九二九年五月，臺中州市協議會員新高山登山隊一行代表松岡富雄、二瓶源五、常見秀夫三人，即前往臺中州知事的官邸，就以新高山為中心籌設國立公園一事陳情。一九三一年四月，嘉義市役所（市政府）為了要振興市容，推動地方發展，特別訂定該年度最重要的大事就是推動阿里山國家公園的活動。該市為此特別成立振興調查會，提出該協會設立案。並以阿里山為中心，將新高山及日月潭等名勝連成一體，極力促成成立阿里山國立公園。有時他們會趁著總督到訪嘉義社口為吳鳳廟舉行落成儀式時，聯合市協議會會員，一同向總督陳情。

由於聽說臺灣的三處候選地最後只會選出一地，各地彼此競爭的消息時有所聞。

一九三二年七月的《臺灣日日新報》就是如此下著標題：「阿里山太魯閣峽接近決定國立公園期，兩地將開始猛烈運動戰。」這兩地的所在分別在嘉義和花蓮港，各自籌組了國立公園期成同盟會及東臺灣勝地宣傳協會彼此較勁。

候選地的公告

直到一九三五年八月，《臺灣日日新報》刊出一則新聞，說到臺灣國立公園法即將於九月中公布，十月一日實施。一九三五年九月，經由臺灣國立公園委員會的決議，正式公告公園候選地為：新高阿里山、次高太魯閣及大屯山三處候補地。

此法公告後，由總督指定公園委員會的人選，召開委員會，聽取各方意見。其間，尚須多次進行調查國立公園的主要條件及次要條件，總計每年預估花費三萬圓。除了官方的委員會之外，民間也成立了「臺灣國立公園協會」，主旨在透過講演會、展覽會、活動寫真、小冊子，普及國立公園思想與促進事業，以及推動國立公園成立的任務。例如大屯國立公園協會就趁一九三五年田村博士來臺探勘國立公園選址時，邀請他到鐵道旅館進行演講。一九三六年四月，臺灣國立公園協會又於教育會館舉辦國立公園展覽會，目的在鼓吹登山及宣導國立公園知識。主要的展覽項目包括以獎金徵選候選地的風景寫真、動植物寫真、登山用品寫真、內地登山用品及日本國立公園的風景寫真等。此次參與的團體一共有：大屯山國立公園協會、臺灣國立公園臺中協會、阿里山國立公園協會、新竹州及高雄州鐵道部等。

一九三七年十二月二十七日，臺灣總督府正式公告大屯山、新高阿里山及次高太魯閣三處為國立公園。

◆ 1939 年的大屯山國立公園的寫真照，圖中可見「洋裁所」婦女們穿著洋裝，乘坐往大嶺路線的汽車，到國立公園遠足。（1939/4/16，大阪朝日新聞）

◆ 1936 年 1 月，全國關西寫真聯盟所屬的臺北加盟團，在花蓮港太魯閣宣傳協會的支援下，由霧社攀越合歡山，來到太魯閣峽谷，團員在峽谷內的國立公園候補地的立牌前合影。

國立公園協會隨即進行了一系列的推廣活動：舉辦展覽會、發行寫真集、書畫集、郵票、明信片（繪葉書），還發起國立公園運動、健行活動、栽種吉野櫻等等。

可惜的是，這一切的調查與規劃，到了一九四〇年初期，戰爭爆發，原有的規劃案完全停擺，往日彼此競爭關係的各公園協會，也不再有任何推銷自家國立公園的活動。直到國民政府來臺後，才有新的規劃。

◆大屯山地熱。

關鍵詞：國立公園、田村剛、新高山、大屯山、太魯閣、阿里山、次高山

延伸閱讀：

林玫君，《臺灣登山一百年》，臺北：玉山社，2008。

林玫君，《從探險到休閒：日治時期臺灣登山活動之歷史圖像》，臺北：博揚文化，2006。

張雅綿，《失序的森林：日治末期太魯閣林業開發》，花蓮縣文化局，2012。

14 臺灣八景：票選新名勝

臺灣八景這詞，清代早在《臺灣府志》中就有了。這八景分別是臺南的安平晚渡、沙鯤漁火、鹿耳春潮、東溟曉日、澄臺觀海、斐亭聽濤，還有基隆的雞籠積雪及澎湖的西嶼落霞。從這名單可於看出，幾乎都落在當時的首府臺南一地，主要都來自傳統文人對山水的觀看想像，一點都不符合實情。

直到一九二七年，臺灣才有比較符合實際旅遊名勝的新八景。

臺灣日日新報的推動

這回臺灣八景的制定者由清代的官方轉變為民間的《臺灣日日新報》。一九二七年六月，臺灣日日新報仿照日本內地票選日本新八景的活動，也在臺發起票選臺灣新八景的活動。剛開始時的募集文章是日文，隔沒幾天，也出了中文版。

廣告文案是這樣寫的：「臺灣孤懸海外，氣候溫和，山明水秀，有美麗島之稱。此間有載於世人口碑，及見於文章繪畫者，右果足以代表臺灣名勝中之最有特色，而名下無虛歟，疑問也或者名勝中之最有特色宛若絕代佳人，居於空谷，不甚為人周知，亦茲者本社，特以臺灣全島中代表的名勝地，欲依一般投票募集。……公諸世上，並欲從大眾之輿論，識者之鑑選，擇其最優者八，付以臺灣八景名稱，廣宣傳於海內外……以純真之審美同情投票，則不勝懇望之至云爾。」

這票選八景公告一貼出之後，立即獲得官方及民間的廣大迴響。各州知事紛紛報紙投書表示支持。像是臺北州知事吉岡荒造就說，站在日本內地人的角度來看，臺灣或許可玩樂的地方沒有日本多，待起來也比較枯燥無味。但臺灣日日新報這樣的臺灣八景募集活動，足以慰安精神，並達到宣傳本島的目的。

新竹州知事則認為，臺灣日日新報社這樣的活動不當只是一種娛樂，還該要有任務的觀念。也就是八景的選址，不該只是風景的考量，還要有實用的目的。他舉出水戶的常盤公園為例，雖然是人工美景，但裡頭所種植物大多是梅與茶，既美觀又實

蓬萊の島…高砂島…フォルモサ……いづれも自然に惠まれた美しい臺灣島の別名であります。この惠まれた美くしい自然の中にも亦勝れて惠まれた風景がある事は申す迄もありません。此等の風景の中既に世に知られ人にもてはやされ、文章に、繪畫に、その自然美を謳はれて居る名所も亦決して少くありません。然し現在臺灣の名所としてその美を謳はれて居る此等の名所のみが、果して眞に我が臺灣の自然美を代表するものでありませうか。恐らく然りと斷定し得る人はありますまい。實際臺灣にはまだ〳〵人には知られて居らぬが勝れた自然美に惠まれた風景の良い場所が少くないと信じます。此

眞に我臺灣の風景を代表するに足る

臺灣八景募集

主催 臺灣日日新報社

募集に關する詳細は近く本紙に發表

信念が今回本社をして臺灣全島の名勝地を一般の投票によつて募集し、以て埋もれたる風景美、知られざる名勝地を探求し汎く之を天下に紹介し、大衆の輿論に從ひ識者の鑑選を乞ひ、以て臺灣八景を定め此麗はしき蓬萊島の中の眞に麗はしき自然美を保つ名所として之を海の内外に宣傳し之を後世に傳へんとする計畫を樹てた次第であります。詳細は不日本紙上に發表の筈でありますが、其際は全島居住の內臺人諸士、願くは本社の微衷を諒とせられ、愛する臺灣の爲めに、眞に臺灣を代表する名所を選定すると云ふ純眞な御感情と御同情とを以て投票されん事を茲に予め御願ひする次第であります

◆《臺灣日日新報》票選臺灣八景的首次報紙廣告。

用。在其中遊玩，既是精神的，也是身體的。

這次票選的時間不長，從六月十日至七月十日截止，但肯定是臺灣民眾首次大規模地參與投票的民間活動。

民眾票選出爐

據統計總投票數有三億五千九百六十三萬四千九百零六票，比一九二五年第二次國勢調查的人口普查四百多萬的總人口數還多出八十多倍。看起來，各州政府是卯起全力來動員，這灌票嫌疑也太明顯了。其中又以臺北州的投票數最多，有一億一千六百五十三萬八千二百七十六票，接著依序是高雄市、臺中州、新竹州、臺南州、花蓮港廳、臺東廳，居最後一名的新高山部分也有三十一萬六千九百八十二票。

當時全島有多瘋狂，我們看七月十日的報導就知。在六月底時，就已經白熱化了。七月初時，每日約有兩千萬張的投票紙湧入報社。光是整理人員就五十人，不避酷熱地終日整理選票。到七月八日，已經累積一億一千多萬票，較當時日本的新八景票選，還多出一千八百多萬票。當時各地送來的投票紙都是以自動車送到報社，以致走廊堆滿了選票，最後不得不移到榮町的臨時倉庫。當時票選第一的是鵝鑾鼻，光是這地方，就已經突破了一千萬票。還有許多來自內地的投票，這些大都是寫角板山。

到了七月二十五日，又有些變化，從圖中第一階段的統計名單來看，民眾票選的前二十名，以票數高低來看，前八名分別為：壽山、鵝鑾鼻、八仙山、阿里山、基隆港、太平山、五指山、淡水港。九至二十名為：臺灣神社、太魯閣峽谷、日月潭、觀音山、大溪、獅頭山、出礦坑、虎頭埤、碧潭、旗山、雞籠山、霧社。

臺灣八景票選完後，再進行第二階段，由審查委員討論決定。

審查委員的二階段複審

這批公開的審查委員名單範圍相當廣泛，主要是官方代表及民間商社，有總督府、教育、交通、軍警及業界。其中，教育界代表有：臺北師範學院、臺北三高女及臺北商業學校的教諭、文教局長。商界代表：大阪商船會社的店長、大成火災海上保險會社、近海郵船會社支部長、臺灣運輸業組合長。交通機構：

◆《臺灣日日新報》公布八景候補地投票公開第一日照片，圖中可見民眾正在參觀列入票選名單中的各地名勝照片。

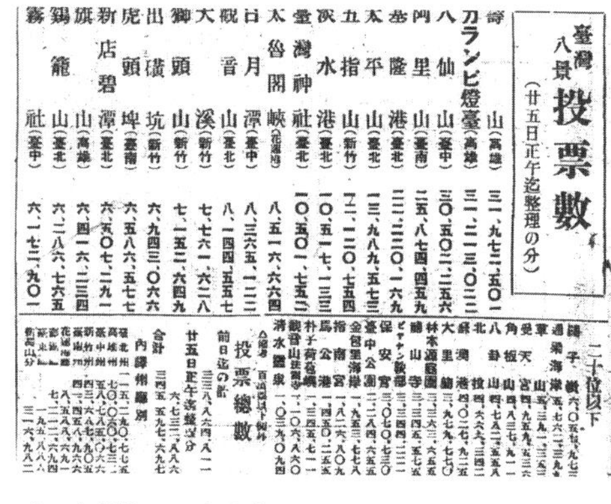

臺灣八景 投票數（廿五日正午迄整理の分）

景點	票數
壽山（高雄）	三一、九七二、五〇一
ガランビ燈臺（高雄）	三一、二一三、〇二三
八仙山（臺中）	三〇、五〇二、二五六
阿里山（臺南）	二五、八七四、四五九
基隆港（臺北）	二三、二三〇、一六九
太平山（臺北）	一三、九八九、五七三
五指山（新竹）	一二、一二〇、七五四
淡水港（臺北）	一〇、五一七、一三三
臺灣神社（臺北）	一〇、五〇一、七五二
太魯閣峽（花蓮港）	八、五一六、六六四
日月潭（臺中）	八、三六五、一二三
觀音山（臺北）	八、一四四、五五七
大溪（新竹）	七、七六一、六二八
獅頭山（新竹）	七、一五二、六四九
出礦坑（新竹）	六、九四三、〇六六
虎頭埤（臺南）	六、五八六、五七七
新店碧潭（臺北）	六、五〇七、二九一
旗山（高雄）	六、四一六、二三四
雞籠山（臺北）	六、二八六、七六五
霧社（臺中）	六、一七二、九〇一

二十位以下

◆《臺灣日日新報》公告票選前二十名的景點票數，二十名以下景點則以小字呈現。

交通局總長、交通局理事、鐵道部長及遞信部長。總督府：總督府博物館代表、總督府官房文書課長、官房會計課技師。軍警代表有陸軍中將、海軍大佐及警務局長。其餘官方代表還有中央研究院的林業部長與工業部長。

從圖中報社公布的第二階段委員審查的結果看來，似乎官方版的和民眾票選有落差，這結果若在今日應該會引起地方的反彈。

最終，一共選了二十處，稱八景十二勝及兩個「別格」。八景為八仙山、太魯閣、壽山、基隆旭岡、鵝鑾鼻、淡水、阿里山、日月潭。兩相比較，可看出原本在第一階段前八強的太平山、五指山，被太魯閣及日月潭給擠了下來，其餘後面十二名稱為十二勝。另外加設兩個有聖地意味的「別格」：神域臺灣神社與靈峰新高山。

這樣的票選活動，對於日後臺灣民眾的旅遊選擇有很深遠的影響。官方也常順勢藉著各種活動推廣臺灣島內旅遊，例如博覽會。圖中所見各種名勝的宣傳手冊及繪葉書，就是一九三五

本社募集之
臺灣八景十二勝
廿五日審查決定

本社募集中之臺灣八景。二十五日在審查員第二回總會。審查結果以

神域臺灣神社
靈峰新高山

二者。列於別格。

八景如左(イロ八順)

八仙山(臺中)　鵝鑾鼻(高雄)
太魯峽(花蓮港)　淡水(臺北)
壽山(高雄)　阿里山(臺南)
基隆旭岡(臺北)　日月潭(臺中)

十二勝如左(イロ八順)

八卦山(臺中)　北山(臺北)
角板山(臺北)　太平山(臺北)
大里簡(臺北)　大溪(新竹)
霧社(臺中)　虎頭埤(臺南)
五指山(新竹)　旗山(高雄)
獅頭山(新竹)　新店碧潭(臺北)

◆《臺灣日日新報》公布票選臺灣八景，第一階段的評審結果，選出了八景十二勝及二別格。

◆ 1937 年 9 月 20 日，新店碧潭吊橋正式啟用，總經費七萬一千七百圓，完工後增添了新店溪的景點特色。

◆ 臺灣神社 。

◆ 1939 年的高雄市役所，耗費五十五萬圓。

年始政四十年博覽會的各種宣傳品。

臺灣新八景對旅遊的影響

這種臺灣八景的印象的影響，還可以透過日記看出其效果。豐原的水竹居主人張麗俊就曾依照新臺灣八景十二勝的票選名單，趁著開會的機會，陸陸續續花了近五年的時間，遊歷了一遍。

例如一九二八年十二月七日，票選公告的隔一年，他與豐原組合役會的會員及職員到高雄參加千人與會的產業組合大會。在高州樓用完午餐後，就沒再回到會場，改和友人一同出遊高雄港。他先和友人泛舟遊港，在苓雅寮登岸，到陳滿第五子花園遊園。然後再乘小船去旗後看八景之一的「壽山觀海」，還看了前清炮台及燈塔等古蹟。下山後則渡北岸，才又回到會場看資料展覽。

一九三〇年九月，他去基隆旭岡。同年十二月，去了阿里山。一九三一年十二月，還是趁著產業組合大會，遊歷了獅頭山、大溪及角板山。一九三二年八月二十四日，他和友人前往北部視察優良街庄組合。二十七日，他和友人搭著淡水線，經圓山、士林、北投、江頭等站來到淡水站，這回，他終於能登上郡役所遠眺觀音山、大屯山，還能南望大稻埕，見到了對岸的八里乎。到了晚上，他則一人來到基隆，看了盂蘭盆會。

吳新榮的私房八景

當然，不見得每個人都認同官方的這套票選結果，吳新榮就有自己心目中的臺灣八景。

一九四〇年七月六日，臺南醫生吳新榮就在日記中寫著：「要以自己的觀點找出臺灣八景。」他心目中的臺灣八景是新高山靈峰、太魯閣仙寰、阿里山雲海、日月潭蕃歌、大屯山積雪、淡水河歸帆、澎湖島漁火、鵝鑾鼻鯨波。這樣的名單和原先公布的臺灣八景，不同地方是大屯山及澎湖。他提到，日月潭和澎湖島，在他商專時代去過。大屯山及淡水河，則是參觀臺灣博覽會時順道遊玩過。至於新高山和阿里山則從未去過，還計畫不久要去這兩個地方，這樣一來，八景也就去過一遍，不會有所遺憾。

新臺灣八景的活動，改變了臺灣民眾及日本內地人們觀看臺

◆ 矢崎千代二所繪的的臺灣八景阿里山。

◆ 臺博協贊會發行的紀念明信片，木下靜涯所繪的「淡水雨後」。

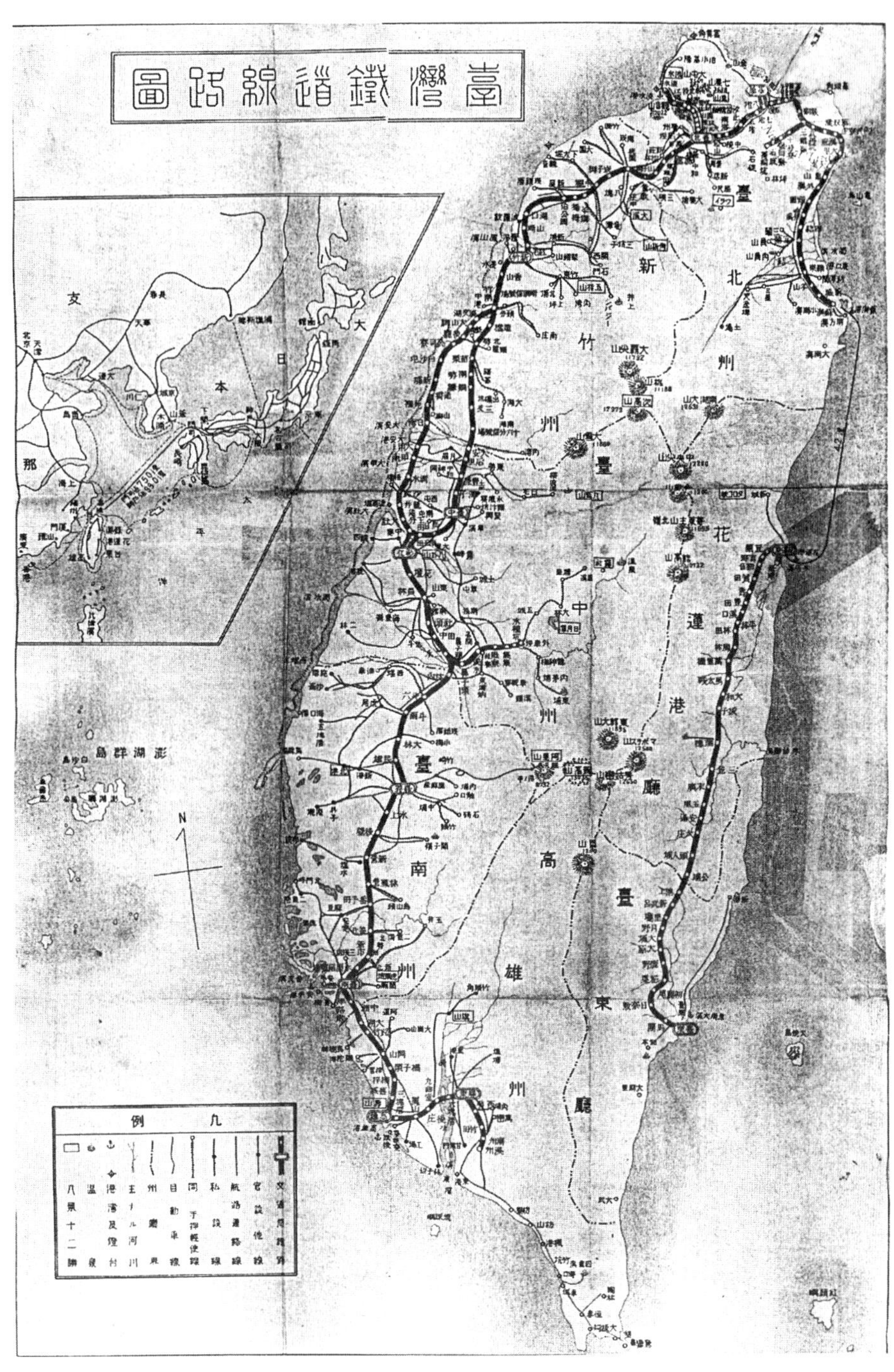

◆ 日治時期的臺灣鐵道路線圖。（國立臺灣圖書館提供）

灣的角度。然而，這一系列的打造新臺灣八景的活動，看似民間的活動，但背後確如呂紹理所說的，這些行旅朝制度化發展的重要因素一直與政治權力的運作有關。殖民政府推動旅遊觀光的目的在透過旅行中的「觀看」活動，傳達殖民統治各項建設的成果。為了達成這樣的目標，舉凡旅行機構的構建、旅行手冊的發行，以及旅遊空間的打造，在在都是配合這一目標下的產物。

關鍵詞：《臺灣府志》、張麗俊、吳新榮、八景十二勝、盂蘭盆會、產業組合大會、新高山、大稻埕。

延伸閱讀：

林玫君、余智生，〈日治時期的「臺灣八景」與休閒登山〉，《嶺東體育暨休閒學刊》，2007年第5期。

蔡承叡，〈臺灣八景演變與旅遊發展〉，臺北市立教育大學歷史與地理學系碩士論文，2012。

呂紹理，《展示臺灣：權力、空間與殖民統治的形象表述》，臺北：麥田出版社，2005。

15 史蹟與天然紀念物：臺灣也有美人魚

你絕對想不到，日治臺灣選個史蹟及天然紀念物會選出個「美人魚」，不對不對，是選出個「儒艮」來。這儒艮跟臺灣有什麼關係？說來話長，至少在一九三〇年代的恆春海岸，漁民曾發現牠們的蹤跡，也曾捕獲過。不管怎樣，牠可是貨真價實在三〇年代被票選出來的天然紀念物，而且是第一次選就上榜。有意思的還不止這，大家可能不知道，這票選委員之一，可是大名鼎鼎，寫《臺灣通史》的史學家連橫。

第一批史蹟名單

這次的公告是一九三三年十一月，那是臺灣第一批在「史蹟名勝天然紀念物保存法」公布後的史蹟名單，共有史蹟八件，

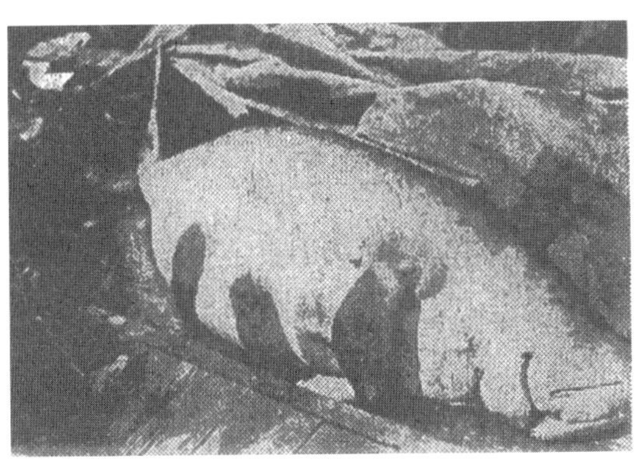

◆ 1937 年 4 月，高雄漁民在沖繩外海捕獲的「儒艮」，州水產會買下後，決議捐贈給對熱帶魚類及海生動物有研究的臺北帝大，製成標本後，再由臺北博物館永久保存。

天然物六件。

其中史蹟有：北白川宮能久親王殿下澳底御上陸地、北白川宮能久親王殿下臺北御遺跡、北白川宮能久親王殿下彰化御遺跡、芝山巖、諾保蘭城址（基隆市社寮町）、遮蘭城址（臺南市安平）、舊城址（高雄市前峰尾）、琉球藩民墓。而天然紀念物有：芝山巖、海蝕石門、北投石、泥火山、儒艮、雉（帝雉）。

在這些天然紀念物中，帝雉在當時可是非常珍貴的動物。一九一九年，菊池米太郎受殖產局委託，到新高山一帶捕捉帝雉，過程相當艱辛，好不容易捉到三對，後由阿里山經嘉義送回臺北，最後運送回東京，敬獻給天皇。

關於這樣的新史蹟調查，我在《大阪朝日新聞臺灣版》也曾讀過類似新聞，那是一九三五年十二月十七日，該日報紙的右下角的幾個字「臺灣史蹟巡禮」吸引著我，裡面介紹了三個史蹟，「墾丁寮遺跡」、「龜山本營之址」、「石門戰蹟」。

みかどきじ

本島六千尺乃至九千尺の高山地帶、殊に阿里山、新高山、內タロコ等に棲息する珍種で深林中に棲み朝夕出で、木實昆蟲等を捕食する。古來蕃人が罠で捕採し肉は食用に尾羽は裝飾用に供して居たのを明治三十九年英國の鳥類採集家ウオールター、グツトフヰーロー氏が發見し一種特異の雉なるを知り之を購求して英國の鳥學者オギールヴエー、グラント氏に送り研究の結果新種であることを知り同時に日本帝國に産するの故で其紀念としてコロフヘシス、ミカドと命名發表したのである

◆ 帝雉圖。（國立臺灣圖書館提供）

為什麼在這時出現介紹史蹟的新聞？為了解答心中疑惑，我一連好幾天翻閱前後的新聞，才終於看出端倪。原來一九三五年總督府公布了一批新史蹟的名單。若仔細去看看這名單有哪些古蹟，你會發現相當有意思，很多中選的古蹟，之所以被列入，與官方要塑造民眾的歷史記憶有關。

一九三五年七月三日，總督府史蹟名勝天然紀念物調查會史蹟部，開會通過了三十七處的新史蹟。其中，臺北州八處、新竹州十處、臺中州九處，臺南州十處。到了該年年底，該調查會又公告了其餘的史蹟名稱，總計有六十處。其中，和北白川宮殿下御遺跡三十四件，一般史蹟二十件，還有天然紀念物六件（動物二件、植物三件，地質特殊一件。）

這批名單計有：臺北城的四座城門、普羅民遮城、能久親王的御終焉之地、圓山貝塚、圓山大砥石、臺南城門、恆春城址、安海街御社營所址、紅樹林、墾丁寮遺跡、龜山本營之址、石門戰蹟、太巴塱社蕃屋、古令埔碑、社番屋。

◆ 2013年12月，筆者拍攝的石門古戰場的紀念碑，可以見到基座變動不大，但上頭的碑身文字已經過更改。

◆ 1936年3月15日，西鄉從道都督遺跡紀念碑在石門古戰場舉行揭幕式。

◆臺北土木課在圓山的陸軍墓地的擴建工程中，發現了三千年前的圓山遺址的大砥石，立即請來考古學家尾崎秀真到場鑑定。

◆圖中為太巴塱社蕃屋。

史蹟名勝天然紀念物保存法

說起這些名單的由來，得先從「史蹟名勝天然紀念物保存法」談起。

大正八年四月十日，一九一九年，日本發佈法律第四十四號，通過了「史蹟名勝天然紀念物保存法」，有六個條文，其中第五條修正後，使得原有法條適用於臺灣，並規定，當年度只進行調查。

第五條內容為：「內務大臣得指定地方公共團體，而為史蹟名勝天然物之管理。前項管理所要費用，當該公共團體負擔，國庫對前項費用，得補助其一部。」當年五月二十八日的《臺灣日日新報》已經提到第五條的修正為，當要實行於臺灣時，「內務大臣」要改為「臺灣總督」，另外「得補助其一部者」也該調整為「時獲得全部補助」。

一九三〇年二月二十七日，「史蹟名勝天然紀念物保存法」的臺灣施行令中改正敕令正式在臺公告。

當時官方的說明是，史蹟保存法已經在內地施行已久，但卻沒擴展到臺灣，但總督府內務局早有實行的意思，並陸續在昭和四年至六年這三年間，進行了調查。因此這次法令的公布，目的就在於調查臺灣島內有價值的古蹟，指定為史蹟、名勝或天然紀念物。

當時報紙也提到，臺灣其實有許多臺灣人士所熟悉的名勝，像是七星郡的江頭廟、士林芝山巖、臺中州日月潭、臺南的夢蝶園、竹溪寺、澎湖的文石書院，此外還有許多著名的地質、動植物等。因而，對這項法令的公布相當樂觀其成，認為可以讓總督府安心調查，進而發揮臺灣特色。

調查會

一九三〇年臺灣的「史蹟名勝天然紀念物保存法施行規則」於九月二十一日，根據總督府令第三十五號公布，自當年的十一月一日開始實施。有了這項施行規則，總督府有了依據的準則，立即開始認真地調查島內的各種史蹟。當然，首要之務是籌組個調查會。所以同年十月十六日發佈訓令第八十四號，公布了調查會的規程，裡頭明白記載調查會的成員由來。

這可是層級相當高的調查會，可不是幾個大學教授就能決定，看到成員，大家應該會嚇一跳，有這樣的史蹟調查會嗎。調查會的委員由總督府部內官吏，或有學識經驗者若干名，由總督任命或囑託。場所設立在總督府，會長由總務長擔任，副會長由內務局長擔任，其他幹事由府內高等官吏任職，書記也由府內人員兼任，一切人員由總督任命。除了官方代表外，也選出了一些民間人士與會，像是連横、美國陸軍步兵中佐小林準、稻垣藤兵衛、尾崎秀真、谷河梅人。這裡頭的名單，個個來頭都不小。

之後，這調查會又以委員的專長進行分組，分為史蹟名勝與天然紀念物。史蹟組有：井手薰、宮原敦、村上直次郎、移川子之藏、小林準、鼓包美、尾崎秀真、谷河梅人、稻垣藤兵衛、連横。天然紀念物組有：平坂恭介、青木文一郎、中澤亮治、日比野信一、早坂一郎等。

到了一九三一年十月，這批委員依據分配到的調查地點，進行初步結案，並彙整印刷，共調查到全島史蹟有一百五十三件、名勝七十九所、天然紀念物八十七處，每項後面附有簡單說明。

儘管我們見不到這委員會是如何討論這些入選名單的，但是可以看出，他們的確是經過層層的討論才決選出來。例如，一九三二年十二月十七日，報載十五日時，這委員會開了一次討論會，出席的委員中，史蹟的有六名，天然紀念物的有七人，主席小濱內務局長，當下指示委員要採取「嚴選主義」來決定。此外，當時可能是財政緊縮的關係，並未附上未來要執行的預算，因而，是採取漸進的方式，配合財政情況來逐年指定。

總計，臺灣總督府一共進行了三次大調查，分別是一九三三、一九三五及一九四一年，直到戰事白熱化才暫為停歇。

關鍵詞：儒艮、連橫、《臺灣通史》、帝雉、菊池米太郎、石門、史蹟名勝天然紀念物保存法

延伸閱讀：

吳永華，《臺灣歷史紀念物：日治時期臺灣史蹟名勝與天然紀念物的故事》，臺北：晨星出版社，2000。

◆ 1938年5月，北白川宮御遺跡紀念碑揭幕儀式。

◆ 1938年，調查委員會公佈穿山甲為天然紀念物。

16 吉野移民村：官營移民的典範

毛利之俊的《東臺灣展望》

一九三六年八月十二日，臺東旅行俱樂部在臺東公會堂舉行大會，選出毛利之俊擔任臺東旅行俱樂部的支部長，列席的嘉賓有臺東廳長、庶務課長、街長，花蓮港廳的支部長及幹部也出席致賀。毛利之所以會當上俱樂部的部長，這或許與他在昭和八年，一九三三年所編的《東臺灣展望》有關。

這本書的編輯目的有三：向未知的人宣傳東臺灣、作為想一探究竟的人的旅遊指南，以及當地居民的紀念冊。毛利早在一九二九年的秋天就已經有了編纂此書的念頭，然而那時的他還被報社編輯的工作困在辦公室裡，無法偷得一絲閒暇，且對臺東廳的認識，缺乏自信，因而只是被動地等待機會。

直到一九三〇年，原本是花蓮《東臺灣新報》主筆的毛利之俊，才辭掉工作，並於隔年一月搬到臺東。只經過一年半的時間，他就很快地對當地的歷史、產業及特殊事情有所瞭解。

一九三二年，他開始閱讀資料，訂立編輯大綱，並著手調查工作。

這本書能夠完成，除了毛利之俊，還有攝影師及負責行政雜務的一位同道。他們三人不但要找尋目標、涉獵山河，還要在一個月內完成，相當地不容易。在書序中，毛利提到，單單是蒐集要撰寫的資料，即可能要花費三個月的時間。而以光線為命根的相片攝影，要按照日程進行，更是完全不可能。尤其是，分道進入深山蠻荒之地，會因為下雨或濃霧，使得一整天下來，或許一張照片也拍不出來，讓人情緒墜入谷底。有時還可能，連脫下腳上濕淋淋的草鞋的氣力都沒有，就直接踏入深山中空蕩蕩的駐在所客房，望著彼此毫無血色的容顏。

這份辛苦的東臺灣田野調查之旅，讓毛利之俊一行人吃足了苦頭。他們曾經在一萬尺的高山上，陷入思鄉的情緒。最後，辛苦總算有代價，進度只比預估時程晚了一個月，所有調查工作在一九三二年十一月末結束。拍攝完後，毛利之俊帶著整理好的照片及文字說明，回到大阪，前後又花了三個月時間印製

◆ 吉野移民村內的房舍與居民。

◆ 日治時期，《東臺灣新報》為東部歷史最早的報紙，圖中建築為報社辦事處。

出版。一九三三年的四月，毛利將這本旅遊導覽發送給旅行俱樂部的會員。

《東臺灣展望》中的吉野移民村

對我而言，這書最有吸引力的地方在對移民村所拍攝的珍貴照片，畢竟這裡是我這十多年，每日進出，最熟悉的一個社區。

有關東洋和風移民村，毛利之俊是這樣描述的，日本昭和時代，可先從花蓮港接往西南方向探訪，約二十五分鐘車程，可以到達吉野村的市中心清水部落。在稻住大道和筑紫橋大道交會地的專賣局前面，是條筆直平坦的吉野街道。在這條道上開車，穿過良田，不到五、六分鐘就可以抵達檳榔樹圍繞的荳蘭社(宜昌)及薄薄社(仁里)。若再往前開十五分鐘，就會到達吉野村，村里則有宮前部落，也就是今日的慶豐社區一帶。

吉野移民村的部分遺跡，現在還保留著，其中一處慶修院，已成為旅客來花蓮必遊的景點。說到慶修院，不得不提花蓮移民村的歷史。

一九〇九年，花蓮七腳川事件平定後，日本政府開始思考官營移民的問題。經過一年的調查及準備工作，最後選定花蓮港廳下的七腳川原野為第一批移民預定地。花蓮一共設有三個移民村：吉野、豐田、林田。據曾在臺灣總督府擔任農政及移民事務的東相實的看法，日本在花蓮實施的農業移民，其目的在：建設健全的純粹日本村及扶持日本民族的國民性。

臺師大教授張素玢認為，吉野移民村屬於日本在臺灣農業移民的第二期：花蓮港廳官營移民時期。一九一〇年，第一批移民九戶二十人由日本德島縣移入。第二批又擴大到其他縣，共五十二戶二百七十五人，與第一批移民在吉野村從事整地、種植甘蔗及特有作物、研究施肥等農事。當時全村長寬各約六公里。東邊與阿美族部落接觸，西與七腳川山相連，南居往玉里、卑南的要道，北臨加禮宛、新城平原。

吉野移民村的內部結構

吉野村共有宮前、清水、草分三個聚落。依林裕勳的研究，宮前聚落在村落北面，主要是現在的慶豐社區一帶，有一百三十五戶移民，圖中的吉野神社即設在此地，目前在慶豐市場的背後，還可見當時安座的基石。清水聚落有一百二十五

◆ 吉野神社。

◆ 花蓮港神社前，經吊橋可一直延伸到吉野村。

◆ 吉野高等小學校。

◆ 吉野區公所。

◆ 慶修院本堂建築，圖中正在進行 2013 年最後一天的跨年敲鐘祈福儀式。

◆ 2003 年，吉野布教所經修復，改建為今日慶修院的模樣。

戶，約是現今的福興社區一帶。草分聚落有六十七戶，在最南邊，區內多為吉野村的公共設施，有移民指導所、醫療所、小學校、布教所。

到了一九二七年，吉野的其他聚落陸續形成，有現今吉安村的中園部落，轄內多為官署所在地。

在移民初期，由於交通不便，所以在各部落間架設有手押的輕便鐵道，可由此地連結至花蓮港間的鐵道線路，以便運送物資、人員及郵件等等。這種手押軌道的時速約在十二至二十公里，比牛車快二倍，但運費可節省一半。一九三〇年代後，由於汽車的大量使用，才逐漸被取代。

除了交通、灌溉設施外，其餘與移民生活息息相關的措施，還有一九一一年成立的吉野高等小學校，則是現今吉安國小的前身；一九一二年創立了本願寺吉野布教所，也就是現在旅客最愛的吉安慶修院；一九一三年設立了圖中的吉野郵便局，負責電報及郵政業務。直到一九二〇年才正式設立吉野區役場，管理吉野村，也就是現在的吉安鄉公所的位置。

吉野移民村初期，居民生活條件不佳，吉野神社遂成為村民的信仰中心。在這，不同節日有不同慶典，一月一日為元始祭、六月八日為祈年祭、另外有天長祭、始政紀念祭、除夜祭等等。此外，總督府還會透過宗教力量來鼓舞士氣，遂在清水與宮前部落間設有布教所。其中，這些來自日本的村民的信仰以佛教居多，又以真言宗佔多數。真言宗的布教師常會替村民舉行法會、讀經或說教。

官營移民的範例

這座位在吉野村行政中心旁的布教所，是吉野移民村少數幾個現在還留有日治時期殖民色彩的地方。每回開車經過這，對於這樣一座日式建築出現在這，就特別有種歷史的時空倒轉的感覺。

由於吉野移民村是日本官營移民的模範，常成為官吏視察的對象。像是田健治郎總督，就在一九二〇年四月二十二日來訪。

當天九點時，田健治郎在吉野車站下車，搭乘的就是前述所說的手押台車參觀吉野村。他在這裡分別巡視了出張所、小學校及移民住宅等，瞭解到這裡的住民主要從事的多是米、甘蔗、煙草、蔬菜等耕作，有相當不錯的成績。十一點時，離開吉野驛。午後零點三十分，到鳳林車站下車，直接搭乘台車到林田村，巡視了出張所、小學校及支廳等。這裡同吉野村及豐田村，合稱三移民村，而吉野村最老，但也成績最好。林田村與豐田村經營時間較短，可惜成果不彰。田健治郎認為，或許是兩、三年前，因內地移民的事業費多功少的緣故。

就連林獻堂來花蓮旅遊時，也被安排來吉野移民村參觀。

一九三五年，十一月三日，林獻堂同友人到花蓮港旅遊，一早八點四十由臺北車站出發，到蘇澳後轉汽車走臨海道路，經過清水斷崖、太魯閣峽谷，五點多抵達花蓮港。隔天新民報社支

◆ 米崙高爾夫球場，可遠眺奇萊原野。

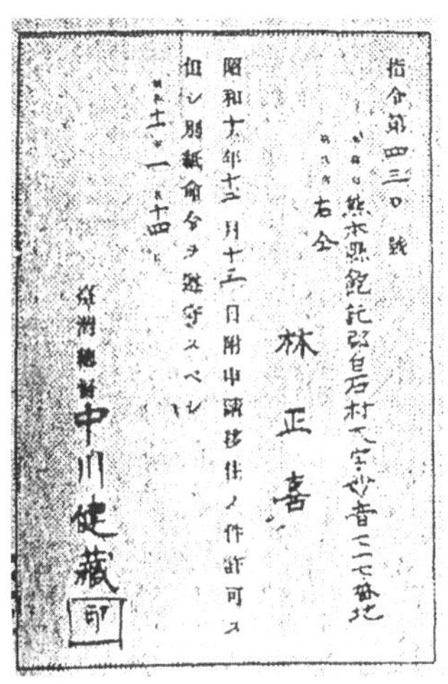

指令第四三〇號
熊本縣飽託郡白石村大字砂香二二七番地
右仝　林正喜
昭和十一年十二月十二日附申請移住ノ件許可ス
但シ別紙命令ヲ遵守スベシ
昭和十二年一月十四日
臺灣總督　中川健藏　印

◆ 1937 年 2 月 19 日，《大阪朝日新聞臺灣版》上的移民許可指令書，圖片中可見臺灣總督的名字，以及移民者原先在日本的戶籍地。

◆ 南濱陳列館。

局長鍾聰敏親自前來導覽。

他們先參觀了博覽會的花蓮分館南濱陳列館、花崗山公園。九點半時拜訪了廳長藤村寬太，僅作簡單問候。十點到公會堂會見理蕃係長蓬田吉兵衛，並在這裡觀看太魯閣原住民男女唱歌、跳舞。之後，又看了興建中的花蓮港及米崙的高爾夫球場。中午則到東薈芳用餐，一點時返回筑陽軒少憩。三時半，鍾聰敏又來導覽「阿媚族」所居住的薄薄社；其次，到吉野村，在這，他們看到了稻禾像黃金一樣，兩族農人正在忙著收割。

媒體也喜歡製作移民村的專題來回顧這裡的成功經驗。

一九三七年的《大阪朝日新聞臺灣版》就在二月製作一系列臺灣移民村的報導，其中，吉野移民村佔了非常大的篇幅，可見它的重要性。然而，這些報導，似乎過多是移民村與社會經濟的聯繫，較少談到此地日本移民的生活經驗，或者是周遭生活的臺籍民眾的體會。

隨著近來慶修院的修復，並成為花蓮旅遊觀光的重要景點，曾經在這生活過，被稱做「灣生」的日人，開始受到重視，紛紛在慶修院慶典的時候，受邀來臺，分享他們的兒時記憶。

這群「灣生」的歷史記憶，要不是近日山口政治或翁純敏的著作的描述，我們很難想像有這麼一批現在已經八十幾歲的日本老先生老太太，會對現在改稱為吉安的這地方抱持這麼濃厚的情感。

關鍵詞：七腳川事件、毛利之俊，《東臺灣展望》、灣生、花蓮港廳、東薈芳、林獻堂、田健治郎、吉野布教所

延伸閱讀：

毛利之俊著，陳阿昭編，葉冰婷譯，《東臺灣展望》，原民文化，2003。

林裕勳，〈日治時期花蓮港廳吉野村清水部落之研究〉，國立東華大學臺灣文化學系碩士論文，2013。

翁純敏，《吉野移民村與慶修院》，臺北：花蓮縣青少年公益組織協會，2007。

山口政治，《東臺灣開發史：花蓮港とタロコ》，東京都：中央產經資訊，1999。

17 地震：新竹、臺中州的創傷記憶

《臺灣日日新報》的報導

一九三五年四月二十四日，《臺灣日日新報》第八版大幅地報導幾天前發生在新竹州及臺中州大地震的消息，其中，有幅地圖吸引著我，這是一張日本治臺後的地震分布圖，整張圖以手繪方式描繪出一八九五以來幾次影響臺灣的強烈地震的地點，並附上簡單文字說明，就連標題也是手寫字體。這樣不正式的手描地圖出現在當時臺灣最重要的報紙上，其事情的緊急性可想而知。

講到臺灣的大地震，現在大家的直覺反應可能是九二一大地震，少有人記得一九三五年的四月二十一日，臺灣也有一次大地震的經驗，地點就在新竹州及臺中州。在此之前有這樣的經

◆《臺灣日日新報》的所繪的地震受災圖。

驗是明治三十九年（1906）的嘉義大地震。

那一次，可是全臺有感的地震。隔天的臺北觀測站立即公布了測震紀錄，那時的地震算法可不像我們現在是寫幾級震度，而是以強震、弱震區別。當時新竹、臺中屬強震、臺南弱震、基隆在強震之弱、花蓮港弱震，澎湖在弱震之弱。最大震幅，第一回震十六粍，第二回震八粍。

《臺灣日日新報》的災難報導的迅速也令人驚訝。才在地震的隔天，新聞就已統計出災害結果，新竹州及臺中州兩地的死亡人數超過兩千六百人，重傷六千多人，家屋全倒及半毀的有兩萬一千多戶。其中，又以臺中州較為嚴重，光是死亡就已有一千六百一十七人。

四月二十二日的報紙還仔細描述了地震剛開始時是上午六點二分十七秒，持續了三十秒，震央在新竹南部的後龍溪。報紙這樣描述災況：「殊如臺中山間，隧道崩壞，鐵橋破壞等，汽車亦不通，臺中州下，因地震勃起火災，極見慘憺云」。

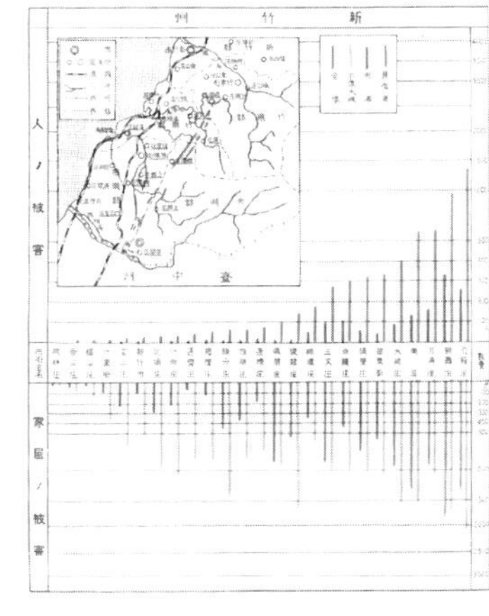

◆ 上半部為新竹州受災地區死傷者統計表，下半部為房屋損害統計表。

◆《昭和十年新竹州震災誌》中所附的地震災區範圍圖。

地震的災情

災難情況有多嚴重，看看臺中大甲郡下的清水街、沙鹿及梧棲三地，報紙的描述是全滅的情況就知。在沙鹿市區，天公廟以北，清河商店街前一帶，公學校前一帶，以及媽祖廟地區的房屋幾乎全毀；而街庄役場、派出所、御皇殿、天元堂也都損毀。其中，壓死者有三十五名、重傷的有四十八名，輕傷者無數，其中從廢墟中急救出來的有三十多人。地震後的災民，多無棲身之所，只能以空地為家，每天繼續處於餘震的恐慌之中。記者在報導災難實況之餘，也注意到，沙鹿不像其他地區，地震發生後，立即有報紙刊載，地方人士爭先準備慰問品救濟，這地方由於消息不通，以致沒人關注。

從空中看地震災情，又是一番景象。四月二十四日，《臺灣日日新報》就有特派員與代理總督深川文教局長，搭乘義勇專賣號，午後一點二十分由臺北練兵場起飛，沿著海岸線飛往災區。到了竹南上空，即可見臺灣民眾搬出家俱，在屋外避難。

◆ 臺中州地區的鐵路因地震受損彎曲的情況。

到了後龍、通霄、大甲往南。以時速一百二十里，高度四百米方式飛行，所見到的是草葺家屋傾壞，歷歷在目。飛到大甲上空時，自大甲溪上流至豐原，再到內埔、神岡，也是房屋損毀嚴重。到了臺中州上空時，機體傾斜旋回，在火車站前廣場上空，投下了通信筒，裡面有特派員的親筆書，一個是給日下臺中州知事，一個是給新竹州知事，都算是空中的慰問狀。過了彰化後，才降落在鹿港飛行場。

救援的開始

事實上，地震過後，總督府就立即派內務局長親自巡視慰問地方，並下達一些指示。在救護方面，地震隔天，救護事業就進行到臺中州各地。小濱內務局長先從苗栗視察到後龍。後龍原本前年就遭逢水災，此次又碰到地震，雙重衝擊下幾乎全毀。新竹州到大湖、銅鑼一帶，道路崩潰，因而在救護上相當困難。南庄的台車軌道，在官方投入救援後不久，暫時修復。

◆ 大甲郡清水街西勢的房屋，幾乎全倒的慘狀。

二十二日午後兩點，內務局長到了竹南郡役所，此地剛經歷餘震，郡的辦公廳舍部分倒塌，局長只好上樓聽取簡報。由於臺中州的道路網相當完備，加上處置得宜，加速了救護的進度，清水街的火災很快就受到控制。其中，由於地理位置上，卓蘭、石岡、屯子腳、神岡、梧棲是在一條軸線上，所以影響慘烈。至於這條斷層帶之外的豐原、大甲，幾乎沒什麼大礙。而以新竹大湖為中心，苗栗、竹南及竹東等也相當慘烈。在緊急應變下，所有臺中州轄下的重傷者，全部收容在臺中醫院。

募款音樂會與各地樂捐

災後，臺灣各地開始賑災活動，募款音樂會是其中一種形式。例如一九三五年七月九日，在吳新榮住所的臺南佳里，就由臺灣新民報社主辦，臺灣文藝聯盟佳里支部後援下，舉辦了新竹臺中大震災義捐音樂會。午後七點，在蔡培火的率領下，帶了音樂家林秋錦、留日鋼琴家高慈美、陳信貞、留日音樂家蔡淑

◆ 苗栗郡公館庄役場前街道受損情形。

惠、高約拿等音樂家，到佳里公會堂表演音樂，撫慰傷痛的記憶。

除靠音樂會巡迴義演外，各地的街庄協議會也紛紛響應，號召市民捐獻。斗六實業協會則透過在斗六世界座開演素人劇來義捐。有的民眾則直接開著車子就載送物資到災區。像彰化北門外陳有財就送來兩千五百斤的蕃薯，彰化南門外的阮榮輝也捐贈三百斤的紅糖糕；還有的送鹽魚八十斤、醃蘿蔔三百斤、白米十五袋。

此外，日本曾有過一九二三年關東大地震的類似經驗，對此也深感同受，民眾也紛紛表示對地震的慰問。其中，拓務省的所有職員，原本捐出月薪的百分之一，做為地震的慰問金，但日本全國官吏也擬捐月薪百分之一，使得拓務省的又額外地調高至百分之二。

從對災情的掌握，到調配人力親赴現場救災，再到一些行政及社會經濟的調控，令人不得不佩服當時的殖民政府是多麼迅速有條理地在處理救災問題。

◆臺中州受災區在空地避難的群眾。

理學博士六百一十人。

永田代議士接受記者採訪時回答說，他這回來臺灣，主要是帶來民政黨總裁的慰問狀，向總督及各地方表達致意。他認為這是自明治以來的第三大地震，僅次於關東及濃尾，由於各項救護措施迅速展開，所以被害程度大大降低。

九州大學的伊藤教授被訪問時則說，就地震原因來看，地質學者都判斷是斷層或地滑，這都該再進一步討論。他所服務的單位是地球物理學研究部門，預計在臺灣待兩週。此次震源離地表較近，約十公里的淺震源；可是一般的大地震皆為深層地震。此次，因為震源較淺，所以破壞的範圍不廣，算是不幸中之大幸。

另外，雖然地震不是太強，但由於本島建築的老舊，所以受損影響才會如此嚴重。在伊藤之外，來的還有東大地震研究所的高龍太郎，還有研究一般地震的高橋及鈴木。還有齊田是來從建築學角度研究地震的震度，為了提供日後臺灣的建築作參考。

一年後的復原

地震一週年後，新竹州及臺中州都為死難者辦理追悼紀念儀式，並展示一年來的重建工作成果。令我驚訝的不是報紙所報導的復興工作多麼完美，而是臺中州在隔年三月三十日就出版了

◆大甲郡清水街新設給窮困難民的臨時住宅。

《昭和十年臺中州震災誌》，新竹州也在臺中州之後兩年，也出版了《昭和十年新竹州震災誌》。

這兩本書詳細記載了所有有關這次地震的各種訊息。首先，有震災的概況、震度分布與強度、斷層、餘震的回數、被害狀況、死傷者、家屋受損、非住家受損、官設公設建物、廟宇、會社、工廠受損；或者產業受損情況。

其次，提到了皇室的

御仁慈、同胞愛；也講到救護情況，舉凡被害情報的蒐集、應急救護、對死者的措施、受傷者的治療、罹災民的救護、震災地的衛生。此外，還提到警戒警備、產業復舊，交通應變、通訊應急；或者是復興計畫、自立更生運動、都市計畫。最後，還詳實羅列了有關地震的學術技術、震災美談及感想，以及震災慰問文等等。

若非驚人的行政動員與救災體系的發揮，不可能在這短短時間能完成這樣的工作，然而，這深度考慮背後的動機，我們會瞭解，這一切，無非是要展現帝國強大的現代化行政體系，以及救災能力。

關鍵詞：蔡培火、林秋錦、高慈美、公會堂、佳里、臺灣文藝聯盟、楊肇嘉、《昭和十年臺中州震災誌》、《昭和十年新竹州震災誌》

延伸閱讀：

森宣雄、吳瑞雲，《臺灣大地震：一九三五中部大震災紀實》，臺北：遠流，1996。

臺中州編，《昭和十年臺中州震災誌》，臺中市：臺灣新聞社，1936。

新竹州編，《昭和十年新竹州震災誌》，新竹州：山中印刷所，1938。

◆ 中部震災紀念明信片。

Suehiro-cho st., Tainan, Formosa.

四. 空間、休閒與大眾文化

18 臺北鐵道旅館：頂級聚會新空間

呂紹理曾在《展示臺灣：權力、空間與殖民統治的形象表述》中提到，在實際的旅行中，與旅者最最相關的莫過於旅館，旅館是旅行者在異地生活的重要據點。日本統治臺灣後，傳統漢人的旅社自然無法滿足日人的需求，因而有了日式與西式的旅館。其中規模最大，建築設備最豪華的頂級旅館，當屬一九〇八年落成的臺北鐵道ホテル（鐵道旅館）。

鐵道旅館的落成

透過一九〇七年的《臺灣日日新報》，我們得知這棟建築的初步設計。它的位置在臺北火車站對面的府後街一丁目。整個區域佔地三千多坪，從圖中可以看出，它的區塊比對面的臺北

◆ 鐵道旅館的廣告，可見到旅館的外觀模樣，並強調住宿與餐飲的結合特色。（國立臺灣圖書館提供）

車站還要大。整個建物六百坪，樓高三層。一樓的功能最多，有客房、會客廳、集會廳、撞球室、吸煙室、閱覽室、理髮廳。此外，裡頭還有間可供一百五十人座位或是三百人立食的大食堂，裡頭聘有外國廚師，是當時最早的西式餐廳。當然，這裡也是重要的集會空間。至於二、三樓主要是客房及會議室。

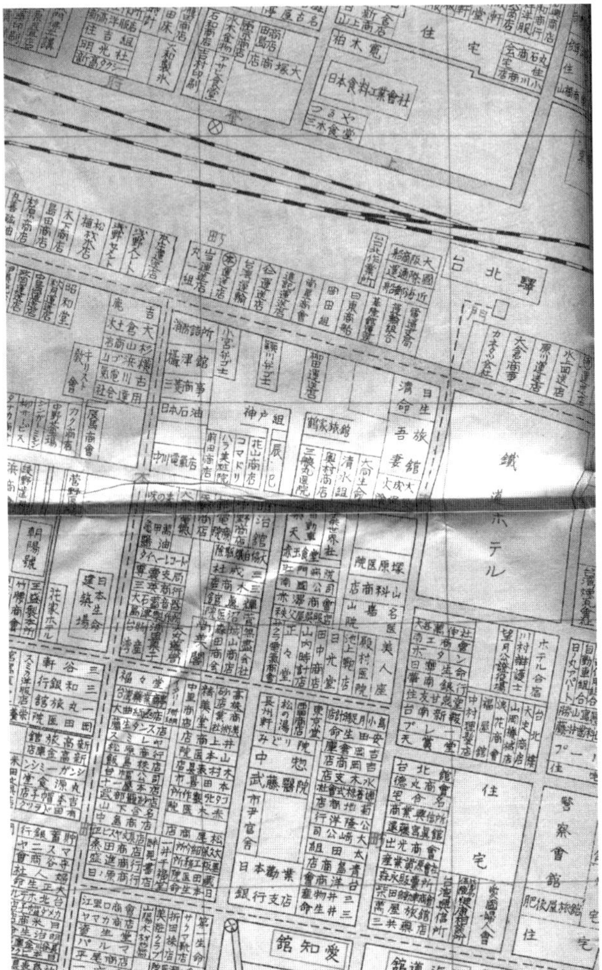

◆ 鐵道旅館週邊商家地圖。

然而，和一般印象不同的是，同年的《臺灣日日新報》還透露，這樣一棟高級的旅館，竟然有些房間內的一些物品，主要是來是臺北監獄裡的勞動作品；而其中的椅子，則採用臺中監獄的產品。

不便宜的住宿價格

一九一二年版的《臺灣鐵道旅行案內》提到，鐵道旅館是由總督府鐵道部裡的運輸課來經營。由於有現代化的住宿條件，價格不便宜，一晚要價一點六圓至三點五圓，剛開始時，多為日本官吏或臺籍仕紳在臺北住宿的首選。當時同時會被提到的旅館還有高義閣或永樂ホテル（永樂旅館）。

《臺灣鐵道旅行案內》提到的房間價格應該是剛開始的一般價，到了一九三〇年，最好的一晚高達十六圓，林獻堂就住過這樣的房間。一九三〇年五月二十一日，林獻堂中午由霧峰出發到臺中，乘十二點四十分的急行車北上，他兒子成龍同行，

永樂ホテルの特長
洋式寢床、各室洗面器、各室卓上電話、現代的ノ器具設備アリ
御室代ハ御一人分二圓、三圓、四圓
御休憩ハ各半額申受マス
御食事ハ朝一圓、晝、晩二圓、三圓
茶代女中ノ心附ハ一切廢止
但シ御勘定金額ノ二割サービス料ヲ申受マス

臺北市永樂町二丁目一二二番地
永樂ホテル臺北本店
電話三八二三・五九四八・五九五四番

臺北郊外・新北投温泉草山行道路東側
永樂ホテル北投支店
電話北投一〇二番・七星郡北投街一四番地

經營者　田川春金

◆ 永樂旅館的廣告。
（國立臺灣圖書館提供）

鐵道ホテル

臺北　臺北驛前　電話7,562番
御室料……3圓・5圓以上
食　堂……朝1圓・晝2圓50錢・夕3圓
グリル……朝1圓・晝1圓50錢・夕2圓
其他一品料理の御好みに應じます
……午前8時から午後10時迄……

臺南　臺南驛階上　電話1,279番
御室料……3圓以上
御食事……朝1圓20錢・晝1圓80錢・夕2圓
……兩館共御心附は御勘定の一割を頂戴いたします……
……縱貫線列車食堂も直營で御座いますから御利用下さい……

◆ 鐵道旅館的價格廣告，裡頭還提到營業時間。

車上遇到熟人永岡及施龍川。五點十五分抵臺北，竹藤遣人來到車站迎接。之後住進著名的旅館高義閣，才知金盞二姊也於今日到此，與之面談十幾分鐘。由於氣候甚熱，且旅館沒有好房間，他又聽說林茂生住在鐵道旅館，所以改換到那去。他本來想和林同住三樓，可惜不好拒絕旅館讓他住二樓的安排。館方將最好的一晚十六圓價格房間讓給林住，共二間，一間臥室、一間客廳。剛好這客廳就是三月一日林獻堂等會見國際聯盟委員的地方。晚上，林茂生、呈祿等來訪，閒聊到十點多，才離去。

國外旅遊團的首選

鐵道旅館剛開始經營時，會配合一些旅遊計畫來規劃住宿。像一九〇九年三月時，在神戶ミカド旅館的發起及大阪的三家新聞媒體、又神日報的贊助下，進行臺灣遊覽船計畫。預定在四月中，安排遊客搭乘郵船會社的鎌倉丸來臺灣遊覽，主要希望吸引外國遊客，以及一些有興趣的內地日本人。由於住宿條件是能否成行的一大因素，所以在北部，臺北鐵道旅館就承擔這方面的住房需求。至於中南部，則無相關條件的旅館能予以配合。

一九二〇年代時，鐵道旅館是大型旅行團，尤其是外國團來臺北必定安排的行程之一。一九二七年三月，鐵道旅館曾接待過「世界漫遊中美國觀光團」。由於團員人數龐大，又來

◆ 新公園博物館前的遊憩民眾。

◆《臺灣博覽會記念臺北市街圖》，背面有臺北旅館地址與電話一覽表。

自美國，在當時可是一大新聞，人還沒來，就已經在報紙上寫滿所有行程細節。這一行人有三百九十五名旅客，預計三月三十一日到達基隆港，這群人在鐵道部的安排下入關後，於七點半搭一、二等專用臨時列車，約八點二十一分到臺北車站。然後步行至對面的鐵道旅館，稍事休息後，分成四團，分乘汽車四十台、人力車兩百三十台。依序遊歷博物館、總督府、陳列場、新起町市場、專賣局、臺灣神社、大稻埕。差不多同日下午四點二十五分，由臺北車站返回基隆港。

或許是團員身份特別，此事也牽動到美國領事來出面協調，並對此發表意見。美國領事認為，這件事由於準備時間太短，聽到總督府及新聞社欲熱烈歡迎，感到十分欣慰。並表示美國會銘記在心，日後定會拉近雙方的接觸。美國領事甚至建議，總督府最好提供臺灣土產烏龍茶一罐及樟腦一包、臺北的風物、以及美國領事館的美麗繪葉書。另外，在鐵道旅館的演藝場，有許多商店，可安排旅客在此購買物美價廉的百貨。

對於美國領事館的要求，鐵道部開會後，有了善意回應。初步安排抵達臺北後，先參觀臺灣神社、圓山、大稻埕，然後中午在鐵道旅館用餐。下午三點則到官邸庭園參加歡迎茶話會，四點後才搭車回基隆港。

到了觀光團來的這一天，共有旅客，男一百五十七名，女性兩百三十八名。因海上濃霧，比預計到臺北車站時間晚了兩小時，對於這樣人數眾多的外國觀光團，總督府相當重視，特地安排鐵道部長、港務官員、三井會社社員等到碼頭迎接。

（二二）

之後，如行程安排，到臺北車站後，又有交通局長及諸多官民在車站迎接。一行人先到鐵道旅館稍微休息，並逛館內特產陳列區。之後安排市區內景點的參觀，由於人數眾多，又分甲乙團坐汽車參觀臺灣神社，丙丁團搭人力車參訪專賣局。回程則在火車上贈送旅客一袋贈品，裡頭有西文的臺北指南、鐵道旅館平面圖、行程參觀流程及觀光團員的注意事項等。

聚會的重要場所

鐵道旅館也是名人常吃飯聚餐的地方，林獻堂就是其中一例。一九三二年三月三十日，林獻堂來臺北與朋友會談，十一時和友人萬俥一起到總督府官邸投名刺（名片），以表敘禮之意。再到柏壽處，閒談至十二點，才一同到鐵道旅館午餐，友人楊肇嘉也出席。一點半時又同柏壽到高義閣，與杰夫下棋，四點時共同至鐵道旅館參加南弘總督的歡迎會。

然而，這棟旅館之所以在日治時期這麼出名，絕非單純只是一棟住宿，或享用美食的旅館，它可是各種聚會的重要場所。

在這辦過的活動不計其數，一九一〇至一九二〇年代，常見的活動有：臺灣美術展覽會的茶話會、全島勸業課長會議、檢察官送別會、臺北商工會、婦人名片刺換會、臺灣篤志看護婦人會、糖業聯合會、臺北辯士總會、海軍紀念日祝賀會、觀光蕃歸臺接見會、本島人歡迎拓殖局總裁會、始政紀念夜會、代議士招待會、臺北醫院院長道垣博士送別會。

到了一九三〇年代，多了許多招待棒球球員的活動。例如臺北實業野球團黑洋俱樂部，就於一九三〇年八月在此慰勞「全島少年野球大會」出場的各州廳選手。嘉農棒球於一九三一年取得甲子園球賽亞軍，回臺也是在這舉辦歡迎茶話會。

有時國際聯盟委員來臺調查，也是安排住這。一九三〇年，國際調查員來中南部視察臺灣鴉片的情況，就在臺北鐵道旅館接受林獻堂、蔡式穀、蔣渭水三人的訪問，之後，也在這與辜顯榮及林熊徵會面。

此外，也有許多藝文活動在此舉行。像是和漢古書幅展覽會。主要展示日本及中國歷代的墨寶。由於展場空間不大，不得不以質取勝，同一作者，僅能挑選有真新精三種特色的。其中，較引人注目的有太平天國洪秀全的筆札、丁汝昌的中堂。

這裡，也常辦各式演講，例如帝大圖書館館長就曾在鐵道旅館，以在荷蘭及羅馬圖書館蒐集日本關係的圖書經驗發表演說，

◆ 1936 年 12 月 25 日，《大阪朝日新聞臺灣版》刊登了中國著名作家郁達夫的照片（圖中），地點在臺北鐵道旅館，右邊為臺大神田教授。

有過三百人聽講的紀錄。一九三六年十二月，中國作家郁達夫重遊日本時，曾經過臺灣，臺灣日日新報社特別安排在鐵道旅館演講。還特別在報紙貼出免費聽演講的訊息，上面寫著講題：「就中國文學。郁達夫氏。」日期為二十三日下午七點半，場所則在旅館內的餘興場。

旅館的八卦新聞

當然，這麼知名的旅館，不會只有正面的新聞，偶而還是會有點八卦的社會新聞出現。像是鐵道旅館的理髮師井上守雄，曾因夜裡上吐下瀉而死，被診斷為「腸加答兒」（急性腸胃炎），甚至被懷疑是感染「虎列拉」（霍亂），最後經細菌培養化驗，再經衛生警查檢驗不是傳染病，准予埋葬，旅館才鬆了一口氣。或者是蒙面大盜夥同旅館店員行竊逃逸的故事。更聳動的有山口縣大橋正明與大阪女友內本菊代，投宿鐵道旅館後，服下嗎啡自殺的新聞。

一九三六年，除了臺北鐵道旅館外，隨著臺南車站的完工，也增設了臺南鐵道旅館。這棟與車站共構的構想，來自於東京車站的停車場旅館。就設在臺南車站的二樓，裡頭有大宴會廳、普通食堂、酒廳、撞球間、客房等。同樣屬於鐵道部監督，並由神戶的後藤鐵次郎包辦。此外，當時也計畫在高雄壽山等風景區增設大型旅館，以因應國立公園的開設，以及基隆港歐洲航線的增闢歐洲航線的增設基隆港。這些新式旅館的建設，都大大地吸引了外國旅客的來臺的意願。

關鍵詞：旅館、高義閣、烏龍茶、永樂ホテル、林茂生、林獻堂、大稻埕、臺南鐵道旅館、蔣渭水、郁達夫、霍亂、野球、《臺灣鐵道旅行案內》、甲子園。

延伸閱讀：

黃俊融，〈日治時期鐵道餐旅文化之研究(1908-1945)—以「鐵道餐飲」與「鐵道旅館」為例〉，國立成功大學歷史所碩士論文，2013。

呂紹理，《展示臺灣：權力、空間與殖民統治的形象表述》，臺北：麥田出版，2005。

19 珈琲店：虛擬戀愛新感覺

茅盾的著名小說《子夜》一開頭，副標題就寫著「一九三〇年，一個中國羅曼史」，點出了小說的背景城市上海的五光十色氛圍。對我來說，不管是一九三〇年代的上海，還是同時期的臺灣，都相當有吸引力，是一個既有現代性，又具有浪漫意義的時代。

一九三〇年代臺灣

在一九三〇年代的臺灣，處處可見大城市的街道兩旁種滿了象徵南國風情的椰子樹，學生們到國內和日本修學旅行，森永牛奶糖成為孩子們吵鬧時最好的安撫糖果，節假日裡家人朋友們會結伴到各種新式公園休閒遊憩，或者參觀博覽會。

◆《女給時代：1930年代臺灣的珈琲店文化》的封面。

然而最浪漫神祕的地方，莫過於「珈琲店」（咖啡店）。

走入一九三〇年代臺灣的咖啡店，一進門並不是撲鼻而來的咖啡香，而是「煙霧與酒氣混雜出迷幻的氣氛」。在此，「你可以請吧檯酒保，給你一杯調酒或威士忌；也可以走到另外一間包廂，欣賞不定期展覽。」而在這樣的空間內，你可以見到有女性在旁陪侍飲食的特色。從事這類工作的女性稱為「女給」。

女給時代

《女給時代：一九三〇年代臺灣的珈琲店文化》一書，談的就是這方面的故事。透過此書，我們才瞭解，所謂的「人美，酒就香」才是咖啡店待客之道的最佳王牌。在咖啡店裡，只要你願意付些小費，就可以和女給「談場限時的虛擬戀愛」。這種戀愛並非是一九三〇年代所鼓吹自由戀愛的本質，而是建立在金錢基礎上的遊戲。

女給職業的收入，完全依靠上門顧客的小費，並藉由個人手腕找尋贊助者支持。因此，以青春為本錢，交際作為手段的女給職業，不需要繁複的技能訓練與資格審核。「來當女給吧！自立、自由又美麗」對於家境困難的女性而言，相當具有吸引力。

咖啡店與女給是一種互利共生的依存關係。前者提供女給工作場所，以及摩登的符號。即使

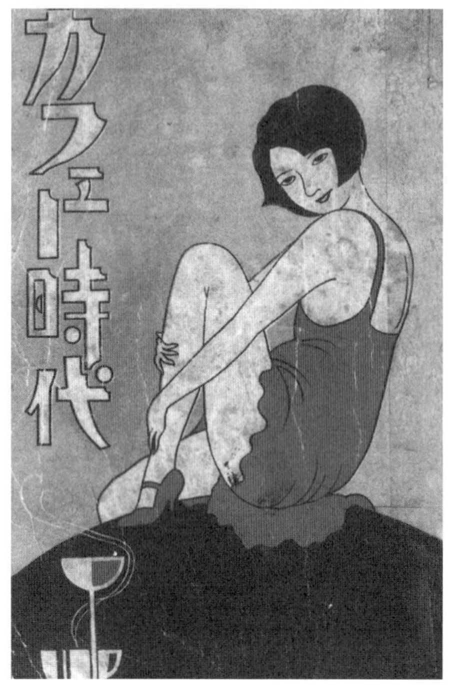

◆ 金井廉的《珈琲店時代》的封面。

◆ 臺灣咖啡店的始祖獅子咖啡店，女給的打扮多為和服外面套個白色圍裙。

女給穿著傳統和服，從事近代職業的身分，至少已經和傳統女性的形象有明顯劃分，進而以新女性、摩登女性或職業婦女自居。

讓我們感到新奇的是，當時前往消費的顧客群，除在臺日人、行政官僚外，臺灣本土文人與新生代知識階層也都是咖啡店的常客。面對不同客源，各家咖啡店紛紛塑造女給的紅牌形象，所以有以知性氣質美女取勝的女給，有肉感美女，也有以性格乖僻大受歡迎的。由於女給是當時咖啡店的搖錢樹，各店家常興起「挖角大作戰」。

虛擬戀愛

此外，當時男性前往消費，無非就是要享受女給服務時所帶來的感官刺激。男性顧客如何擄獲女給的心，成了男性的終極目標，因此各種「吃女給」戰術成了教戰守則。

然而，在這場虛擬的愛情遊戲裡，究竟「誰是冤大頭？」答案相當明顯。男客和女給都不是贏家，「男性顧客可能會被敲詐錢財，女給則有受騙上當的風險，賠上身體、感情或是積蓄。」最後坐收漁翁之利的則是咖啡店老闆。

日治臺灣的咖啡店文化，大約僅持續了十年，到一九三〇年代末，此風潮就漸漸消退，已經是「老狗玩不出新把戲」。

讀完全書，彷彿跟著作者走一趟當時臺北著名的永樂、日活、美人座、巴、我的巴黎等大型咖啡店，我們才恍然大悟，原來「女給時代」的咖啡店，是「戰後的茶室、摸摸茶、酒家之類的地方。」因此，在摩登臺灣的「女給時代」裡，衛道人士不免語重心長地提出「遊女亡城、咖啡店亡國」的警語。然而，這種文化逐漸受到大眾的接受及認同，不再視「女給是沒有知識、沒有教養的女性，甚至是等同於娼妓的存在。」而認為「女給也是一位獨立的女性！」

這種去咖啡店「吃女給」的文化正是一九三〇年代摩登臺灣的重要象徵。此外，像是南京蟲、石鹼、國立公園、市區改正、賽鴿、行道樹、修學旅行、洋菓子、始政紀念日、富士號、內地旅行等等，都是再現摩登臺灣的大眾生活的關鍵詞。

關鍵詞：女給、新公園、森永、修學旅行

◆ 臺博會中的南區咖啡店組合的女給表演。

延伸閱讀：

廖怡錚，《女給時代：1930年代臺灣的珈琲店文化》，新北市：東村出版社，2012。

◆ 協助交通宣導的女給。

20 納涼會：現代夜市的前身

搶破頭的一張入場券

一九一三年八月十二日，《臺灣日日新報》主辦臺北官民北投大納涼會。這活動相當受到市民歡迎，八月一日才在報紙上公布這項消息，入場的納涼卷從五日開始販售，還沒開賣，就一堆人打聽，到五日早晨七點，一開始不到四十分鐘，就立即售完。之後，報社門口擠滿了人，工作人員趕緊在門口貼上賣完的公告。不久，小道消息傳出，兩千張入場卷有一千張是委託臺北廳配發，就又轉到臺北廳打聽，結果聽到的是這一千張是臺北廳要分配給各單位的，已經無多餘可出售的，失望大夥又轉回報社詢問，強迫報社加售。到了中午，甚至傳出有轉售的情形，市場黃牛票已經喊價到一張三十錢到五十錢。

究竟什麼是納涼會？會引起民眾搶購入場卷，連黃牛票都出來了。納涼會是日本在明治年間引進臺灣的的日式休閒活動之一。「納涼」二字在日語有的乘涼的意思，多舉辦在七、八月間的夜晚，目的在透過與朋友一起吃喝玩樂來消暑及紓解壓力，這樣的活動是不是有點像現在流行的夜市。

以往這個課題大多是放在日治時期的鐵道研究的脈絡來看。日治初期，鐵路在臺灣民眾的休閒活動中，扮演重要角色。當時鐵道部會根據不同假期與天氣，策畫不同類型的火車旅遊，像在暑假就會推出「納涼列車」，並在旅途過程中安排各式各樣的餘興節目。

有的納涼會研究則是放在日治時期商工會發展的脈絡下來看。例如日本商人會引進「納涼聯合聯賣會」，舉辦地區大多在日人較多的臺北、新竹、臺中及南投。

近來才有研究者陳毓婷，專門從休閒生活與商業活動的角度來看。她觀察了從明治到昭和年間，納涼會的舉辦區域及其變化；並探討了納涼會的主辦者如何從官方轉變到民間，以及納涼會的類型。

納涼列車

◆北投溫泉的廣告。

最初，納涼列車的目的地都是北投，這與明治三十四年（一九〇一）年八月，臺北淡水之間的鐵路開通有密切關連，交通的便利促進了民眾對北投溫泉的認識與親近。

《臺灣日日新報》一連好幾天，對於一九一三年八月九日的北投大納涼會活動都有陸續報導。在出發前，報紙詳細公告了一些設備及會員要注意的事項，像是燈光及煙火的樣式、各項設備、汽車的載客、會員注意及乘車注意。

納涼會當天，會場設有九盞弧光燈、百燭光電燈四十三盞、五燭光電燈二十盞，餘興舞台更是懸掛各式電燈。從車站到會場沿路有北投旅館組合提供的提燈，預計要將北投打造成一個大光明世界。會場的設備有餘興舞台、來賓接待所、救護所、奏樂所、警察官及消防員駐在所、提燈及繪葉書接待所、飲食專賣店、免費接待所及臨時所，感覺就像是一個小型的展覽會場。

報社原先預估人數是五千到一萬，遂不斷向鐵道部交涉載運事宜，由於一輛車最多僅能載到一千人，且北投車站月台過於狹隘，一時難容千人進出，所以最後分為兩個乘車時段，每輛火車還得由兩輛機關車分別在前後一拉一推，才得以完成任務。

主辦單位還提醒會員搭車的時間。納涼卷有紅綠兩種。紅色卷的乘車時間，臺北出發時間為下午四點二十五分，北投的回程為晚上九點二十三分。綠色車票者，臺北站是下午五點三十分，回程是北投站十點四十分。乘車也有一些注意事項。臺北到淡水鐵道，中間會經過圓山鐵橋，由於這橋是舊式的，兩旁狹窄，乘客千萬不得探頭出車外，以免碰觸到橋身。另外還提醒遊客，

◆臺北大納涼會的接待店。

回程時可能會攜帶燈籠，由於是紅色的，也不能提出車窗外，免得被誤認為鐵道的危險信號，引起誤解。

納涼會的活動內容

活動內容也事先在報紙披露。舉辦的時間為八月九日，若是遇到雨天則停辦。會場在北投公園及公共浴場，會員可以免費的進入旅館休憩或去洗浴。會員限兩千人，五日開賣入場卷。餘興節目有施放著名的「廣東仕掛煙火」，有來自臺北檢番藝妓的手踊表演，以及臺灣製的龍燈展覽。

參加的會員還有土產可以帶回，種類有納涼會的繪葉書（明信片）、蠟燭及

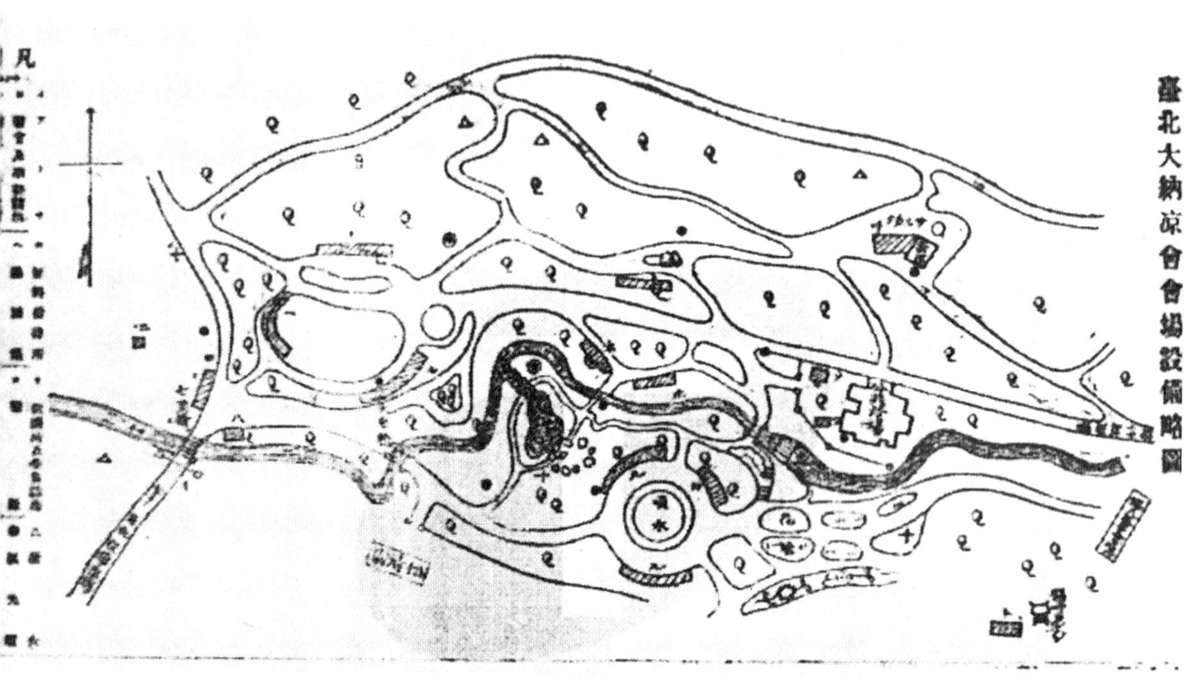

◆ 臺北大納涼會會場設備略圖。

球燈一個。八月四日的報紙還記載了準備施放的煙火的製造地點及種類名稱。這些廣東煙火是在彰化的工場製作，然後再移到現場裝配加工，有雪花、鞦韆、滿天星、烏龍院、蝙蝠、花葫蘆等三十五種。

至於接待的販賣商店，皆位於餘興舞台前及噴水池周圍，入內消費的平均公定價格是十錢。有花家及湖月的關東煮、島松的冷麥、常盤花壇的冷汁粉、丸新的水菓子，以及北投旅館的壽司。沿著公共浴場下方紅葉橋北岸溪流旁，還有臺北新高兩製冰的冰店及清水御組合的涼水店。

到了活動當日，鐵道部顧慮參加人數過多，遂讓會員提前到下午一點二十五分，先搭車前往。而救護班、消防組及報社接待人員，也同車前往提前準備事宜。這班十幾節車廂的會員列車，配有美麗的裝飾，車頂懸掛五色緞帶，車身寫有「祝臺灣日日新報社主催臺北大納涼會盛舉」字樣。

由於這車的人數不多，公共浴場的擁擠情況還不太嚴重。等另外兩班列車一到，攜男抱女，扶老協弱之人，一時都湧入浴場內，混雜情況才難以形容。當天的食堂，停止販賣。從停車場到噴水池，處處都有佈置。行路兩旁，有樹的地方都掛滿燈籠，有電桿的地方就有電燈。會場入場處點燃著營火，左右各有一紙，右寫「臺灣日日新報社主催（主辦）」，左寫「北投大納涼會」。

到了夜晚，半月懸空，萬燈齊放。重頭戲是施放廣東煙火，火花繽紛，徐徐露出納涼會及會員萬歲的字樣，一時觀眾鼓掌歡呼。活動結束，要搭車回臺北車站者，更是人山人海。有些持紅色入場卷者，很多趕不上原來的車班，遂改搭乘九點三十四分的普通車。當日除了會員外，有更多民眾是自行搭普通車來會場的，使得會場更擠得水洩不通。而北投居民深感好奇，大都遺憾地被擋在會場入口，最後遭到駐地警官的驅趕。這樣的活動，或許是北投開闢以來，最熱鬧的一天。

從休閒轉變到商品廉賣

除了納涼列車的形式外，大正年間的納涼會還有藝文納涼會、撫慰納涼會。到大正時期，仍承襲明治時期的休閒特色，但餘興內容已經增加許多商業氣息。種類更增添了有活動寫真納涼會、運動納涼會、演藝納涼會、棋藝納涼會、懇談納涼會。

到了昭和時期，廉賣納涼會的次數開始增加。

據陳毓婷的觀察，這主要是一九二〇年代之後，日本及世界

◆ 北投星乃湯溫泉旅館。

經濟情況轉趨下降，連帶影響了殖民地臺灣的的經濟活動，使得原本以休閒為主的納涼會性質，轉變成以廉賣商品的形式出現。主辦者也從一開始的總督府，到臺灣日日新報，再到民間團體承接。儘管類型不斷變化，但納涼會最終也逐漸發展出臺灣、西方及日本三種文化逐漸融合的局面。

關鍵詞：納涼列車、北投、納涼聯合聯賣會、鐵道部、北投旅館、繪葉書

延伸閱讀：

陳毓婷，〈日治時期臺灣的納涼會：以《臺灣日日新報》為主之探討（1902-1940）〉，國立暨南國際大學歷史學系研究所碩士論文，2011。

趙祐志，《日據時期臺灣商工會的發展（1895-1937）》，臺北：稻鄉，1998。

蔡龍保，《推動時代的巨輪：日治中期的臺灣國有鐵路，1910-1936》，臺北：臺灣書房，2010。

21 暑熱：臺北的納涼好去處

一九一五年七月二十二日，《臺灣日日新報》一連十天連載，介紹了臺北地區可納涼的好地方。對於臺北人而言，最讓人受不了的感覺是暑熱。這些納涼去處的介紹提供了市民一個絕佳的休閒與避暑的場所。

當時報紙的編輯是如此形容臺北的氣候：「如火之日，如水之汗，如蒸汽之風，如熱爐之天地，茫茫百千丈之塵中，爍金熔鐵，逐逐四六時之忙裡，倦體焦神，酷暑何嘗有犀，迎風畢竟孤草，甚欲遊盡寒之殿，一味清涼，安得逢姑射之山，暫求去處。」

在這十天的報紙連載中，一共介紹了十個不同的納涼去處，分別是：臺北苗圃、圓山公園、北投、新公園、水源地、草山、古亭村莊、大溪口、于來（烏來）、府內。

臺北苗圃

臺北苗圃又稱臺北植物園，首先推薦的是「臺灣總督府殖產局苗圃」。

◆ 臺北植物園內的遠足的學生。

這個地方離臺北城相當近，天剛亮時，走在園中，你會聽到尚未停歇的蛙鳴聲，此時拿著藤杖，穿著桐屐，走在淡煙一抹的竹林亭樹之間，到處都是蟲鳴鳥叫，地上則可見前夜露水，讓人有爽然沁我魂夢的感覺。園中處處可見花園菜圃，柴扉扃閉，可望而不可即。到了夜晚，這兒有燈紅酒綠的店家，你可以喝上一甌酒解渴，也可買醉消愁。沿著池畔的相思樹林中的小徑走著，你可以倦了坐下，坐而復起，也可以起而復行，或者是「行而不必即歸，歸而不必即急」，可在此逗留，慢慢欣賞所謂苗圃之勝。

這個地方的優勢就是離市區不遠。園區內有廣闊的面積種滿了花卉樹木，環境清幽涼爽，且各式措施錯落有致。最特殊的是園中有許多熱帶性植物，動物也不少，民眾可以藉由遊園來增長自然知識。此外，園區南邊有東洋唯一一所壯麗的臺北中學校，聳立在園外，整棟建物紅瓦鱗鱗（今日建國中學的紅屋），相當顯眼。

圓山公園

圓山公園成立於一八九六年，為全臺首座公園。《臺灣日日新報》提到此公園為臺北唯一的古蹟名勝，是個相當適合納涼的地方。其位置在臺北的西北邊，緊臨基隆河，過明治橋則可見到臺灣神社，往右走則有劍潭寺，下方是劍潭。

此地名來由是基隆河的河水在此入士林而有個大轉彎，形成

◆ 1938 年的圓山公園，從公園可見旁邊基隆河上的帆船。。

一個水潭。相傳十七世紀鄭成功的部隊來到此地時遇到水怪，國姓爺在此投入寶劍收服妖怪後，才以此命名。編者在此提醒，民眾僅知道有劍潭寺，卻不知往基隆河上游走，有新闢道路，可安步而行，遠眺河邊的魚舟蟹舍及神社美景，有巍然高聳之感。

當時至圓山遊玩者，都會參拜臺灣神社。在劍潭的中游地帶，有大小沙洲出沒，兩岸田園廣闊，竹籬笆內炊煙騰騰。圓山公園緊鄰基隆河，靠近明治橋的是太古寺，以往都是一些文人聚集的場所，如今卻已成為俱樂部，編者因此感慨滄海變換之快，此一大遺憾。

面向敕使街道那頭有水野遵大路，第一任民政長官水野遵的銅像就建在此地。當時的委員會之所以選此公園作為水野像的安置點，多少受到日本內地經驗的影響，像是在東京上野公園中的西鄉隆盛像。

水野遵的銅像前為傾斜的敕使街道，東北邊不遠處則有明治橋，凡是遊圓山公園或是參拜臺灣神社者，必定能看到山坡上

◆ 1936 年的元旦，《大阪朝日新聞臺灣版》報導當日約有十萬人到圓山的臺灣神社參拜，多為學校、團體及機關，其中本島民眾有增加的趨勢。

◆ 劍潭寺。

的水野遵銅像。在這附近上方還有動物園，有苗圃所沒有的虎、豹動物。更往南有陸軍戰爭病死者之墓及臨濟寺。沿著臨濟寺旁的鐵道兩旁田邊走，長滿紅白蓮花，迎風爭放。

最後，編輯總結說若是宋代文人周敦頤再生的話，一定會選擇此地居住。其風景可媲美西湖，所謂圓山公園有山有水，有神社梵宇、亭亭竹樹、植物園、人造瀑布、石牌、銅像、鐵橋、繞以荷花數千百頃，風景佳絕，應當不輸錢塘、西湖。

北投溫泉

北投溫泉發源地來自紗帽山。當時對此地的描述是「熱氣騰騰、硫煙千百萬丈，滿山土石焦黔，禽鳥絕跡。」

紗帽山的熱泉流經北投時，溫度驟降，當地人在此洗浴，號稱可以去毒。這個地方是自日治之後，才變得較為著名。最早在此開發的日人，由於設備逐漸擴充，此地旅館開始林立，最著名的是松濤園。

據報載，這個地方未開發之前，乃蠻荒之地，為瘧蚊常出沒之地。日治之後，才大力開墾，使車馬可行，並廣種樹木，增建林園；之後又從事衛生保健的改良，成立瘧疾討伐隊，專門職司撲滅瘧蚊的工作；最後則是大規模地進行公共浴場的建設，入浴分等一、二級，男女別池，可於池中游泳，並設有噴水設備，可洗滌污垢及去其煩慮。至於一等浴池，遊客洗浴後可以於廣場休息，或穿著浴衣，至餐廳享用西洋美食或日本料理。經過這些建設才讓北投徹底改頭換面。

由於北投溫泉靠近臺北市區，得地利之便，受到日本政府的大力建設。來往臺北及北投的交通也逐漸改善，促使三等車減價及一等車遞增，豪門子弟特別喜歡狎遊此地。文人墨客在此留下許多吟詠的詩詞。天狗庵主人為此，還專門將這些文章集結成冊。

北投溫泉與其日治時期的其他溫泉相較有何特色，這篇報導也寫到。若和有馬溫泉相較，論其形勝，優於北投溫泉，但設備不及北投溫泉。至於臺南的關仔嶺溫泉，則地理位置較為偏僻，遊人稀少，也比不上北投溫泉的熱鬧。

雖然此地看似是相當奢華的消費地方，但報紙編輯仍強調，儘管北投溫泉屬於較為上層人士出沒的地方，一般市井小民可能花不起數十錢來此洗公共浴場，但仍然可以不花費一毛錢，而徒步往來其間。

新公園

公園的出現也是現代化臺灣的一個重要指標。

新公園則是日治臺灣的公共建設的一大代表。一九一五年七月二十五日的《臺灣日日新報》一開頭，就報導說，公園通常是作為一個城市的中心點，其位置有點像是風水中的八卦兩儀的相對位置，例如東京的上野公園，或者是當時「市區改正」計畫後的城市規劃，都是以公園為中心點來設計。

其概念來自當時世界著名城市的設計。所謂生存在數千萬人口居住的密集城市，日夜勞動身體，花費心思腦力，容易使體態疲憊，若沒有公園的樹木來遮陰調節、澄清空氣，則人生的奮鬥會淡然無味。

所以像德國的俾斯麥、美國的華盛頓及林肯，都曾以公園來設計一座城市。但日治臺灣本島的公園利用，一開始並不如日本內地的設計，其後才有新公園的設計。公園除了休閒的功能外，另外一項是屬於較為儀式性的政治功能，也就是中央型官僚的紀念雕像的設立。新公園內就有一座類似圓山公園水野遵的雕像——兒玉源太郎雕像。

臺北新公園原稱為城內公園，處於城內區域的橫向中軸線上，

◆ 臺北新公園的音樂堂廣場明信片。

這絕對是日本政府的刻意安排。此雕像位於新公園的南端，有其都市空間安排的考量。兒玉像最早設立，接下來是後藤新平像、博物館，其位置是依序由南到北興建。從兒玉像面向朝南，靠近臺灣總督府，且在總督府前的道路上就可以見到雪白的雕像，便可知原先立在公園南端的政治性象徵的用意。

水源地

日治時期的臺北市水源地也是一個提供市民消暑休閒的好去處。此地位於南門外半里處，與農事實驗場相望，搭輕便車可到達，提供了臺北三市街共十多萬人用水。自明治四十二年（一九〇九）開設以來，光是大正二年（一九一三）就達到十六萬一千五百二十七圓的收入。水源地的位置依山傍水，不僅靈淨幽雅，而且還有一種威嚴的氣氛。

雖然是水源地，但從資料可看出，開放之初，就已經是市民常去的休閒地，常可見到男女老幼來此地踩踏。相較於臺灣其

◆ 臺北南端的水源地明信片。

他地區如基隆、淡水、士林、北投、金包里、彰化、大甲、斗六及打狗的引水道，水源地的特殊之處在於此地引新店溪為水源，然後在公館觀音山的山腳下溪畔設置取水口，並於觀音山設自來水淨水廠，然後以抽水機將水抽到觀音山的配水池，之後再以重力的方式配送到臺北市的各用戶。當時報紙編輯對此引水科學技術相當感到讚賞。

雖然不是每位到此一遊的旅客，都會同編輯對水源地的引水技術有如此感受，但一定會對在此可以眺望整個臺北盆地的景觀有特別體會。從這塊丘陵可以看到萬戶人煙的臺北景觀，花費三百萬圓新修的總督府的高塔，遠遠就可望見。若能帶上望遠鏡，全臺北城市內外的建築物更是清楚可數，遠方的淡水河就像一條白練橫在空中。

曾受封的民政長官後藤新平掛冠離去臺灣，舊地重遊之際，也曾徘徊眺望，不忍離去。

水源地的風景也是吸引人的一大賣點。例如附近有亭可憩，有樹可以摩挲，有石可以盤坐，還有涼棚冰店可以光顧，當然也可以療飢及解渴。到了傍晚，還可以在此地看斜陽，然後趁著徐徐涼風，駕車回去。

草山

至於草山則是現在的陽明山，也是日治臺北地區的納涼聖地。此地適宜開春時節遊玩，初春

◆ 草山是臺灣民眾賞櫻與踏青的好去處。

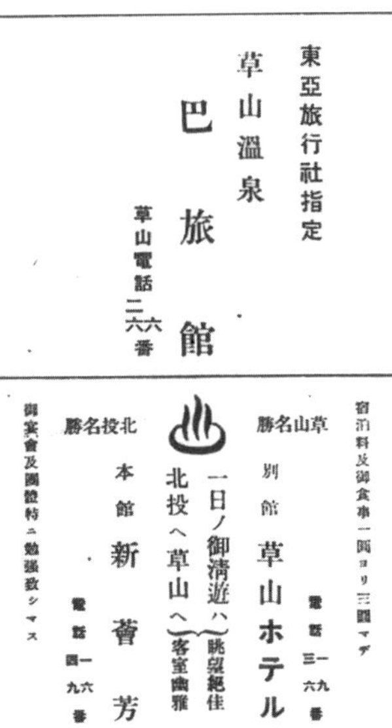

◆ 草山旅館與溫泉廣告。

時節，整片山頭的桃花及櫻花長滿了山頭，傍晚時分還可以見到像赤崁樓夕陽那樣的美景。此地自有溫泉旅館以來，遊人漸多，尤其許多文人墨客特別喜歡到此一遊，留下許多詠景詩。

大溪口

自古亭村莊乘著小舟，順著新店溪而下，順風時，不需多少時間就可以到達艋舺大溪口岸。這個地方連結艋舺的商店街，面山環水，景色優美。三、四月初春剛到時開滿了自內地日本移植過來的櫻花，遊人如織。夏季時，此地到處可見冰店。內地人賣冰者大多會聘內地年輕小姐在門口拉客，臺灣人的冰店則聘用臺灣女孩來拉客。

若是本島人光顧的話，則說臺語：「人客仔來坐！」；反之，內地店家拉客聲則是用日語，兩種類型冰店的作法，其實不相上下。

古亭村莊

日治臺北南區的古亭一帶，仍是一大片村莊，由於鄰近淡水河岸，所以也是避暑之地。在這你可以觀看河邊夕陽，散步在康衢坦道之間，體會兩旁竹籬茅舍、蔬松果樹的生機景觀；也可在此見到三五小童在村舍間呼雞驅犢，體驗一下鄉間童玩樂趣。在沿著新店溪沿岸一帶，綠樹紅燈，珠簾水簞，不時可以聽到水棚賣冰女與客人的揶揄笑聲。

更特別的是，河上有許多幽雅的遊船，船旁繫有欄杆，吊著燈籠，遊客可靠可臥，和以往的舊式小舟不同。由古亭村莊順流而下，一路蜿蜒曲折，可觀看兩岸風光，頗有情調。過了臺北枋橋及鐵橋間，風景更是好看。接近艋舺時，可見到萬盞燈火，燦爛如星。編者還特別提醒讀者，此地最適宜感受的是「夏日之水」與「冬日之日」，因為此地冬天的陽光如春天一般，而夏天的水，相當適宜垂釣。

于來

于來，也就是現在的烏來。烏來距離臺北二十四里。從臺北到新店間，你可以見到平壤沃野、天光雲影、人家水田、輕便車疾走如風，約兩個小時可到。

在這，可以見到新店溪濃綠如油，清澈可見。從灣潭渡過粗坑口，登上梢楠分嶺，遠望屈尺，能遠眺街市蟠踞湖水的一面。湖水西面為良田，細流宛曲，阡陌之間，有楊柳水柯之美。水田之下為溪谷、流水。由龜山過鐵線橋，沿著溪水上溯烏來，沿途可見石骨巉岩。從發電所沿線往內走，約一、兩小時可到烏來。

到了烏來，有溫泉可以洗乏，還有烏來旅館投宿。此地除了駐在警官外，原住民居多。在此住宿，朝而起，起而浴，浴而飯，還可到烏來瀑布見飛流濺沫。報紙編輯特別建議遊客可以在這住個三五天，花個十餘金，歸臥空齋，緬想深山松色。不過這樣的消費及地點的距離，似乎還不是一般市民能夠常來的地方，所以編輯特別強調一般人的疑慮，為此解釋一番。

◆草山是臺灣民眾賞櫻與踏青的好去處。

府內

日治時期臺北城內的建築經過了一大翻轉，呈現了和以往清代臺北城明顯不同的風貌，被塑造成另外一個納涼的地方。

當時城內最推薦的景點是由臺北車站出來，過鐵道旅館，經府後街出府前街，由石坊街出西門街，在這，你可以感受到晚風習習，夜氣漫漫。此時的大道平坦，幅廣不下數丈，無車馬輻輳之虞。左右商家，掛滿納涼廣告的長型燈籠。其中，你可以見到吳服店的打折廣告及各式廣告招牌，吸引著三五人群逛街購買流行服飾及化妝品。還可以見到擺滿鏡子的理髮店，四周放有電扇，在電燈瓦斯蒼黃閃爍之下，剪刀聲鏗鏘。而賣蓄音器（唱片機）的店裡，你會見到臺灣婦女，帶著家人，穿著時尚皮鞋，進行納涼之旅。

當時的報紙如此形容這裡，認為此地洋樓廣廈，鱗次櫛比，即使是東京新橋通或大阪最繁華的心齋橋地區，還是過多高聳危樓的香港甘諾道，都無法和府內區相比。

當然，這樣十處納涼好去處，隨著交通建設的便利，以及市政的重新規劃，到了一九二〇年代又有些變化。例如到一九二四年六月，報紙就寫說，文山郡的新店為北部最好的納涼之所。隨著臺北鐵道的建設，以及公會堂及海水浴場的完成，整個交通網絡的完成，更加帶動這些景點的納涼風氣。

關鍵詞：臺北苗圃、新公園、北投溫泉、草山、鐵道旅館、水野遵、兒玉源太郎、市區改正

延伸閱讀：

李品寬，〈日治時期臺灣近代紀念雕塑人像之研究〉，國立臺灣師範大學臺灣史研究所碩士論文，2009。

王慧瑜，〈日治時期臺北地區日本人的物質生活（1895-1937）〉，國立臺灣師範大學臺灣史研究所碩士論文，2010。

洪德仁，《戀戀北投溫泉》，臺北：玉山社，1997。

22 內臺航空：臺日交通新紀元

《臺灣日日新報》於一九三三年五月九日的一則報導〈內地臺灣間的空中道路開設：內臺交通的一大變革〉，為一九三〇年代臺灣的航空時代劃開序幕。

此後，透過飛機的運輸，縮短了以往臺灣與內地日本間只能靠輪船的缺點。這篇新聞稿提到，內臺航路的開設最早是經由日本遞信省及總督府當局的努力，才突破了預算的壓力，得以在一九三五年有新的進展。

建構全日本航空網

事實上，有關內臺航空的討論從一九三三年七月就已經開始。日本政府遞信省最初之所以要規劃這條路線，與日本航空網

◆ 1936 年 3 月，富士號首度試飛，從日本太刀洗機場起飛。

的建置有關，自一九三三年起十一年間，日本打算完成全日本的航空網。剛開始的計畫，內臺間一週往返兩次。然而，由於軍事上及臺灣民眾的殷切盼望下，改為一週三次。預估經費高達八百一十四萬，這對總督府是筆不小的開支。七月二十六日，遞信省針對內臺航空設置費及航空運輸補助費進行省議，共補助十一年，經費達八百五十萬，而航空設置費為十四萬圓。

日本之所以會在這個時候想要架設日本航空網，又與當時世界各國的航空發展息息相關。

一九三三年九月二十三日，《臺灣日日新報》報導，當時中美航空合作之後，開闢了南中國、南洋的新航路；而英國及德國也開展了南中國的航線；蘇俄則在浦塩斯德（海參崴）開拓新航路。因此日本此時欲開拓日臺航線，有擠入世界民間航空業發展的潮流的意義。日本自一九三一年至一九三三年，位居世界民營航空業的第六名。

當時美國已有民用飛機一萬七百八十架，而日本僅有一百四十九架。兩相比較，日本的確和美國有很大的懸殊。因

◆ 1936 年 3 月，《大阪朝日新聞臺灣版》刊登的富士號飛機的內部座椅照片。

此，有鑒於此，日本在一九三四年就開始以十五萬圓進行飛行場的整地作業，在十月，進行第二回的試飛，並整備飛行庫。自一九三五年四月起，總督府開始補助日本空輸會社，十年共四十萬圓。

日臺航空剛計畫的過程中，其實是一波三折。

計畫的一波三折

由於一九三三年十一月，內臺航空費遭大藏省重新省議，全數刪除。在臺人士一聽到這消息，相當震驚，原本期望幾年內完成的內臺航空計畫，完全破滅。臺灣總督府對此決議則向南遞信大臣表達抗議。

之後，日本中央做了一些討論，包括：內臺航空路的開設，若從臺灣統治的角度來看，十分有其必要，也並非平時的預算。因此與軍部無關係的事業都刪除不用。假若大藏省有財源的話，則可望敗部復活。因此有些官員建議，由於上海及福岡路線尚未開辦，遂考慮由日本空輸補助金中的三百五十萬圓，挪用成內臺航空費。並將一週三次的往返，縮減為一週兩次。

島民的請願

在此時，臺灣島內在臺北有之士的發起下，成立了「內臺間定期航路開設期成同盟會」，欲將此事大肆宣傳。其做法是通知全島的府評議委員、州市協議會員及商工團體幹部與町委員，三十多人希望能引起輿論的注意。由蓑和藤治郎擔任主席，並委由前幾篇提到的新史蹟調查會委員之一的鼓包美起草請願書，其中，參與的委員有辜顯榮、郭廷俊、陳天來、蔡彬淮等人，擇期向中川總督陳情。

然而，一九三三年十一月的大藏省的一封公文，二度指示了福岡至臺灣間的航空開設補助費已經被全數刪除。

此舉引起了同盟會成員的反彈。在十二月一日的晚上，來自臺北、基隆、新竹、臺中、嘉義各地的實行委員，齊聚於鐵道旅館，針對各國航空業的發展表達意見，並發表了宣言，內容大致是臺灣的航空路的開設，對於扮演帝國之國防經濟第一要位的臺灣，有其發展的重要性，要求不得拖延，應自明年起開始實行。這樣的訴求在向總督請願後，得到了支持。

最終這樣的請願奏效，一九三三年十二月十六日，遞信省與拓務省有了良善回應，答應規劃一九三四年度的準備飛行費為八萬圓，並籌劃一九三五年的經費。

到了一九三四年七月，報紙已經刊出預計內臺航空將於一九三五年十月開通的消息。七月十五日，日本空輸會社的常務董事與事務課長為籌劃內臺飛行事務，來臺進行調查。其計畫是

◆參加富士號啟航儀式民眾登機參觀。

◆ 1936 年 3 月 28 日，富士號首航降落於臺北飛行場的著落場景。臺北飛行場啟用儀式。

擬以臺北為起點，飛到香港，接續英國航空路；或飛到西貢，聯絡法國航路；或南下菲律賓，在紐西蘭連結荷蘭線。

一九三五年三月三十一日，期成同盟會因臺北到福岡的內臺航路，即將於一九三六年春天實現，遂在鐵道旅館以任務達成，舉行祝賀會，並同時解散同盟會。

富士號處女航

一九三六年的三月二十八日，籌劃多時的內臺航空，終於進行了處女航。

臺北日日新報社還特地派了記者岡山實，早於二十三日，就搭蓬萊丸輪船先由門司港進日本。首航當天日本時間八點不到，《臺灣日日新報》記者就搭乘了由福岡太刀洗機場起飛的大型旅客機「富士號」，進行首航的報導。同行的還有另外兩位新聞從業者，從照片看來，其中一位應該是《大阪朝日新聞臺灣版》的記者，他們所坐的位置就是在圖中所示內部十幾張簡單座椅。

這趟首航，途中經過那霸休息，於午後一點臺灣時間，降落在臺北飛行場。全程飛行了六小時，飛行距離約一千六百里。隨著首航的成功，官方正式在三月三十日對外宣布作為空港的臺北飛行場的啟用，並對大眾公開。當天上午十點半，在第八飛行聯隊的空中戰技表演中，拉開啟用典禮的序幕，隨後，五百多名官員來賓在新用的機堡內參與開幕儀式。從照片中可見到停在機棚的飛機，以及坐在飛機中座位的來賓的好奇樣子。岡山實的報導，隨後陸續在四月一日起的報紙中刊出，透過他的首航經驗的分享，儘管大多數的臺灣民眾無緣搭乘這十四人座的富士號飛機，但多少也從這些報導中感受到在空中飛行的獨特經驗。

關鍵詞：鐵道旅館、鼓包美、蓑和藤治郎、內臺間定期航路開設期成同盟會、富士號、辜顯榮

延伸閱讀：

末光欣也，《臺灣歷史：日本統治時代的臺灣》，臺北：致良出版社，2012。

23 傳書鳩：從娛樂到國防獻納

一九三〇年代臺灣常見的「傳書鳩」，就是今日我們常說的賽鴿。說到鴿子，一般人可能會聯想到和平鴿。我所想到的則是我的高中生涯及電影《悄悄告訴她》中巴西詩人歌手維洛索(Caetano Veloso)所吟唱的「鴿子之歌」。對於鴿子，我有太多的聽覺與嗅覺的感官記憶。

一九八〇年代，我中學求學階段，在當時的填鴨式教育下，每位學生的日常作息無外乎規律的上學、補習、回到家後再複習功課，好應付隔天一連串的考試。在那放學後只窩在書房啃著厚厚一疊參考書的慘澹歲月，常伴著我的是書房陽台邊鄰居家屋頂的鴿子咕咕咕的低頻叫聲及濃厚刺鼻的鴿糞味。記憶所及，那是一棟木造的鴿籠，大到有如一棟小木屋，人可以在裡頭走動。每到傍晚，一位身材微胖的中年男子，會打開鴿籠，將鴿子放飛。當鴿子要停在附近民宅的屋頂稍做休息時，這男人則會將手中的沖天炮點著射向鴿群，此時受驚的鴿子就會趕緊起身繼續飛行，賽鴿的飛行路線習慣在我們目視可及的範圍內繞圈圈。除了鞭炮，男子常會會以手中綁著紅色布條的細竹竿揮舞，似乎在打某種暗號。

臺灣民眾這樣的養鴿風氣可能來自於日治時期，原因可能與日本軍方常訓練傳書鴿的活動有

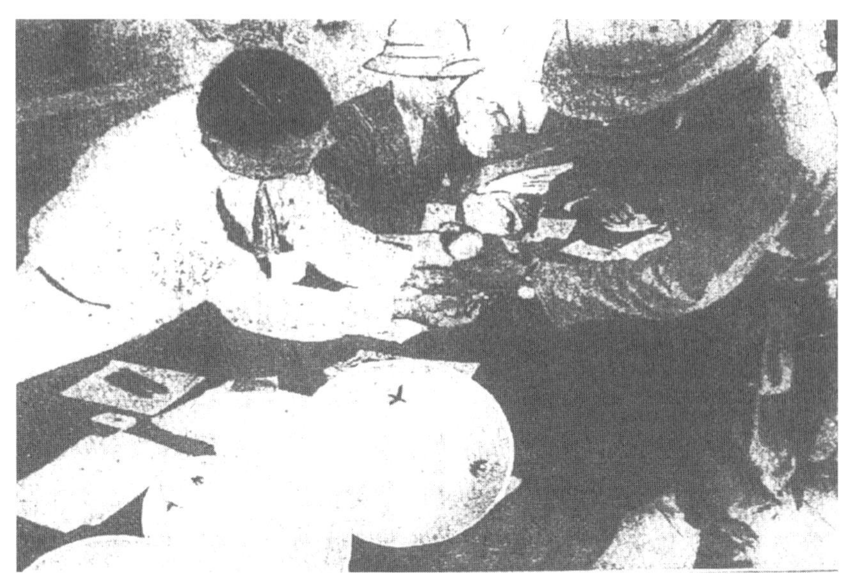

◆ 1936 年 7 月 5 日，臺灣日日新報社舉辦了「全島傳書鳩南北競翔大會」，參賽者在臺北市公會堂前的審查所將參賽鴿子送審。

關。賽鴿文化是日治臺灣，尤其是一九三〇年代民眾的重要休閒娛樂之一，此活動在今日臺灣南部依然興盛。

賽鴿風氣的出現

臺灣民眾何時興起飼養賽鴿的風氣？

據《臺灣日日新報》記載，大約時間在一九三〇年代初期。有記載提到當時島內興起了傳書鴿熱，此後，有愈來愈多的人開始飼養傳書鴿。

光是臺北市，有飼育傳書鴿者，不下數十人。當時的大稻埕，已經有臺人組織「臺北樂鳩會」，會員約三十餘名。開幕時，還慎重地在著名的蓬萊閣餐廳舉行成立大會。其設立目的在於提升傳書鴿的品質，進行飼育研究及育種交換。競技比賽也是樂鳩會常辦的活動，當時稱為「競翔會」。他們會一大早七點就將臺北的鴿子帶到嘉義公園一同施放，約五點左右，這些鴿子就能回到大稻埕慈聖宮門口。其評審的標準在於假若正午還未能飛回，則會喪失得獎資格。對於最先到達的鴿主，則贈與一面金牌。

每次大約有多少鴿子參賽，其數量無法和現今相較，初期約八隻左右。比賽時分兩組，第一組與第二組間隔十分鐘，四隻之中最先到達者獲勝。當時有位名為莊溪水的鴿主，訓練出一隻僅飛行二小時五十七分的賽鴿，幾乎打破臺灣本島賽鴿的紀錄。

南部的賽鳩會則以臺南為主。比賽的路線範圍遠近不同，分別有臺南到大甲、臺南到臺北，以及臺南到新竹，甚至是臺南到福州。以臺南至大甲為例，秋季是舉辦的重要時節，主辦者會將所有鴿子帶去大甲車站前山分六批施放，每批間隔時間不等。

日臺間的愛鳩會

臺灣的愛鳩會常與日本愛鳩會有所聯繫。例如一九三四年六月十七日的新竹臺南間傳書鳩競翔會，就是在日本協會的倡導下舉辦的。

這次參加的會員有十三人，參加鴿子七十四隻，早上九點四十分於新竹的主辦人江中川住處施放。原本這批鴿子預計當天就可以飛到臺南。不料，沿路碰到豪雨，竟整群失蹤。以至讓位於臺南本町三丁目劇場頂樓等待的檢查員古莊傳書鳩班長及多位飼主，苦等多時，直到隔天早晨，才放棄這批賽鴿。

此外，當時所放飛的傳書鴿，很多是來自日本。一九三〇年，六月三日的《臺灣日日新報》提到，當時大稻埕與萬華正值傳書鴿熱，特地從大阪與神戶購入四百多隻的幼鳥。

規模再更大一點的就是臺灣南北傳書鳩競翔大會。

紛紛成立的賽鴿社團組織

一九三四年七月那回，臺北的參加者共有七團，六十五隻賽鴿，比賽前一天由各會委員攜帶到臺南西門町小公園施放。同日的上午七點，也有一批由臺南參加的賽鴿被帶到臺北新公園施放。有時，各地的鳩會會聯合參加「臺灣南北部聯合傳書鳩

◆ 1935 年 8 月 22 日，《臺灣日日新報》，臺灣傳書鳩研究會舉行發會式，成員在臺灣神社前拍合照。

◆ 臺博會時的傳書鳩會的臺北街頭遊行。

競翔大會」，像高雄鳩會、臺南愛鳩會、新竹鳩友會、臺北樂鳩會、瀧鳩會、靈鳩會等。各地參加的集合地點不同，例如臺北參加團在高雄公會堂前，新竹參加的鴿子在溪洲車站前，臺南參加的鴿子在基隆車站集合，高雄參加的鴿子在大稻埕陳祖廟前。

為配合一九三五年在臺灣舉辦的博覽會活動，有時也會在臺北、臺南間舉辦競翔大會。例如十月二十日就曾以此名義舉辦賽鳩大賽。在比賽前，主辦單位還會安排訓練會，好讓參賽者熟悉規則。施放地點的選擇也愈來愈多，有善化、林鳳營、水上、斗南、員林、清水、白沙屯、新竹及桃園等地。

鴿癡吳新榮

臺南醫生吳新榮就是當時其中的一位養鴿愛好者，在他的日記裡可以找到許多養鴿的經驗談。養鴿對開業看診的吳新榮而言是種興趣。另外兩種每天都做的事是讀書與種花。白鴿是他一九三三年從臺南糖店抓來的，還取了名字，第一對叫「臺南號」，生了一對佳里號，再生了一對叫將軍號，此外還有兩個尚未孵化的蛋，他預先取了名叫延陵號。後來吳新榮的養鴿越來越多，有時他父親會去官田討白耳義（比利時）產的鴿子，市價值數十圓；有時則從番子厝朋友黃才那抓來一對鳳尾鳶冠的品種。到了一九三三年十二月五日，他所養的鴿子已經有十九隻了。一九三五年二月八日，吳新榮提到，因米價過高，以致鴿子飼料也受到影響。這使得他只能選擇專門飼養本地種的鴿子。

吳新榮除了每日餵飼鴿子外，還會不定時的登錄鴿子特徵。或許門診忙碌的關係，在訓練方面，他有時會假手朋友幫忙。一九三七年七月二十三日起，他請託朋友國山、壽坤去訓練傳書鳩，還規劃了訓練日期，放飛的地點有七股鹽田、曾文溪橋、將軍溪橋、南鯤鯓廟、麻豆、番子田、新營，還遠到關子嶺。有時會乘著去風景名勝的機會施放鴿子。當年八月二十一日，他一早就招焜洲去臺南的烏山頭水庫放鴿，但不巧剛好時局緊張，水庫壩堤不許登遊，只好作罷，最後選擇赤山岩的高地放翔，然後才同妻子回佳里住所。有回他父親到高雄去，也被吳新榮請託幫忙帶去放飛。

吳新榮看診不忘娛樂，有時他會趁外出「種痘」，幫民眾施打天花疫苗的機會去放飛鴿子。有回他朋友昭癸、昭江兩兄弟開著自動車來訪，他剛好要去青鯤鯓種痘，就搭他們的便車，還帶了八隻鴿子野外訓練，順道拉他朋友一塊吹吹海風。

吳新榮不僅單純訓練鴿子長途飛行，還會借用他醫生的專長，幫鴿子進行去勢手術。一九三七年十月十五日，他趁診療之餘，抓來一隻他所謂的異類鴿進行睪丸手術，因為這隻鴿常和他的傳書鴿配對，以致生出不純的品種，對於這種獸醫才會的手術，吳新榮也相當自滿地認為自己的技藝還算不錯。

這些傳書鴿並非都專門做訓練之用，有時還是會成為桌上佳餚。有回吳新榮的大姨來家裡，他特別請她幫忙殺了五隻鴿子，搭配當歸、黃耆、川芎燉來吃。畢竟這些是跟他一段時間的鴿子，雖有點不捨，但在宰殺的過程中還是含淚抱著「清黨」的決心來做這件事。

◆ 1937 年 12 月，臺灣義勇團將傳書鳩獻納給軍方做軍事用途。

◆ 1936 年 6 月，嘉義的傳書鳩比賽，在火車站前放飛鴿子。

戰時體制的影響

到了一九四一年三月，由於戰時體制的關係，為了符合「住宅空地利用」的口號，他在家裡空地也種植了芋頭、金瓜、匏仔。此外，由於傳書鴿屬於非生產性的養殖，最後也撤除，改為雞舍，作為自給自足之用。

一九四三年之後，由於戰事吃緊，我們很難再看到有任何飼養傳書鴿及比賽的紀錄。反而所見到則都是與軍事有關的新聞，這些傳書鴿的下場跟前面我們提到的政治銅像一樣，都成為國防獻納的一部分。

關鍵詞：賽鳩會、樂鳩會、競翔會、種痘　、佳里、吳新榮、戰時體制、臺灣南北部聯合傳書鳩競翔大會、大稻埕

延伸閱讀：

溫秀嬌，〈百年歷史的花式賽鴿〉，《拾穗》，493 期（1992）。

謝竹雯，〈誰家紅腳鬥鳴苓：由大埔賽紅腳為例看個人、群體與權力〉，《人類與文化》，39 期（2009）。

24 麻雀：文青的最愛

一九四〇年的三月八日，臺南醫師吳新榮將其戒掉「打麻雀」的事情，一五一十的寫在日記裡。所謂「打麻雀」就是「玩麻將」的意思。這可是日治時期臺灣民眾的熱門嗜好之一。有多麼熱，看吳新榮怎麼反省他的麻將經就知。

吳新榮的麻將經

他提到：「今年是值得紀念的劃時代的重要一年，而今天更是興奮的行動日，一切的惡習在今年應該全部戒除，因為我家長子今天開始上學了。要求他人之前，自己應該先做到。人的誠信，天地也會感動。」還說：「我已決心戒除麻將，永久告別它們，能玩多久就玩多久，徹底玩最後一次。這一套麻將牌

◆《臺灣日日新報》中的漫畫，其中提到禁麻雀後，麻雀牌還可以用來當小孩子的積木玩具。

是得自臺南的吉山氏，已有數年了。其中一切的交友，都是始於麻將，終於麻將。」

所謂的惡習，其中之一就是指麻將。在反省的前一夜，吳新榮的朋友郭水潭、楊財寶、楊彰化來訪。正好陳穿、楊萬壽兩位也來，大夥就一起到富士閣吃晚餐。回家後，遂和他口中的這些惡友打麻將，一直打到天亮。

吳新榮一開始只是為了好玩，然後賭吃喝，賭菸酒，最後甚至於賭上金錢。種種感情的惡化及種種怠惰多由此而生。他的家族經常對此有所怨言，好友也告誡他。因此他在三月八日這天早上下定決心，將這副有歷史的麻將葬入廁所。索三十六枚、筒三十六枚、萬三十六枚、風十六枚、大牌十二枚、花八枚，共計一四四枚，籤一三二枚、骰子二個、箱子一個，就此永別了。此事算是他新生命的表現。

他執行完這個戒掉麻將的儀式後，倒了兩杯「三得利」，給自己乾杯。

其實，這已經不是吳新榮第一次反省要戒除麻將了。

朋友的告誡

一九三九年一月四日，他也想過這事。他認為打麻將本身作為娛樂並不壞，不好的是：一、打得正投入時，患者上門，帶給大家困擾；二、第二天早上無法早起，對患者造成時間上的不便。想到這樣下去，絕對不行。所以應該做到：一、廢止麻將；二、一定得早起。這是吳新榮人生的一場挑戰。此難題，他認為非戰勝不可。

對於吳新榮沈迷於麻將，他的朋友也曾勸誡過他。

一九三八年十二月三十日。這天傍晚，吳新榮為了僱傭的事，到漁業組合訪問黃乾叔，談了一些問題。黃勸戒他說：「儘可能不要打麻將，多吸收些病患者吧。」歸宅後，吳新榮趕快把蟬仔叫來，要他把名片拿去交給石錫純君，並把麻將牌也一併帶去。名片上寫著：「這副麻將牌，只要你住在佳里期間，請你永久保管。做為醫生，持有此道具，將導致墮落哩。為了明年開始改革生活之故。」如此，此後一段期間將告別麻將。吳新榮找朋友代為保管麻將，倒是少有的事。

麻將俱樂部

吳新榮和他身邊的朋友，如此嗜打麻將，常在不同場合就開打起來，例如「旭翠會」。

一九三七年元旦，當天的「旭翠會」是約在高雄西子灣的觀光館舉行。吳新榮提到西子灣的觀光館是個相當適合遊玩的地方，可看山水，泡溫泉，還能談論世情，以及打麻雀。

隔年的「旭翠會」則換回到臺南舉行。一九三八年一月一日，中午過後，吳新榮坐騰雲的車到臺南去，南星母子之外，呂成寶夫婦也來了，為的是參加今年將在臺南舉辦的「旭翠會」。宴會之前，如往例先打麻將，分成兩組比勝負，吳新榮得到最高分數，獲得冠軍，是今年度第一個勝將。之後大夥又到寶美樓開晚宴。

餐後，吳新榮及其朋友把太太們送回住宿處，大家一起到臺南最熱鬧的地方銀座、新町一帶去玩。先到天國咖啡屋，因客人太多覺得無趣，只逗留了一會兒。然後到沙卡里巴玩彈珠台，吃點心。接著又到新町玩「點煙盤」，吳新榮對於這種聲色場所，懷疑這兒可能有很多淋病及梅毒病菌，心中毛毛的。

除了開會的場所玩麻將外，有時他們會在「南州俱樂部」玩麻將。一九三七年一月二日，吳新榮先同友人去臺南的林百貨購買折扣商品。之後，才再去南州俱樂部打麻雀。

吳新榮所玩的麻將，不見得每回都是有賭資的，有時輸的人可能就是請客吃飯之類。

一九三八年三月十四日晚上，吳新榮朋友昭癸來訪，帶來南部通運公司的股票。就按往例叫李自尺、徐清吉二位來打麻將。打輸的人要到臺南出錢請客，結果李君和吳做東家主。坐昭癸兄的輕鐵會社的車子到臺南時，已近十點。同行的有陳培初、鄭國津。先到天國吃喝，第二回合到醉仙閣。喝到凌晨兩點，幸有佳里商會的車子回家。對吳新榮而言，這是個印象深刻的夜晚，當時正好中央公路在鋪柏油路，車子走路邊的鄉村小道，搖搖晃晃地前進。車外吹著冷風，微暗的夜光，醉醺醺的耳邊喃喃之聲是年輕人說不盡的夢。

吳新榮的三位一體

對吳新榮而言，玩麻將、去找女給、喝酒是一體的三件大事，通常會排在一起進行。一九三八年四月三十日，清吉、培初、清波等來吳新榮家裡打麻將，打了兩回合，難得大勝一場，大家贊同不淨之財應消耗掉。因此偕清吉、培初、自尺、向榮到臺南，再與國津、維鐘會合，一起去完成賭、嫖、飲三大事。

有時吳新榮玩麻將會找一些特別的理由。一九三八年十月二十八日，當天晚上有北門神社祭和攻陷漢口的慶祝會，街上有提燈遊行，但並不是那麼熱鬧。他和友人李自尺、徐清吉、黃水清等也用打麻將的方式來慶祝一下。吳新榮還非常開心地用中日戰爭的戰況來比喻麻將的牌局。他是以日本兵攻陷武漢三鎮的態勢，徹底地打敗了其餘三人，勝了一百數十點。

吳新榮對玩麻將的反省是無時無刻的，有時堅決到進行生活改革。

一九三八年末，巡查若山貞藏氏應召，不久將出征。他是上等看護兵，又是高等警察的內勤巡查，所以經常有見面的機會，也是一位知識分子，比較能談得來。因此吳新榮邀來徐清吉、李自尺兩位朋友做陪客，招待他到西美樓，祝福他的出征。吳提到，對他有情者，他則以友情報之，這是他一貫的作風。宴後漫步回家，舉頭眺望夜空，月明星稀，一片寂靜，大氣之中略有寒意，得有機會做種種省思。回家之後，寫封信給奇珍，文末曰：「舊年將逝，新年將臨，舉世建設東亞新體制之時，我們當盡力於創造生活之新理論。」

他今後將以此新希望為目標而邁進。他對當前的生活改革，誓必實行以下三件事。三條件為：禁止打麻將；排斥上酒家；斷絕與女性之交往。

吳新榮對打麻將的熱衷，只是當時臺灣民眾的這項嗜好的一個縮影，絕非特例。

麻雀熱潮的傳入

究竟這臺灣民眾的這嗜好怎麼來的？

一九二五年的《臺灣日日新報》的報導，或許是個解答。在此之前，臺灣報紙很少出現「麻雀」這兩個字，尤其日本剛治臺時。那時臺灣民眾多在廟前聚賭或私設賭場，被警察查禁時，抓到的多是在玩「四色牌」、「天九」、「豆仔」、「花會」、「骨牌」、「牙牌」、「十二字牌」，很少有「麻雀」。直到一九二〇年代起，「麻雀」這個字才變得較普遍。

◆ 臺南銀座末廣町。

報載，一九二五年二月時，臺北市榮町二的村井商行取得第一手的販賣麻雀權，這樣娛樂是中國的古典室內娛樂，近來開始流行，品質分ABC三種，分別是十二圓、十圓、八圓。事實上，這篇報導並沒有說這時的流行來自哪裡，直到該年三月二十四日，報紙才有較仔細的說明。

文中提到，麻雀又叫做麻將，原本在日本流行。一九二四年才在臺灣流行，剛開始時，主要是在日臺航線上的郵船、商船及定期船上玩，好打發航行時的無聊。由於當時日臺航線上往來的旅客眾多，或許這樣的日本流行玩意就是透過這樣的管道，從日本傳進臺灣。

報紙還提到，剛傳到臺灣本島時，只見臺銀、電力或三井物產等機關的員工，利用上班之餘的週末假日玩樂，而後大稻埕的臺灣人也開始流行起來。一般都是用十圓至十二、三圓的竹製品，貴點的是象牙做的，要價三十至四、伍十圓。當時，臺北還流行「麻將黨」，是一種由各銀行或會社所組成的俱樂部，彼此互相比賽較勁。

知識份子的遊戲

若以階層來看，這項嗜好，玩的人以知識份子為多，一九二六年的《臺灣日日新報》就有報導：「嘉義街近來內臺人士，又麻雀之戲，其見流行，知識階級之沾染尤深。」。臺南則是要到一九二八年才開始流行：有所謂：「中流以上人士，樂此不疲。……邇來臺南市，多有

◆日治時期的麻雀牌。

嗜此者。」由此，不難理解，一九三〇年代的吳新榮和友人瘋麻雀的理由。

麻雀這嗜好到了一九三〇年代更為明顯，全臺到處可見麻雀大會、麻雀會，有的高級到在最頂級的鐵道旅館舉行麻雀大會。

但遊戲終歸是遊戲，就官方而言，麻雀大會就像是象棋、圍棋一樣，是種娛樂，若是涉及金錢，那就成為一種賭博，管你是上層仕紳還是市井小民，通通違法。像當時新聞標題常會有這樣的內容：「屏東紳士麻雀賭博，檢舉二十一名送法院，中有醫師、教員、商人」。這也就是為什麼，在報紙有關麻雀的新聞中，麻雀會與查禁麻雀賭徒會一再出現的現象。

讓我們納悶的是，如果日治臺灣的警察這麼常查禁打麻雀，為何一再反省，又一再陷入麻雀漩渦的吳新榮，會絲毫不受影響，只能說他在地方上，醫師形象不錯，鄰里關係良好，沒有被人檢舉吧。

關鍵詞：麻雀會、四色牌、林百貨、天國咖啡屋、南州俱樂部、旭翠會、女給、西子灣。

延伸閱讀：

陳熙遠，〈從馬吊到馬將：小玩意與大傳統交織的一段歷史姻緣〉，《中央研究院歷史語言研究所集刊》，80卷1期（2009）。

林芬郁、沈佳姍、蔡蕙頻，《沒有電視的年代：阿公阿嬤的生活娛樂史》，臺北：貓頭鷹出版社，2012。

25 野球：打入甲子園的嘉農（KANO）棒球隊

全臺矚目的焦點

一九三六年八月十四日，臺北京町的「大阪朝日新聞社」的臺北支局前的馬路上，擠滿了駐足收聽現場廣播棒球實況的臺灣球迷們，他們有的站著，有的跨坐在腳踏車前，人群幾乎佔據了京町（今博愛路）的半個車道，將街道擠得水洩不通，這群人正聚精會神地收聽嘉農棒球隊與日本北九州的小倉工業隊的對決。

你如果那天也在日本大阪的甲子園球場現場的話，你可能會聽到這場「全國中等優勝野球大速報」的廣播不斷傳來「打擊出去、打擊出去」的聲音，或者聽到「二局上半，吳波盜壘成功，先馳得點。」街頭民眾的氣氛就被這廣播傳來的比數，帶動地上上下下。在第八局時，比數曾經被小倉隊追回兩分，讓現場氣氛一度不安起來，不過終場，嘉農隊還是以一分獲勝，全場民眾立即響起「萬歲、萬歲」的歡呼聲。

這樣的文字描述場景，若搭配《大阪朝日新聞臺灣版》八月二十日的照片，應該會更加傳神。

この聲援も空し

【上】全島の興奮を集めた大會第四日嘉農、育英熱戦の日、本社台北通信局前は全島都ファンで御覧の通り交通遮断の騷ぎ【下】地元嘉義市も熱狂の市民が掲示板に一喜一憂

◆駐足圍觀嘉農棒球隊比數的民眾。

圖中可以看出到八月十六日，嘉農對育英這場，更是戰況激烈，前六局五比五平手的比數，的確會讓擠滿了臺北通信局前球迷緊張到大叫。同一天的照片下方，更刊出了地主隊的老家嘉義的民眾觀看比數的情況，還刻意將告示版上比數放大，以顯示這個讓人一憂一喜的比賽。

嘉農棒球的崛起

「嘉農棒球」到底是怎樣的棒球隊伍，能讓一九三〇年代的臺灣民眾如此瘋狂？這可能要從一九三一年他們首次代表臺灣，打進大阪朝日新聞社所發起的「全國中等學校優勝野球大會」，獲得亞軍的故事說起。

據謝仕淵的《國球誕生前記：日治時期臺灣棒球史》，一九二三年，臺灣才首次舉辦「全島中等學校野球大會」，當年選拔出「臺北一中」的隊伍，參加日本大阪甲子園的「全國中等學校優勝野球大會」，這時已經是第九屆了。此後，一直

◆ 1933 年 7 月，嘉農贏得全臺冠軍，由臺北回到嘉義時，在火車站受到民眾的熱烈歡迎。

◆ 嘉農棒球隊在甲子園比賽的進場。

到一九四三年為止，臺灣每年都選出冠軍參加日本的比賽。剛開始時，臺灣參加的隊伍只有臺北一中、臺北商業、臺南一中三校，而後又加入高雄中學、嘉義農林、臺中商業。到了一九三〇年代，又多了臺南二中、嘉義中學、臺北二師、臺北二中、臺中一中、屏東農業、花蓮港中學、臺北中學校、新竹中學等校。這些學校先分北中南三區初賽，再由勝隊對戰，最後冠軍者則代表至日本參加甲子園的野球大會。

總計臺灣的代表隊參加的次數，最多的為臺北一中，其次是嘉農五次，臺北商業四次，臺北工業四次，嘉義中學二次。在一九三〇年之前，這些代表隊一度被認為是三流球隊。但一九三一年的嘉農，首次參賽，就拿下亞軍。

這支隊伍是如何辦到的？

嘉農棒球隊的奮鬥故事改拍成電影《KANO》，由拍攝《賽德克·巴萊》的導演魏德聖、製片黃志明共同監製，馬志翔執導，

◆ 1933年7月24日，嘉農取得全國代表隊資格的合照。

◆嘉農甲子園比賽照集錦。

拍攝臺灣歷史最熱血感動的棒球時代。

電影預告是如此介紹這部影片的：「本片以臺灣史上首支由『臺灣人』、『日本人』和『原住民』組成的棒球隊，以打進甲子園決賽的嘉農棒球隊為背景，描寫一九三一年，臺灣嘉義農林棒球隊的傳奇故事，當年這支臺灣球隊打進日本『甲子園』，日本棒壇更給予其『天下嘉農』這群奮戰不懈的野球少年們極高評價！」

嘉農棒球隊成立於一九二八年，第一次參加全島中等學校野球大賽，以十三比〇輸給臺中商業，儘管成績不甚理想，但已經看出是支有潛力的「三民族」隊伍。的確，混合臺灣漢人、原住民與內地日本人三民族的棒球隊，展露出和以往都以日人為主的北部球隊不同的氣勢，而讓這支隊伍嶄露頭角的是教練近藤兵太郎。

取得全臺代表權

一九三一年，嘉農在第九回的全島中等學校野球大賽中，過關斬將，一路挺進決賽，最後擊退了歷屆的常勝軍臺北商業，取得了代表權，這是首次跨過濁水溪的隊伍，意義非凡。

這支三民族隊伍於一九三一年八月十五日踏上了擠滿數萬觀眾的甲子園球場，吸引了全臺的目光。以吳明捷為主將投手的嘉農，首戰擊敗了神奈川商工，至後又連過兩關，贏了北海道札

◆跑壘漫畫。

幌商業、北九州小倉工業。然而，卻在決戰中，輸給強敵中京商業，取得亞軍。這在臺灣日治時期棒球史已經創造了空前絕後的佳績。

這支球隊，最強的地方就在於跑壘與打擊。一九三六年，《大阪朝日新聞臺灣版》中的一幅漫畫，很傳神地表達了媒體對支隊伍的看法，圖中，可以見到一壘上的嘉農的原住民打者吉川武揚，正準備盜壘，其跑壘速度就有如裝了螺旋槳。媒體甚至形容這支球隊是「盜壘無敵艦隊」，有著「剛球」與「駿足」。

四次打進甲子園

嘉農棒球隊四次打進甲子園，受到媒體的大幅報導，甚至官方的重視。首次奪得亞軍之後，球隊搭乘著大河丸輪船回臺，十三名球員在基隆港受到民眾的熱烈歡迎。一九三一年八月三十日，臺灣體育協會主辦了嘉義農林野球選手歡迎茶會，地點就辦在頂級的臺北鐵道旅館。甚至一九三一年九月十六日晚上，在臺北新公園，將嘉農參加野球大會實況比賽的奮鬥故事，以電影的方式，呈現給市民欣賞。透過這些宣傳，此後，的確開啟了臺灣民眾的棒球熱。

然而，在讚嘆這支棒球隊的傳奇故事的同時，我們也必須思考棒球運動之所以在日治時期被提倡，多少有視為是內臺融合的具體手段的緣故。

殖民的成果典範

如謝仕淵所言，一九三一年，不管是來自日本或島內，沒有不為「三民族」團結的嘉農的勝利而歡呼。原因在於，從日本治臺所採取的同化政策來看，嘉農所代表的是殖民統治臺灣的成果典範。特別是霧社事件之後，理蕃政策改以教化為主，臺灣原住民在球場的優異表現，更具有某種統治上的意義。

◆甲子園場地，可以看出觀眾席上有數以萬計的球迷。

◆ 甲子園看台的近距離照片。

而以《臺灣新民報》為主的臺灣人立場，則認為嘉農為正港的臺灣代表隊，臺灣漢人與原住民在球場上平等參與，表現出優異的成績，為臺灣打出好成績，「三民族」嘉農也獲得臺灣人的認同。

關鍵詞：全國中等學校優勝野球大會、《KANO》、甲子園、近藤兵太郎、理蕃政策、三民族、臺北鐵道旅館、霧社事件、《賽德克．巴萊》

延伸閱讀：

林丁國，〈從「嘉農」看日治時期臺灣棒球運動的發展〉，《臺灣史料研究》，28期（2006）。

謝仕淵，《國球誕生前記：日治時期臺灣棒球史》，臺南：國立臺灣歷史博物館，2012。

26 蓄音器：唱片與大眾娛樂

日治時期的蓄音器就是我們常說的留聲機或唱片機。

臺大音樂學教授王櫻芬曾提到：「一九三〇年代前半也正是臺灣快速現代化的轉型期。代表現代文明利器的廣播、唱片、電影等傳播媒體都在此時有了蓬勃發展，喫茶店、咖啡座、跳舞俱樂部等現代娛樂場所也紛紛興起。在此『毛斷』(modern) 新世界中，原本穿旗袍、唱戲曲的藝旦也跟著時代潮流穿起洋裝、剪起短髮、改唱流行歌、學跳交際舞，甚至改行到咖啡座當女給。」其中流行歌曲的流通，又與蓄音器的技術改良、唱片公司的成立及唱片的發行有特別的關連。

蓄音器的出現

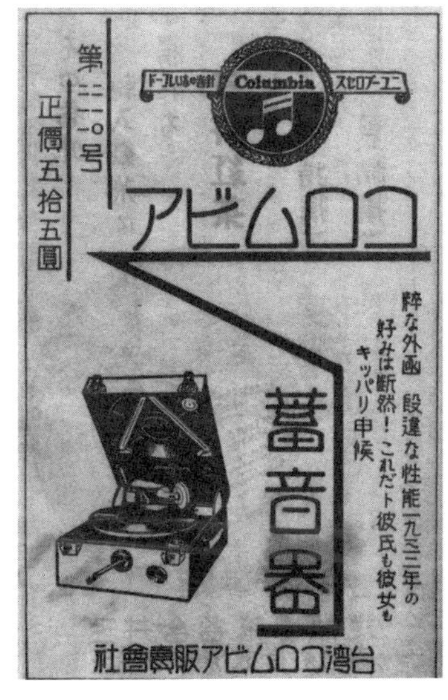

◆ 日治臺灣的咖啡店書籍中的蓄音器廣告。

臺灣的蓄音機最早可能始於明治四十年。一九〇七那年，臺北及臺南共賣出六十二台。購買的多為酒樓、鐘錶店或俱樂部。之後，才為一般家庭漸漸接受，並擴及到新竹、臺中、嘉義、高雄販售。機型有十幾種，價格分佈在二十至一百圓之間，歌曲種類約有六千種。

由於數量少，能像豐原張麗俊在友人家見到蓄音器的例子不多見。一九〇八年八月十六日，張麗俊同友人錫祺在役場午餐。午後下過雨，二人上街逛盂蘭盆會，傍晚並到炳修家用餐。席散就和一群朋友到酒樓聚會，剛好碰到謝頌臣先生向吳鸞旂借來一台大型的蓄音具在此播放，由於人雜聲亂，乃更換位置，移到盛祥樓前繼續聽唱片，剛好那時有店裡的生妲的唱和之聲。張麗俊形容這聲音是「管絃合拍，洵稱絕妙也」。

當時臺灣民眾要接觸到蓄音器，可能還是要去一些像酒樓的公共場所。

一九一〇年九月四日，張麗俊提到，當天下午，風雨交加，三點才到街上逛，在松興樓上聽到蓄音機的音樂。當時蓄音機也稱為留聲機，張麗俊聽到的音樂正是戲曲，就他而言，能透過這樣的機器聽到大花、老生、小姐的唱腔，並搭配管絃絲竹鼓樂等配樂，這種口白及音曲的結合，正是一種所謂有聲無形的感受。

一九一〇年之前，蓄音機尚未走入一般家庭中，臺灣還沒有個穩定的唱片業。對當時剛接觸到蓄音機的臺灣民眾來說，這項新玩意只是作為對外播放、商店宣傳，帶有大眾媒體的意味。直到一九二〇年代，蓄音機普遍之後，唱片和唱機才慢慢走進臺灣人的家庭中。

到了一九三四年時，蓄音機更大為流行。中上人家或地方公共團體，使用得越來越多。其中，又以商人居多，大多用來招來顧客。此外，有的做娛樂用，也有做語言教學用。由於市場頗大，臺北市內的太平町共榮商會，特別乘此機會，派遣能手十多名，前往京阪著名工場，學習製作臺灣最新流行的唱片。經過十多天，這些特派的師傅學成歸臺，開始與各地商號接洽，擴大販售。

蓄音器的販售不見得是在店裡面購買，有時推銷員會直接登門販售。林獻堂就曾在家，遇到臺北日星商事株式會社的許達財前來推銷蓄音器，最後林獻堂以已經有三台了，婉拒了推銷。

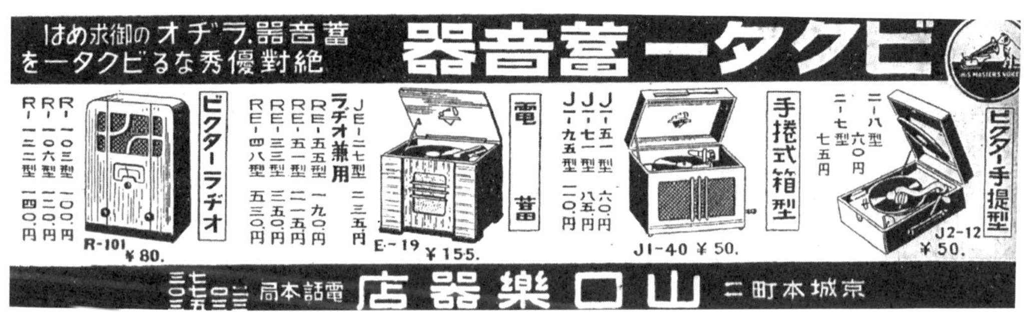

◆ 1936年的《大阪朝日新聞臺灣版》，有蓄音器廣告，圖中可見古倫美亞公司的音符商標。

一九三〇年的五月五日，林獻堂也碰過友人莊遂性帶著「留聲片」來賣，為此買了五張唱片。有時蓄音器太貴，可能會先買台收音機用用，吳新榮就有過這樣的例子。一九三八年，七月十四日，吳新榮提到買收音機的經過。對他而言，這是全家開始接受現代文明利器之惠，進入文化生活的另一階段。

他在日記中提到七月十三日，臺灣放送局協會來推銷收音機，拿了一台來半強制性的推銷，是國際牌的，五真空管，時價七十五圓的高級品。吳以前就想買，但因場所和資金的關係，一直拖到現在。在此情況下，他不得已以分期付款方式購入。並考慮日後若有空閒的話，再換一台有收音機功能的電唱機。

民眾接觸管道的多元化

一九三〇年代的臺灣民眾接觸蓄音器的機會變得比較多元，有時會在電影院中體驗到電影與唱片的結合。一九三一年七月二十五日，張麗俊與友人到豐原座看電影，當晚播放的是《臺灣新民報》主辦的中國有聲影片，片名是《野草閒花》。原本以為看的是有聲影片，結果發現被騙，只不過是用蓄音器代替發聲而已，這引起滿場觀眾的強烈不滿。在這之前，林獻堂也曾看過同樣的影片，看完後，也是寫到觀眾對是用留聲機代替而不滿的地方。

◆ 音樂家的房間，圖中左邊靠牆的櫃子上有個直立喇叭的蓄音器。

有時民眾會在唱片公司舉辦的音樂試聽會上接觸到不同的唱片，古倫美亞就是當時最為大家所熟悉的唱片公司。一九四三年，五月二十九日，作家呂赫若就曾出席在公會堂舉辦，「古倫美亞」招待的《臺灣的音樂》唱片試聽會。這種試聽會給他的感覺是重新認識臺灣舊有的音樂是很有意義的，都是一些令人懷念的曲子。結束後，他又和陳逸松、張文環等人去太平町的唱片行四處尋覓購買採茶歌、子弟曲的唱片。

吳新榮在日記裡，也曾記載

過用唱機聽古典音樂，聽的是約露伽的《搖籃曲》以及貝多芬。一九四二年的四月二十六日，吳新榮的夫人過世不久。他對初夏之夜有令人窒息的感覺，加上思緒混亂，自己也不知道要做些甚麼事。就試著打開他夫人常用的收音機，播放的竟是中國音樂。吳新榮很感嘆像他夫人這樣的時代新女性，竟然也會喜歡中國音樂。這讓他想起音樂，提到前幾天壽坤拿出了老唱機，試聽他們曾費心購得的唱片，仍舊放出以前熟悉的旋律，只可惜聆聽的人，已經不在。

一九四〇年代，透過講習會，也是臺灣民眾接觸唱片音樂的另外一種方式。一九四二年十一月一日，作家呂赫若從臺中坐巴士去大肚山的青年道場，五點抵達。因為被聘請擔任「戲劇指導者講習會」的講師，七點起擔任一小時的音樂鑑賞。講解歌劇，就用唱片播放《卡門》給學員聆聽。

臺灣料理的一些重要餐廳，也是當時文青喜歡駐足聆聽唱片的地方。一九四三年二月二日，呂赫若就提到，當天是炎熱的一天。雖去上班，但嘈雜無法寫作。遂跑出去四處走。去廣播

◆ 臺北公會堂的音樂演奏會。

電台。下班後去到當時文藝界人士喜歡聚集的「山水亭」，在那聽到了《海路東征》的唱片。

古倫美亞公司與唱片工業

上述所描繪的場景，很容易讓人聯想到幾年前相當紅的一部紀錄片《跳舞時代》。這部片的導演為郭珍弟與簡偉斯，貫穿全片的同名臺語主題曲是一九三二年的臺灣流行歌曲。〈跳舞時代〉是臺灣第一首純為商業用途而發行的臺語流行歌，背後製作的公司就是「古倫美亞」(Columbia) 唱片公司。

據黃裕元的研究，一九三〇年代大型唱片公司陸續投入臺灣唱片製作，其中以「日蓄商會」為基礎的古倫美亞最為穩定。一九三〇年之後。日蓄商會正式取消原有商標，改用古倫美亞公司的「音符」標誌。古倫美亞、勝利、太平、日東、朝日，這些品牌都是日治臺灣唱片出品的主力。這些公司在當時有多紅，從仿冒品的猖獗可見一斑。

◆古倫美亞的臺博會廣告。

一九三七年二月，臺北破獲一起仿冒蓄音器唱針的案件。三名嫌犯涉及從名古屋及京都進口仿造唱針數十萬支，運到臺灣後，改裝在古倫美亞這樣的大廠牌的盒子內，然後低價出售，賺取暴利。有意思的是，這些嫌犯可不是什麼小盜小賊，他們也曾經是業界人士，曾在太平町開過「久榮音樂製造所」，然而，在大資本的唱片公司夾擊下，很難有所突破，以致業績不振，最後才走上仿冒的偏門。

然而，這種大資本的國際公司的唱片製作，隨著戰時體制的開始，也有明顯變化。一九四〇年之後，原有的日本總公司與臺北中心的雙元結構被打破，唱片公司取消了臺灣唱片製作機構，解散唱片製作群，回歸到總公司運作的體系。究竟殖民政策與社會變遷如何影響古倫美亞臺灣唱片的產製與銷售，值得我們繼續去追究。

關鍵詞：古倫美亞、山水亭、張麗俊、臺灣料理、呂赫若、《跳舞時代》、《海路東征》、張文環、日蓄商會、吳新榮、公會堂、太平町共榮商會

延伸閱讀：

黃裕元，〈日治時期臺灣唱片流行歌之研究：兼論一九三〇年代流行文化與社會〉，臺灣大學歷史研究所博士論文，2011。

王櫻芬，〈聽見臺灣：試論古倫美亞唱片在臺灣音樂史上的意義〉，《民俗曲藝》，160 期(2008)。

林太葳，〈日治時期臺語流行歌的商業操作：以古倫美亞及勝利唱片公司為例〉，《臺灣音樂研究》，8 期(2009)。

黃裕元，《臺灣阿哥哥：歌唱王國的心情點播》，臺北：遠足文化事業股份有限公司，2005。

五.

性／別臺灣

27 女學生：理想結婚條件大公開

理想對象的問卷調查

原來日治臺灣的學校也流行問卷調查，但問一些課業問題不稀奇，問女學生畢業後的理想結婚對象，那可就是奇聞了。一九三九年五月二十四日，《大阪朝日新聞臺灣版》就刊出這樣一則報導。

之所以會上新聞，原來受訪的是當時女學生的名校，現代北一女的前身「臺北州立臺北第一高等女學校」。當時有兩百位畢業生接受這樣的問卷調查，她們一共被問了十個你最滿意的理想結婚對象的問題。看到問題，大家應該會大吃一驚，連血統、收入與容貌這種問題都問了。這些問題有：血統、健康、年齡、人物、學歷、職業、收入、趣味、家庭狀況、容貌。

調查結果

讓我們看看這些問卷調查的結果。

◆臺北第一高女的女學生。

血統：連這種在我們現在是禁忌的問題都問，令人不可思議。有一百八十六位認為不要有不良遺傳疾病，十四位寫要積極的血統，有八位寫要純日本血統。

健康：強健體魄的一七三位，優秀體格六十位，無病的十二位，符合甲等徵兵檢查的十位，不要遺傳疾病的七位，結婚時交換健康診斷證明書的五位，注意養身的三位，曾經戰勝病魔的一位。看來有的人重複填了好幾項，總數加起來不是兩百位學生。有趣的是竟有十位填要有甲等體位的，看來當時戰時體制下的招募制度影響還不小，連女學生都在意這個。

年齡方面：這題問的應該是與女學生的差距年紀。九、十歲的六十三位，七、八歲的四十五位，十一、二歲的四十三位，五、六歲二十七位，四歲四位，十三、十五歲的四位，其它的十一位。

人物方面：這題問的應該是性格。開朗的一百位，正直熱心的八十二位，有決斷力的十五位，沉靜寬大的六十四位，品行高潔的六十四位，孝親的六十二位，思想堅定的五十七位，不抽菸喝酒的九位。

大學生不是最吃香

臺北第一高等女學校的女學生們希望她們的結婚對象是的學歷是什麼？這也相當有趣。調查結果竟然大學以上不是最高的，只有二十三位，反而像是工業、商業及醫學專門學校的才是最

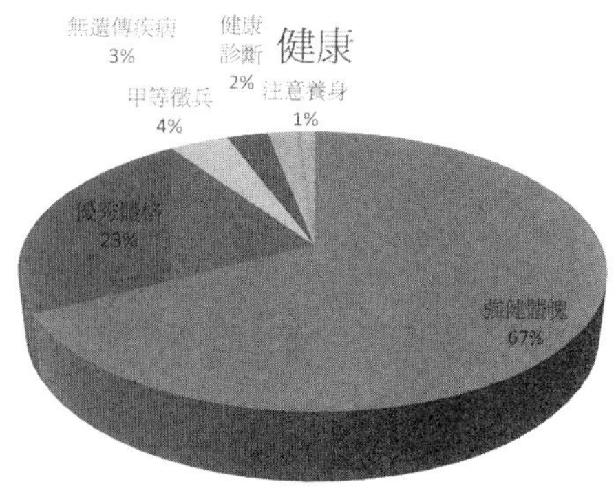

◆ 女學生理想對象的健康統計圖。

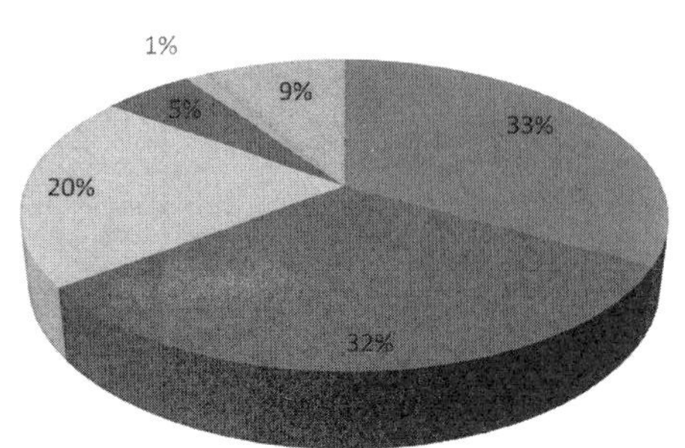

◆ 女學生理想對象的職業統計圖。

多人選的，有一百一十位。中等學校的也不少，有五十二位，還可以接受小學學歷的有三位。

收入：這應該是指月薪。七十圓的六十三位，八十圓的五十六位，六十圓的二十位，一百圓以上的十六位，四百圓以上的只有一位。這樣的薪資如何，我們可以看看一九三六年臺南醫生吳新榮的日記，他四月看了一千六百多名病人，總收入一千餘圓，平均看一個病人約收一圓，看來當醫生的收入還是不錯的。

興趣也很重要，當時選運動的最多，有一三九位。音樂的七十二位，電影的二十八位，自身幽默感的十九位，釣魚三位，圍棋三位，攝影的有二位。

英俊並非首選

容貌：看來英俊的並非首選。填平常普通的有一百三十位。還有三十五位寫端莊秀麗，像個男人的有三十位，不美的有三位。其他的有二位。

職業：公務人員七十三位，會社人員的七十一位，軍人四十五位，醫生的十二位，警察三位，還不錯行業的商人十九位，僧侶十八位，神官十一位，播音員一位。

家庭狀況也是女學生很在乎的。明白事理的雙親最多，有九十二位，圓滿開朗的八十一位，看來公婆好不好相處很重要。兄弟多少也是關鍵，寫兄弟少的有四十，也有人喜歡兄弟多，有三十位，有的就直接寫兩男以下，這有十九位。複雜家庭的十五位，中等家庭的十四位，分開居住的有十位。有的則強調宗教，有寫基督教的二位。貧困也行的有三位。

總的來看，當時的女學生的擇偶十大條件的首選是：血統不要有不良遺傳；要有強健體魄；年紀大個九、十歲；性格開朗；學歷是專門學校；平均月收入八十圓；嗜好喜歡運動；職業是公務員；容貌普通；有個明白事理的雙親。這樣高標準的擇偶條件，看來不是很容易達成。

關鍵詞：臺北州立臺北第一高等女學校、神官、《大阪朝日新聞臺灣版》、吳新榮

延伸閱讀：

游鑑明，《日據時期臺灣的女子教育》，臺北：國立臺灣師範大學歷史研究所，1988。

竹中信子著，熊凱弟譯，《日本女人在臺灣：日治臺灣生活史昭和篇上（1926-1945）》，臺北：時報文化，2009。

許佩賢，《太陽旗下的魔法學校：日治臺灣新式教育的誕生》，新北市：東村出版社，2012。

蔡蕙頻，《不純情羅曼史：日治時期臺灣人的婚戀愛欲》，臺北：博雅書屋有限公司，2011。

蔡蕙頻，《好美麗株式會社：趣談日治時代粉領族》，臺北：貓頭鷹出版社，2013。

28 登新高山：培養新國民的身體與精神

登新高山的紀錄片

一九二六年的七月三十日，在炎熱夏日夜晚七點半的臺北，一群人蜂擁在新公園的音樂堂前，個個聚精會神地望著前面的百吋螢幕，他們看的可不是什麼免費的熱門電影，也不是什麼殖民政府的宣傳教育片，吸引他們的其實是臺灣日日新報社主辦的活動寫真大會，主要內容是播放女學生「登新高山」的紀錄片。

據隔天報紙報導，當晚參加的人數多達三萬，這多少有些浮誇，這地方就算擠得下這麼多人，也不可能同時看到這看起來不大的螢幕。不過，從圖片來看，當晚確實參加的人不少。

這部攝影師隨著登山拍攝的主角是在臺北州立臺北第一高等女學校及臺北第二高等女學校就讀的學生。其中，她們所挑戰的「新高山」就是我們現在慣稱的玉山，日治時期於一八九七年由明治天皇命名，在這之前，也曾叫過「八通關山」、「臺東新高」或「嘉義新高」。

登新高山在當時可不是什麼新鮮的事，在此之前，已經有許多人從事這樣的活動。但女學生

◆ 1939 年 4 月 22 日，通往八通關的龍神橋開始啟用。

◆ 女學生登上新高山峰頂的合照。

清水兩校長親自帶隊，由職員陪同，穿著同色系的登山服，輕裝矯健，帶著竹笠竹杖，腳穿草鞋。

此例一開之後，日後的學校多少受此影響。之後，女學生登新高山的例子就不斷在報紙上出現，或許是已經變得平常，不再像第一、第二高女這樣受到注目。

林玫君教授認為，日治時期女學生最常攀登的高山，就是新高山。這座由日本天皇任名的最高峰，在日本治臺初期，受到殖民政府的關注，曾大規模地進行測量與學術探險。新高山被視為是日本新的精神象徵，顯現出與殖民母國的聯繫，在新「臺灣八景」的票選活動中，也被指定為具有神聖意義的「靈峰」。此外，日本政府在臺灣實施新式教育的同時，「新高山」也列為是國語讀本的教材。這在在顯示新高山的兩面性，一方面放在天皇與靈性的系統；另一方面又成為學生可以普遍登山的對象，凸顯了殖民主義與近代化兩種力量的拉扯作用。

我倒不認為完全是這種因素，鼓勵女學生攀登第一高峰，本身或許就有一種朝山、朝聖的儀式作用。

被觀看的女學生身體

第一、第二高女的登新高山活動，在媒體的贊助下，連日在報紙上刊登前後所有活動細節，本身就是一個被觀看的對象，尤其又是女學生，更加凸顯了此行的性別意義。原來帝國高校的女學生無論精神和體力都不輸可以登上新高山的男性。透過寫真、影像紀錄及事後的座談、播放，這所有的登山戲碼完全成為一個可被談論的話題。

真正能夠有機會登上新高山的並非所有女學生，其中，又以日籍女生居多。林玫君認為，就教育者而言，登山的活動可以讓女子克服艱辛與困難，獲得體力與意志，鞏固自信心，而且可以和男子一樣，接觸大自然的靈氣。尤其是登頂剎那，學生們通常會在山頂呼喊「天皇陛下萬歲」、唱日本國歌、合唱校歌、參拜新高神社，或者拍照紀念，這些都能凝聚國民意識。這種形塑日本殖民地國民性格的身體的登山活動，直到一九四一年，戰事漸漸激烈，才逐漸式微。

關鍵詞：新公園、八通關、玉山、臺灣八景、天皇、女學生、新高神社

延伸閱讀：

林玫君，〈日治時期臺灣女學生的登山活動：以攀登「新高山」為例〉，《國立臺中技術學院人文社會學報》，3期，2003。

林玫君，《從探險到休閒：日治時期臺灣登山活動之歷史圖像》，臺北：博揚文化，2006。

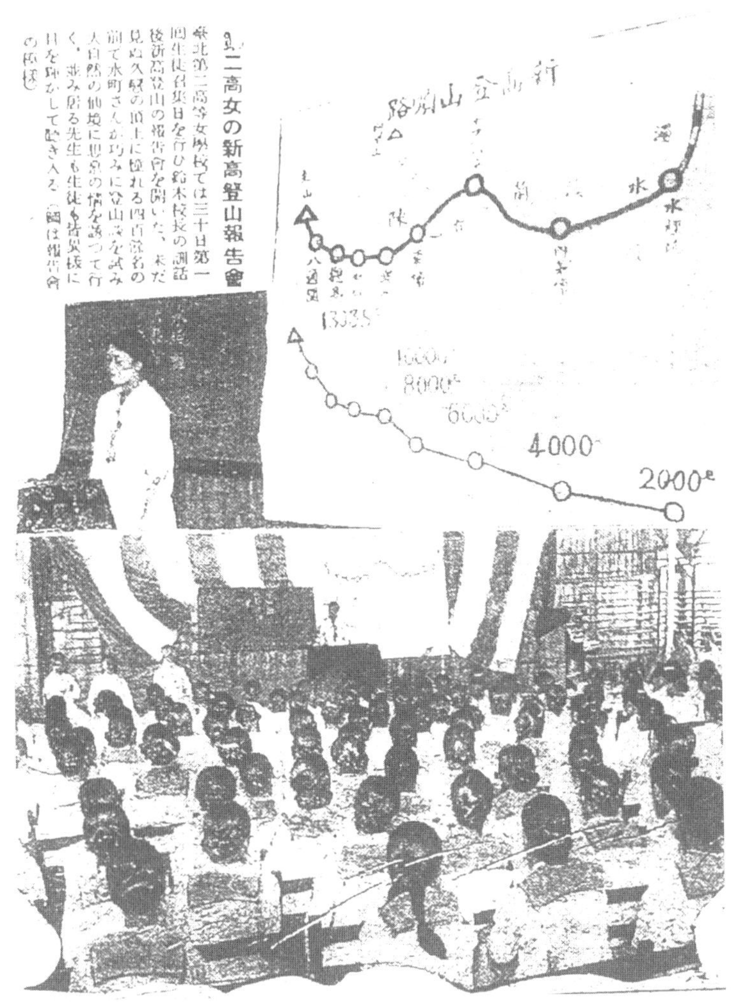

第二高女の新高登山報告會

臺北第二高等女學校では三十日第一回生徒召集日を行ひ鈴木校長の訓話後新高登山の報告會を開いた、未だ見ぬ[illegible]の頂上に憧れる四百餘名の前で水町さんが巧みに登山談を試み大自然の仙境に想像の情を誘つて行く、並み居る先生も生徒も皆異樣に目を輝かして聽き入る（圖は報告會の模樣）

◆ 第二高女的新高登山報告會。

29 服裝：洋裝與旗袍

大稻埕女給的內地見習

一九三七年七月一日，《大阪朝日新聞臺灣版》刊出的一則新聞，吸引著我的目光這群美麗的女給來自大稻埕百合、サロンOK等好幾間知名咖啡店共二十多人。她們是經由大阪咖啡店龍頭的取締役社長木下彌三郎的安排，與大稻埕的酒吧協會合作，在該協會的評議委員王井泉的帶團下，到日本視察，學習新的服務技巧。

從圖中，可以發現她們所穿的都是旗袍，這樣的穿著在一九三〇年代相當普遍，不僅是女給，還有路上的行人，參加始政四十年博覽會的婦女等等，都是這樣的穿著。這是什麼樣風格的時尚服飾？為何她們都這樣穿？值得探究。

直到我讀了吳奇浩的臺灣漢人服裝文化研究，才知道怎麼回事。

他認為日治之後，臺灣民眾的服裝文化受到教育學習、流行訊息、社會接觸及商家供應等層面的影響，大量的洋服、和服、制服進入臺灣社會，加上臺灣民眾原本穿著的「臺灣服」，使

◆ 1937 年，穿著旗袍的大稻埕女給的團體照。

得漢人的服裝文化相當多元。大體上，臺人積極追求現代性洋服，但未捨棄在地的臺灣服，較排斥殖民性格強烈的和服與改良服，但也在矛盾情緒中接受了兼具殖民與現代性的官員制服。

媒體討論的話題

臺灣婦女的多樣變化，常常成為媒體討論的焦點。

一九二五年十月二十七日，《臺灣日日新報》的專欄「無腔笛」就刊載一篇〈婦女服裝之變換〉。作者認為，臺灣婦女的服裝，在治臺後有很多變化。有時寬衣廣袖，有時衫長袖窄，有時廣緣花飾，有時去緣沒領。所謂的時尚，流行的是衣不蔽臀的寬袖短裝。文中對於學生與一般婦女的服裝有多所批評，認為當時這些人的衣服雖然不像賣春婦那樣，但也不夠莊重雅觀，有點輕浮。而且，一直更換樣式，對於家庭經濟來說，也不恰當。總之，臺灣婦女的服裝，大多受到對岸中國的影響，其中又以上海服飾為最。所以對岸一有變化，臺灣也仿照成窄胸寬袖，短甲長裙。

之後，作者話風一轉，開始批評巴黎。認為臺灣不僅學日本，也學歐美。其實，歐美的衣服樣式，都來自巴黎，但巴黎根本就是奇裝異服，是奢侈的代表。尤其，巴黎最近流行用燈帶，綁在膝蓋下，然後綁個明燈，真是既玲瓏又豔麗，其中，接條細電線，拉到藏有小電池的繡囊，在酒綠燈紅間跳舞，給人燦爛奪目之感，但這種都是奢侈的習尚。這種對國家、社會及個人，都是極大的損失。因而主張，臺灣的同風會倡導風俗改良，對於婦女的服裝改革，應該列為第一位，以便崇儉絀奢，養成良好習慣。

吳奇浩認為，一九一〇年代臺灣的斷髮活動，引起男性改換洋裝的風潮。但女性的解纏足運動，卻沒有引起女性服裝的明顯變革，直到一九三〇年代，女性才開始廣泛流行起洋裝、旗袍與和服。

◆ 短袖連身洋裝的街頭女子。

一九三七年的臺北街頭，似乎也流行著我們現在報紙的「今日我最美」報導，隨意地拍攝街上來往的時尚美女。當時對追求流行，穿著時尚的女性，臺灣話稱做稱「黑貓」。《臺灣日日新報》五月二十二日的報導，就記載了臺北最熱鬧的榮町街上的女性洋裝模樣，並將這一小時在街上行走的女性裝扮分類，並給以評語。

老實說，報紙上刊登的照片不是很清晰，要不是有文字說明，還真看不出特色。例如：第一款為自然沒什麼特別的洋裝，裙子長度剛好，整體搭配協調，步伐優雅。第二種是上半身寬鬆，皮帶上頭的衣服縐摺過多，帽子有特色。第三種為無所事事的樣子，右邊的服裝款式是肩膀較挺，另一邊則是滑肩型。第四款為強調腰身的洋裙。第五種為外套很不錯，但裙子過長。最後一款為女學生的水手服。

同樣是報紙的寫真照，圖中《大阪朝日新聞臺灣版》的街頭洋裝照，就將女性穿著洋裝，戴著帽子，手夾時尚包包，腳著高跟鞋的優雅型態，以高度景深的方式清楚地呈現。

有時報紙也會刊出素描的婦女服裝樣式。像圖中一九三九年六月二十日的《臺灣日日新報》，就一連三天刊出藍蔭鼎對流行時尚的女性洋裝的看法。他就認為，女性應該穿出適合自己風格，適合當地風土氣候的服裝，不要盲目追求流行。因而在報上，他畫了好幾款可供參考的服裝樣式。

臺灣服的新時尚：

緊身、窄袖的旗袍

難怪一九三〇年代中期的臺北街頭到處看到穿旗袍的婦女走在街上，原來當時有股上海的旗袍風吹到臺灣。

一九三〇年代初期流行的旗袍是七分長的倒大袖，下擺只到小腿。到了一九三〇年代中期，開始出現緊身的旗袍。其特色是，袖子窄短，有著及地、完全遮住小腳的下擺。整體較為合身，可突出身形線條。此外，色調、質地與兩側開衩高度稍微提高。當然，在酒樓工作的藝旦或咖啡店的女給，她們的穿著又會和一般婦女有些差別。

或許是旗袍過於緊身，行動不便，有時一些糗態成了記者挖苦的對象。

一九三五年二月六日的《臺灣日日新報》就

◆《臺灣日日新報》的洋裝素描。

(三一八)

◆走在街頭，穿著時髦洋裝，手拿泡澡敷包的婦女。

下了一個標題「摩登女宛若狐精，群犬見其怪狀撲之」。內容講到，當年的農曆年當天，臺南的許多商家都歇業，許多男女會穿著新裝逛街。或許是風氣大開，當時的摩登婦女，不是華洋服裝，就是興飾御之物，雖然光怪陸離，但也見怪不怪。當日中午後，大正町三丁目道上，有位豔裝少婦，頂著一頭蓬鬆捲髮，脖子圍著紅狐圍巾，剛好碰到路旁野狗狂吠，附近狗群也一呼百應地衝出，嚇得婦人趕緊躲避，一不小心摔斷鞋跟，又被旗袍給絆倒，之後在旁人的持棒協助下，急忙脫掉引起狗吠的狐狸圍巾，才有驚無險地脫困，最後面無血色地搭車離去。後一查出，才知這人是西門町某王姓的寵妾。

至於和服，就沒有洋裝及臺灣服的普遍。且日治前中期，總督府並沒有積極地推動和服的措施，直到皇民化運動開展，當局才認為和服是認同的象徵，比較積極地在各種場合宣導。所以在些特別場合，的確可以見到臺人的和服打扮，但始終未形成一股潮流。

關鍵詞：臺灣服、洋裝、和服、斷髮活動、皇民化、始政四十年紀念博覽會、旗袍、咖啡店

延伸閱讀：

吳奇浩，〈洋風、和風、臺灣風：多元雜揉的臺灣漢人服裝文化〉，國立暨南國際大學歷史學系博士論文，2012。

◆走在街頭的旗袍婦女背影。

吳奇浩，〈時勢所趨：日治時期臺灣洋服的引進流行〉，收入李力庸、張素玢、陳鴻圖、林蘭芳編，《新眼光：臺灣史研究面面觀》，臺北：稻鄉出版社，2013。

◆ 和服婦女。

◆ 臺北的共進堂洋服店。

大崎公司
太田組
青島商店
台洋商會
三井物產
三井生命
出光商會
產業資源會社
森永販賣所
柴田自動車商會
萬屋旅館
三共藥店
宅
會館
台灣興信所
簡易保險健康相談所
愛國婦人會
肥後屋旅館
住
愛
北海道館
蕃屋
第一文化施設館
實演場
鉄道案内
第二文化施設館
東京館
大阪館
國防館
前庭
電氣館
海事館
專賣館
奈良館
森永館
京都館
店

貯蓄銀行
マスニヤ
守谷商會
婦人社
大正生命
台北ホテル
カメダ帽子店
日米商店
明治生命
長谷川金庫
日本ビクタ
神鼎麦具
共進
美工
辻紉茶舗
風月堂
杏春堂

エビスヤ文具店
桑田商店
盛進商行
日ノ原商行
畔見書店
一井千福堂
松尾商店
大久保紹介所
黒板工務所
藏田医院
日本生命
日本勸
銀行支

江里口商會
ヤマカ商店
資生堂
パルマ
平尾商店
一六軒
常盤生命
村山商行
盛進商行
行成商行
まさかや
升五商店
西尾商會
山陽木材
美粧クラブ
折田株店
サクマ靴店
第一生命
一番ケ瀬医院
福田裁縫部
樋詰医院
石田商會
山樓支店
つる家
ヴニス

特賣
台中案内所

大倉本
錦成
松田電氣
山
前田
新高堂
白川餅
山梅ホテル
新建發
新會
松浦屋
森商店
升川洋服店
富島商事
谷河梅人
出羽屋商店
佐藤時計店
ワタヌキ印刷
大丸旅館
平和食堂
南國
理容會館
板谷医院
山崎医院
松浪
大同會
天野医院
松山医院
賣店
滿洲館
興業
音樂堂

30 江山樓：臺灣料理的首選

登江山樓、吃臺灣菜

日治時期有句俗諺「登江山樓，吃臺灣菜，藝旦陪酒」，充分反映出江山樓的盛名以及飲食吸引人的地方。

林獻堂逛始政四十年博覽會的第一天晚餐，去的就是江山樓。這間由吳江山所創立，是臺北大稻埕著名的酒樓，和蓬萊閣齊名。成立於一九二一年的日新町三丁目，位於現在臺北市大同區歸綏街及寧夏街一帶，建築樓高四層。

當時的報紙是如此描述江山樓的：大稻埕的吳江山，本來是東薈芳的經營者，曾經至中國的大江南北遊歷，考察各地酒館菜系，返臺後，在友人的慫恿下擴大營業。當時他感覺到大稻埕一帶是臺灣的商業中心，卻缺乏公會堂或俱樂部的場所，而

◆ 榮町街道上江山樓支店。

且沒有一間可以和梅屋敷和鐵道旅館一較高下的酒館。所以在各方經濟條件不甚樂觀的情況下，投資了十幾萬圓，在大稻埕南方，參酌了和洋的風格，建立一棟房樓。無論在衛生、經濟及品味上，這間酒店都相當講究，為了要一掃過去傳統酒樓菜館的陋習，打造成一個理想的大旗亭，以符合達到有公會堂及俱樂部的用途，兼具娛樂與飲食於一身。

江山樓的建築物氣派壯觀，盛極一時，以美酒佳餚聞名。當然有了美食，還要有美女相伴，才能吸引顧客。隨著大稻埕一帶的商業活動的興盛，逐漸發展出酒店的藝妓文化，席間常常可見藝旦穿梭其中。除在宴席上陪侍服務外，也彈奏音樂助興應景，因而培養了一些高知名度的藝旦。這不僅使「江山樓」成為富商的流連地，更是當時文人社交的重要據點。

樓主吳江山交友十分廣泛，為人更是風雅，再加上大稻埕經常有政要商賈、名士及文人在此社交往來，使得名聲響亮的江山樓更顯尊貴。直到戰後，才逐漸式微。

酒樓文化

然而，說起江山樓就不得不提日治臺灣的酒樓文化。

中研院臺史所副研究員曾品滄如此描述日治時期酒樓的發展。日治初期，各城市的酒樓在短短的數年間，數量大幅增加，提供的各種消費服務無論是飲食、娛樂或空間，也日趨完備及精

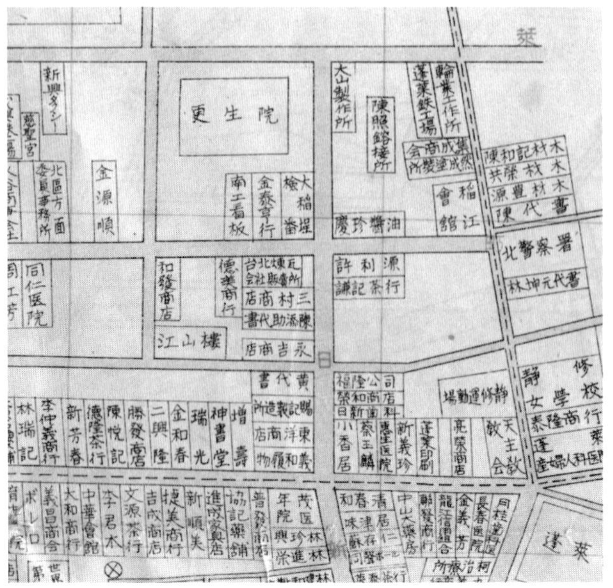

◆ 大稻埕的江山樓本店地圖。

◆ 江山樓支店地圖，從圖中可見它的位置很靠近新公園。

緻，這些變化不僅使酒樓逐漸成為臺灣的重要飲食場所，更成為本地菁英階層社會生活中不可或缺的公共空間，甚至是時尚的流行中心。

江山樓就是在這樣的背景下發展成為當時最著名的酒樓。

明治年間，平樂遊與東薈芳並稱臺北兩大酒樓，是當時士紳最重要的宴會空間。光是臺北市，就有七十家酒店。酒樓的大量設立，提供了當時民眾一處舉辦宴會，享受美食的公共場所。人們隨時可以到酒樓設宴，不用再大費周章地在自家舉辦，較以往增添了便利性。這些酒店所提供的料理菜色，也是一大特色，這是其他一般小吃店所無法相比的。

酒樓不僅提供精緻饗宴，空間與娛樂更是吸引顧客目光的要素。酒樓的娛樂包括有梨園與藝妓表演。當時知名的藝妓可到指定的地方表演，還可以唱京劇、說官話。由於具有這方面的特質，藝妓常與文人、官員有所往來。有的藝妓因才貌出眾，會特別受到顧客青睞。

除藝妓外，有的酒樓為了吸引客人會聘請戲團表演。像是一八九六年成立的「平樂遊」，就雇用本地梨園班子登台表演。有時店家還會遠赴福建，邀請當地著名劇團三慶班到臺北演出。由於頗受好評，臺南著名的「寶美樓」在受客人委託之後，重金聘請同樣班子到酒樓演出。這種演出戲劇的模式逐漸成為日治臺灣酒樓的噱頭，許多顧客到店消費的最終目的只是在看戲而已。

除了娛樂外，用餐空間的裝潢擺設也是吸引顧客的一大因素。

像是艋舺平樂遊酒樓的特色就是居往來要道、屋宇整潔、氣派堂皇。而大稻埕的「東薈芳」則有「臺北市最寬敞的宴會場所」的稱號。但最終這樣的百人容納人數終究還是趕不上民眾的消費能力的快數增長，因而其股東之一的吳江山，遂在一九一九年，投資興建江山樓，以改善原酒樓空間不足的問題。

由於這樣的特殊環境，酒樓不僅提供大眾飲食及娛樂場所，還成為一個新的社會與文化的公共空間——名人雅士的聚會場所。例如當時臺灣有個叫做「櫟社」的著名詩社，就常選擇大稻埕的東薈芳與平樂遊舉辦擊缽詩會。本地菁英也常利用酒樓相互款待，並利用此空間和日本在臺官員進行應酬與交流活動。而地方官員的就任、離職，地方仕紳也習慣在酒樓舉行歡迎或餞別。

在這股酒樓文化風潮的引領下，酒樓還對外來的新進物質文化起了帶頭功用。例如西式餐點如牛肉、麵包、洋酒、啤酒的食用風氣就是由酒樓所開始。至於蓄音器及電話，都是許多人在酒樓首次見到的新奇舶來品。

江山樓的崛起

《臺灣日日新報》對江山樓的內部描繪也相當清楚。有謂因其主人吳江山，覺得原本的東薈芳菜館的空間過於狹隘，容客量不足，就在城隍廟後街，新建了一棟四層連座樓房。樓中分為蘭亭、松園、竹軒、梅郎四個包廂，當宴會人數變多時，就可以撤掉隔間的屏風，據說可以容納八百多人。當時大稻埕與艋舺沒有一間菜館可以比得上江山樓。

除了日本官員、臺灣紳商、文人喜歡在江山樓宴飲享樂，江山樓還是臺北的宗教團體的儀式活動後宴會場所的首選。一九二五年四月十七日，臺北稻江城隍廟與慈聖宮兩間廟宇選出當年的新爐主，過爐儀式後的宴會，就是辦在江山樓。大稻埕米商恭迎五穀先帝的遶境活動，儀式結束後，爐主招待五、六十位音樂團體代表，也是辦在江山樓。

日本皇室的加持

江山樓的名氣之大，連日本皇太子裕仁也曾到訪此地，其餐飲完全由江山樓一手包辦。一九二三年四月二十四日的《臺灣

料理・飲食店

梅屋敷　台北市北門町一九　電話三九六 長二七四五番 七九六

割烹 梅本　台北市壽町一ノ六　電話五五三番

和洋料理喫茶 東家　台北市兒玉町　電話五四三番 三〇七七番

生そば 料理 仕出し 楠田屋　台北市太平町一ノ一　電話一〇五一番

割烹 日本亭　台北市濱町一ノ二　電話二一〇番 一七六番

中華料理 蓬萊閣　台北市日新町一ノ一六八　電話六二番 七四九番

台灣料理 江山樓　台北市日新町二丁目　電話一九五五番 三一六三番

◆《臺灣博覽會記念臺北市街圖》，背面的臺北料理與飲食店的通訊錄。

日日新報》就記載，皇太子在行邸大食堂宴請來賓的臺灣料理就是江山樓與東薈芳合辦。皇太子所吃的是由吳江山親自進呈。相關的廚師還在一周前就吃齋淨身，所有的食材更經由調進部精選，最後上桌的菜單包括有：雪白官燕、金錢火雞、水晶鴿蛋、紅燒火翅、八寶焗蟳、雪白木耳、半點炸春餅、紅燒水魚、海參竹茹、如意煲魚、火腿冬瓜、八寶飯、杏仁茶。

陳玉箴認為，臺灣料理作為日治時期的主要宴席菜餚，在一九二〇年代的「江山樓」達到高峰，並逐漸與「支那料理」有所區隔。一九二五年五月二十九日，江山樓為秩父宮特製了十三道的臺灣料理，預定隔日專程送到他下榻的總督府寓所。這次料理的菜餚和一九二三年幫東宮太子所做的相當類似。

臺灣料理的代名詞

有了這兩位皇室成員的加持，江山樓在臺灣料理界的地位更穩如泰山，幾乎等於臺灣料理的代名詞。在這之後，一九二七

◆江山樓內的用餐照片。

年，吳江山陸續在報紙撰寫了十幾篇有關臺灣料理的文章，更奠立了他在臺灣料理界的地位。就吳江山而言，臺灣料理剛開始是從中國傳入，但在風俗習慣、氣候環境與食材特性的影響下，料理中添加了本土的色彩，進而演變成獨特的風格。以全餐料理來說，臺灣料理的總菜數是十三道，一桌十人。上菜次序為一道菜一道湯，第七道為鹹點心，以此為中心分上下半席。最後兩道為甜湯與糕餅。

臺灣料理在一九二〇至一九三〇年代所呈現的形象，就是高級、精緻、有特定的用餐規範與禮儀，屬於上層階級的飲食文化，與後來「清粥小菜、快炒、路邊攤」的形象相去甚多。日本統治結束後，臺北市最具有代表性的餐廳才由江山樓移轉為蓬萊閣。

關鍵詞：

臺灣料理、吳江山、裕仁、大稻埕、東薈芳、平樂遊、寶美樓、鐵道旅館、林獻堂

延伸閱讀：

曾品滄，〈從花廳到酒樓：清末至日治初期臺灣公共空間的形成與擴展（1895-1911）〉《中國飲食文化》，7卷1期（2011）。

陳玉箴，〈食物消費中的國家、階級與文化展演：日治與戰後初期的「臺灣菜」〉，《臺灣史研究》，15卷3期（2008）。

30 菓子業：味覺新感受

電影《香料共和國》片中主角凡尼斯的外公曾對他說：「希臘文的『作夢』，拼字的後半段就是『打嗝』」，他起初不以為意，後來才發現這暗喻食物和故事，二者都要加油添醋，才會更吸引人。這影片讓我想到：「人生命中最初的兩個味道是奶與糖。」

此話一點不假，我對兒時的記憶，很多事情早已經沒有印象，卻對此階段的某些味道——特別是甜味，記憶特別深刻。一個是酒釀：記得有回全家吃了打著蛋花的酒釀，我二姐因此醉了，就睡在蚊帳與牆壁之間，我們怎麼找也找不到，喊破了嗓子她也沒聽到，最後應該是她睡醒，自個爬了出來，大夥才發現這小丫頭一直在家裡酒醉睡著了。再來是眷村陸光四村中山東老兵的饅頭，壓在厚厚的棉被下保溫，不時傳來山東腔的「饅頭、豆沙包」叫賣聲，夾雜著熱騰騰的麵粉香氣，叫人不注意都難。

森永牛奶糖的兒時味道

至於記憶最濃的就是那盒裝的「森永牛奶糖」，這是我們小學生遠足時必備的糖果項目之一。

少有人知道，森永牛奶糖的廣告，早在一九一五年就悄悄地進到臺灣，出現在當時最受歡迎的報紙——《臺灣日日新報》，而這個糖果進入臺灣的故事，也代表菓子業在日治臺灣的發展。

在廣告中，橘黃色長條型盒裝至今沒有多大改變。

下方標示著此商品是由東京及大阪的森永製菓株式會社所製造，銷售價格為大盒十錢，小盒五錢。販賣的場所分別有：菓子店、食料品店、煙草店、鐵道車站商店、化妝品店。廣告右下角標示著此產品的有益健康的效果：像是常使用可以健胃整腸、舒爽咽喉、消除疲勞、增進元氣，相當適合讓小孩使用以幫助消化。

此外還適合上班族、讀書人及旅人使用。在畫面右邊，此廣告更強調了這個商品是現代的必需良品，可增進小孩健康幸福、家庭和樂，甚至促進社會活動。最後在廣告上方，更神奇的是，可以用嚼食森永牛奶糖來取代菸草。

◆《臺灣日日新報》的森永牛奶糖廣告。

森永牛奶糖的製造公司森永製菓株式會社所，就是日治臺灣的菓子業的重要企業之一。

從菓子店到製菓會社

所謂的菓子業，最初約有兩種：一是在臺日人所經營的菓子店，一種是臺灣傳統常見的糕餅店。前者主要採小成本的店家經營模式，其菓子食品的品項，大多是由龍眼、香蕉及鳳梨等水果製成，尤其是香蕉。

直到一九二〇年代，臺灣才首次出現製菓會社型態的製菓商：「臺灣製菓株氏會社」。

據郭立婷的研究，這個會社是由十二位在臺南的日人所組成，他們強調所做的餅乾，比起日本既便宜又優良。在廣告中，我們可以見到，此會社所做的餅乾及便餐一包十錢。右邊的字樣強調這是間新的會社，其產品相當美味。左側的文字則標榜消費者可以在北部的幾家特約商店買到，例如臺北的吉野屋、寶

◆ 臺博會第二會場內的「森永製菓出張販賣店」。

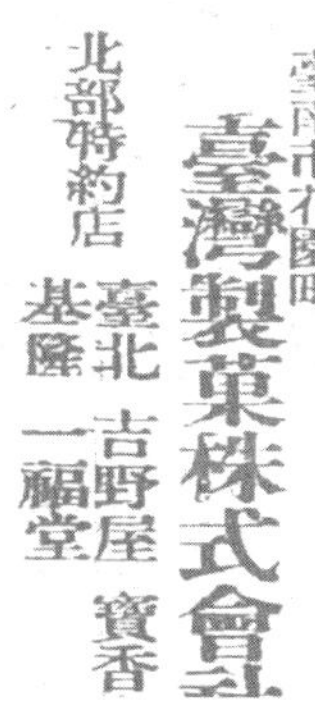

◆ 臺南花園町的臺灣製菓株式會社廣告。

香齋，以及基隆的一福堂。

日本森永製菓株式會社在臺灣的發展，可說是菓子業的另外一種經營模式。

這家商號進入臺灣之前，是先以在商店寄賣的方式評估市場反應，例如會在臺北三好德三郎的辻利茶舖的店裡販賣，等一切穩固之後，才投身殖民地臺灣的經營。其行銷手法相當獨特，為了替旗下新產品牛奶糖打開知名度，它採取以憑森永牛奶糖的商品換取免費電影票的模式吸引臺灣民眾的目光。

奇特的商品促銷手法

一九三〇年十月二十七日的《臺灣日日新報》有一則新聞記載，森永製菓臺灣販賣會社主辦本島的巡迴影片，特別訂在二十七日下午六點半，由朴子街的新茂成商號贊助，借用朴子劇場，放映中國電影，凡參加者需攜帶值三十錢的森永公司製造的菓子，或者該公司所做的煉乳一罐，才得以免費入場。這

◆ 臺北的玉山堂菓子店。

樣的手法其實是仿效日本國內的作法，由於成效卓著，才推廣至全國各地。

森永還會以舉辦演唱會的形式吸引客群。

例如一九三七年四月，該社為了要招待購買巧克力的粉絲，就舉辦了「森永製菓名流競演會」，邀請了娛樂圈著名樂手齊聚在臺北市公會堂。當年四月九日的《臺灣日日新報》中的海報寫著，只要購買森永牛奶巧克力一圓的商品，就可取得入場卷一張。其陣容有流行教主赤坂小梅、爵士歌手的中野忠晴、井口靜波的相聲等東京一流知名藝人。

此外，趁著人氣最火熱的活動展現自家商品，更是森永的宣傳商品招數，像是一九三五年十月召開的始政四十年博覽會，森永就在第二會場架設一個相當有規模的專賣店。

有鑑於森永透過各種活動成功的促銷自家商品，類似的大型製菓業也紛紛仿效，例如明治製菓及江崎クリコ。

戰時體制下的擴增

◆ 臺博會第二會場內的兒童之國裡的明治製菓販賣店。

◆ 有臺北銀座之稱的榮町通，轉角可見辻利茶舖的洋樓建築。

面對臺灣本地製菓業的競爭，上述幾間大型日式製菓業除了透過管理、經營與行銷的強化來穩固在臺菓子業市場之外，原料的栽培與種植也是這些企業在一九三〇年代發展的重點。在總督府獎勵熱帶特殊產業，積極打造東臺灣為熱帶栽培業王國的政策下，日式製菓業開始擴大在臺原料的栽培。至一九四〇年代的二次大戰時期，臺灣的製菓業已經有了穩固的發展基礎，即使進入戰時體制，但反而有工廠增多的趨勢，無非是另一個製菓事業發展的新契機。

關鍵詞：香料共和國、明治製菓、三好德三郎、辻利茶舖、臺灣製菓株氏會社、森永製菓株式會社

延伸閱讀：

郭立婷，〈味覺新滋味：日治時期菓子業在臺灣的發展〉，國立政治大學臺灣史研究所碩士論文，2010。

32 喫茶店：臺灣茶聞名國際的功臣

一九三〇年二月二十七日，臺灣社會運動者簡吉在獄中寫信給親人，請求代為寄送國際書局所出版的《世界文化史大系》。這間國際書局就是他那有臺灣共產黨身分的朋友謝雪紅出資成立的，原本還申請了喫茶店，可惜未獲准通過。

這段歷史吸引我的倒不是國際書局，也不是臺共前輩謝雪紅，而是那沒被通過的喫茶店。

特殊分類下的喫茶店

喫茶店按照日治臺灣的行業分類屬於「特殊接客業」，在同一種分類中還有料理屋、飲食店。喫茶店的特色為設有客室及洋風設備，提供簡單西式餐點，主要項目為咖啡、紅茶、蘇打水等非酒精飲料，還有冰淇淋、洋菓子、麵包及水果。喫茶店和咖啡店不同的地方在於喫茶店不提供酒類，而且店裡面的女侍除了餐飲服務外，不得提供其他接待客人的活動。

提到喫茶店，就不得不讓人聯想到前面提到的咖啡館以及博覽會。

早在一九〇三年，臺灣就透過博覽會的喫茶店，吸引了國際的注目。這也影響了日後一九二〇年代餐飲業開設西式料理餐廳時，借「喫茶店」來命名，以和咖啡店區隔。

博覽會與喫茶店

喫茶店剛開始的名號是透過博覽會而聞名的。例如一九二〇年福岡要舉辦工業博覽會，大稻埕的茶商公會為此開了評議委員會，打算在博覽會會場設置喫茶店，但因當時臺灣米的內地市場滯銷，無法支付過多費用，該公會僅能出資一千五百圓，其餘款項擬請總督府補助。

為何茶商公會會在各種博覽會設喫茶店，當然是看上這兒的人氣可以為臺灣的茶葉打廣告。日治之後，臺灣茶業有了新的發展。像是紅茶與綠茶的興起、官方的推廣、民間組織的成立。紅茶是日本大力推廣的茶葉。相較於紅茶的大量出口，綠茶的產量大多供應島內所需。當時官方的茶業政策有成立研究單位，

◆ 1914 年 3 月，東京上野公園內舉辦的大正博覽會，第一會場入口

◆ 日本博覽會中臺灣館的喫茶店

制定檢查規則，減輕茶稅，以及組織茶葉株式會社及同業公會。因而茶商公會總是和喫茶店脫離不了關係。

這些博覽會展期期間，都可以吸引數萬人次進喫茶店消費，如何在結束時延續人氣，常成為臺灣茶商苦思的重點。一九二四年四月二十六日的《臺灣日日新報》就記載，東京三越吳服店及京都臺灣喫茶店的臺灣茶宣傳，相當成功。但這景況只有在共進會這樣的博覽會期間才有，要如何經營永續的喫茶店，是未來的計畫。因而，當月他們就派公會的成員吳文秀前往日本考察，預計五月中回臺。然後與陳榮森一派合作，預計當月下旬到日本的東京、大阪及京都三個城市，開設喫茶店，大力宣傳臺灣茶。

喫茶店與西洋料理

喫茶店是日治時期，除了咖啡館之外，另一個提供西洋料理的受歡迎場所。

據陳玉箴的研究，喫茶店於一九二三年左右開始出現，大多是由販賣洋菓子的日本商家開設，例如水月喫茶店、末廣喫茶店；另有一些是由料理店跨行開設，像是永樂料理店。另外像是以化妝品聞名的資生堂，也開有喫茶部。

吳新榮就常到森永喫茶店吃正式西餐。一九三八年八月五日。他到達臺南後，就立即去探訪

◆臺博會產業館展示的露天喫茶店模型。

◆大稻埕騎樓下的製茶。

◆嘉義的喫茶店外觀。

◆嘉義的喫茶店內部裝潢。

聚會的重要場所

喫茶店除了可以吃到西餐外，也是當時文人聚會的重要地點。一九四二年七月十五日。吳新榮一早到達臺北火車站，友人鄭國津來接他，一同到了樺山町他的寓所吃了早餐，稍微休息一下。由於鄭君還要去上班，吳就自己到城內去，逛書店、百貨公司走走。這之前他也曾去過新公園內的臺灣博物館，正好有日本水彩畫展，就進去參觀。有一幅題為「萱草」，和父親同名，問價格後，嚇了一跳，開價三百圓，只好放棄。

到街上散步，已是中午，進入食堂，想吃些什麼，老闆說不賣給吳新榮。對此，吳覺得很不可思議，可能自己的風采不怎麼體面，但也不至於看起來像鄉巴佬吧。直覺世間竟現實到如此程度。因而，在日記裡記載說，商人固然不必講些甚麼屁道理，但如此主客顛倒做生意，真覺得是世界末日了。

其實，吳新榮這一天的重頭戲是去明治製菓公司。午後，他就回到鄭國津家吃茶泡飯。然後到大稻埕去看陳培初，在永樂町跟他見面，一起到城內明治製菓公司。在這裡參加「臺灣文藝家協會」的總會，是此行的主要目的。

喫茶店也是當時約會的重要場所。一九四三年六月十一日。當天早上臺南來了電話，說奇珍兒生病了，要吳新榮過去診療。他就搭近午巴士去一看，判斷為自家中毒性急性腸胃炎，實在嚴重。就給予體液補給和強心劑等治療，略見好轉。於是，和以前提起的林勸治小姐取得連絡，約定在「尤加利」喫茶店見

◆臺博會，其中臺灣茶葉宣傳協會所設的喫茶室。

面。午餐後按時前往，林小姐也來了，是一對一的初次見面。吳新榮心想，不愧為去過中國九江的人，膽量過人。只有見面，沒辦法進一步了解，想找個能好好談話的地方，但雨還是不停，最後兩人改去參觀博物館。

戰時東亞奉公日的影響

然而，這些餐飲習慣一旦碰到了戰時體制的規定，多少也受到影響。

一九四一年的二月一日。林獻堂當天本來打算和五弟去臺中宴會，因為碰到這一天是「東亞奉公日」，有禁酒規定，因而作罷。根據佐佐木隆爾的《昭和史の事典》中對「東亞奉公日」的解釋，此為精神總動員運動的一項。一九三九年九月一日開始，定每個月的第一天為奉公日，當日，所有餐廳、喫茶店都要停業，禁止賣酒，霓虹燈關閉。此外，民眾一早要去參拜神社，大人要一湯一菜，禁煙禁酒，小孩子只能吃僅有一個梅乾的便當。

此外，當時角砂糖的銳減，連帶影響喫茶店內咖啡及紅茶的供應，有一陣子，喫茶店為此還集體向政府陳請，請求平穩物價。

一九四〇年代之後，喫茶店生意也受到物資短缺的影響，受歡迎的情況已經大不如前。

關鍵詞：簡吉、謝雪紅、吳新榮、林獻堂、咖啡店、明治製菓公司、森永、工業博覽會、臺灣文藝家協會、臺灣詩人協會、林百貨、永樂町。

延伸閱讀：

陳玉箴，〈日本化的西洋味：日治時期臺灣的西洋料理及臺人的消費實踐〉，《臺灣史研究》，20 卷 1 期 (2013)。

黃馨儀，〈日治時期臺灣紅茶文化研究：以三井合名會社為例〉，國立臺北大學民俗藝術研究所碩士論文，2007。

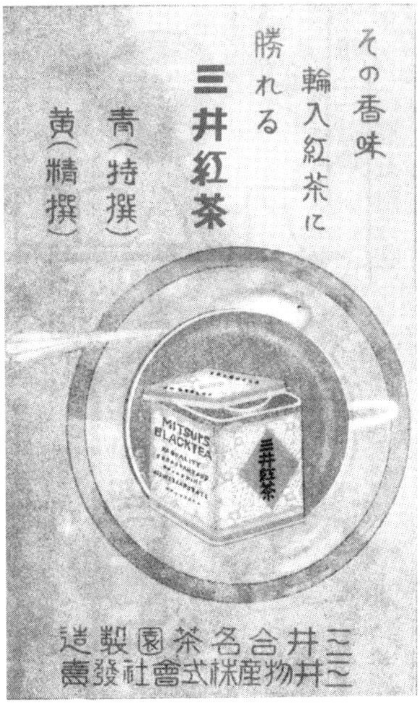

◆ 三井紅茶的廣告。

33 味素：文化的調味精

原來仿冒食品不是我們現在才有的現象，早在一九二〇年代，臺灣社會就興起一股偽造「味素」的風氣。

新興調味品

說起味素，它可是一九二〇年代臺灣的新興調味品。一九二六年十二月的《臺灣日日新報》有幅日本新開發的做菜調味品味素的廣告相當特別，廣告提到，有位張公館的老爺，每天在公餘之暇，一定要做的三件事，是小酌三杯，姨太太在旁斟酒，及菜肴中要加味素。廣告還特別強調這三種嗜好都相

◆《臺灣日日新報》的味素廣告，強調是理想的文化調味料。

◆《臺灣日日新報》的味素廣告，強調吃慣便知真味。

當不錯，但對身體最好的，卻不花太多錢的，就是味素。

另外一幅廣告更將廣告主體移到家裡養的貓咪身上。意思為朱公館裡的貓，每天見到女僕從廚房端菜，就會跟在腳底下，喵喵叫個不停。這是什麼緣故呢？這是因為該公館女主人每回吃完了飯，就將剩菜餵貓，那貓吃慣了這味道的菜，所以只要一聞到味素的香味，就嘴饞了。

該則廣告還吐露出一些訊息。廣告的右下角提到這款味素可以在各雜貨店、海產店、醬園都有代售。左下角則寫有味素的本鋪是位在東京的鈴木商店，讀者可以寄上郵票五分，該總店就會寄上一本四季烹調的指南小書。

當時的味素的包裝長怎樣子，有圖為證。一九三五年的一張報紙廣告繪出了盒裝的樣式。廣告詞還把孔老夫子搬了出來，說：「割不正不食，不撤薑食」，這觀念已經不管用了，應該要改為煮菜

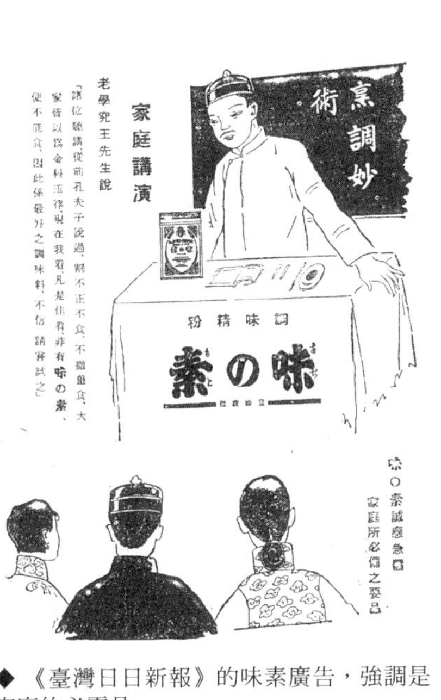

◆《臺灣日日新報》的味素廣告，強調是家庭的必需品。

不加味素的話，就不能食。

紅到滿街都是仿冒

味素原本是日本鈴木製藥所製造出來的調味料。一九〇九年開始發售，取名味之素，每瓶三十克要價五十錢。一九一七年設立鈴木商店。這味素在臺灣頗受歡迎，好到仿冒品一堆，報紙中到處可見被查緝到的假貨。

一九一六年十月，警務課經一位在臺中街販賣的津田檢舉，查獲臺北廳大稻埕新店尾街的趙春榮偽造味素。他的做法就是收集正宗味素的空罐，調和麥粉，使色澤類似，尤其是蓋罐精巧，從外形根本看不出有何差別。

仿冒味素除了是用麥粉調配的，從一九一九年，桃園的衛生官員查緝臺灣人開的雜貨店新聞中，還可以見到有用芋片粟粉混雜魚類骨粉及鹽。這並非單一現象，各地都有如此的仿冒行為。一九二四年竹山郡的例子，郡警察課層層查訪後，查到仿冒品的供貨源頭是嘉義街，位在西門的雜貨商金源昌所提供的。一打四元二十錢，其中的包裝印刷字樣和原裝進口的一樣，商標以假亂真，和真名發音些微不同。其配方經查驗，除骨粉外，多為澱粉。

有的仿冒商會購入真正的味素，再參雜其它調味料。一九二五年，臺北大稻埕下奎府町林陳氏發與他那在專賣局工作的兒子林松柏涉嫌改造味素。他們向太平町的雜貨商買了四罐不同容量的味素，拆除封條後，再混合白砂糖及鹽，然後貼回封條。然後以三圓五錢及一圓六十五錢的價格轉賣出去。

一九二六年，基隆有位藥種商陳鵬昇，與人合夥，將乳糖、鹽及正宗的味素混雜一起，然後裝入真味素罐中，轉賣至鄉下地區的雜貨店。在臺中則查獲仿冒者，以乳豆十兩，炒鹽五兩，做成味素，光靠味覺分辨不出。轉賣之後，獲利高達九倍，購買者不下二千人。這種現象到了戰時體制時仍層出不窮。

就連報紙上打的味素廣告也提醒消費者眼睛要睜大一點。

一九二四年八月十八日的《臺灣日日新報》就主打「廚事要話」，標榜這味素的功效大家都已經知道，只要做菜時加一點點，就可以不費勁地馬上擺出一道好菜，而且不用花費什麼錢。左下角也同樣提到販售地點，除了上述三種外，還另外加了茶莊。

◆ 臺博會第二會場，東京館前的味素廣告噴水塔。

高單價的商品

由於味素在當時算是高級調味料，單價不便宜，報紙中常可見偷竊味素被抓的故事。一九二六年十一月四日，七星郡汐止街，有位蘇姓偷兒，趁參加親戚蘇爾民的公祭，順手就將一瓶味素帶走。剛好為人所見，一狀告到警局。由於喪家認為一瓶味素，不算什麼，希望不要當成竊盜來看，但汐止警方公事公辦，最後鬧到街長處，還是無解，一時成為街頭巷尾的八卦。

有的偷來後立即轉賣獲利。一九三〇年，有位熱海的周二刑事外出查案，在縱貫路的萬得飲食店發現可疑人物，查獲嫌疑人李冬，盤問下才發現這人不久前偷過兩瓶味素，分別以一圓十錢及一圓二十錢賣給了飲料店。

光是一九二四年的偽造味素的金額就達一萬圓以上。這麼多的仿冒味素與偷竊，部分原因起於一九二三年東京大地震導致的供需失調。大地震後，東京鈴木商會在川崎的工廠受損，暫停了味素的生產，計畫改由在大阪新建一座工廠代替。

特約代理營業商

當時臺灣的味素主要由兩家企業特約代理，北部及中部多是吉野屋，南部則由越智負責。這兩家的營業額就占了五十萬圓，可見銷量之大。到了一九二五年，需求量又大增，全島營業額達七十萬圓，一年內就增加了二十萬圓之多。代理區塊又分得更細，凡東部到臺中都是由吉野屋代理，臺中到嘉義則由臺北越智分店經銷，嘉義以南則由臺南越智本店統籌。

由於檢舉假貨案件過多，光憑肉眼很難判別味素真假，為維護一般商店的信譽，一九二五年七月時，州衛生課被授權全天候免費鑑定民眾送來的味素。

儘管一再查緝，但防不勝防，一九三九年在彰化就查獲暴利商人，以石膏粉混入味素中販售。此外，硼酸及雞骨粉也是混充原料的大宗。正所謂「殺頭生意有人做，賠錢生意沒人做」，直到戰時體制，仿冒味素的現象仍然存在。

關鍵詞：日本鈴木製藥所、鈴木商店、大稻埕、藥種商、戰時體制

延伸閱讀：

陳玉箴，〈食物消費中的國家、階級與文化展演：日治與戰後初期的「臺灣菜」〉，《臺灣史研究》，15卷3期（2008）

陳玉箴，〈日本化的西洋味：日治時期臺灣的西洋料理及臺人的消費實踐〉，《臺灣史研究》，20卷1期（2013）。

お手をキレイに!
外からたとき

七.
身體規訓與公共衛生

34 南京蟲：消滅蟲蟲大作戰

南京蟲的名稱源由

現在應該少有人聽過「南京蟲」這名詞吧，他可是日治臺灣時人人喊打的害蟲之一。

這個詞怎麼來的，現今已不可考，據說是十九世紀末明治維新以來，中日貿易往來經由神戶，由商船從中國將這種害蟲帶入日本。這是日本單方面的解釋，也是他們對這種小蟲的刻板印象，就如同「南京豆」、「南京雞」一樣，日本社會對於許多來自傳統中國的物品都會冠上「南京」二字，因而有了「南京蟲」這玩意。在《日本語動物名辭典》中，「南京蟲」（なんきんむし）又名臭蟲。

這種小蟲所造成的日治臺灣人的生活困擾，讓我想到芥川龍之介的《江南游記》。一九二一年，著名日本作家芥川龍之介以記者身份在中國採訪新聞兼遊歷，途經蘇州時，某日夜宿一間客棧，就描述到這房間比想像的乾淨許多，可能是因為撒了很多消滅跳蚤的藥粉，因而很慶幸自己沒有被南京蟲所咬。可見，對日本人而言，不管在日本、臺灣或中國，這種在房間內會咬人的小蟲子就叫「南京蟲」。

早期民眾的困擾

一九〇〇年十月，臺北國語學校的宿舍及圖書館出現了大量南京蟲，當時經由臺北監獄醫生的協助，特地仿效監獄的作法，採取了在兩、三日間集中驅蟲的措施。臺灣民眾和南京蟲「作戰」而引起火災時有所聞。一九〇九年，艋舺夏新街一帶就因此發生火警，原因是婦人林勉使用燃油火燒南京蟲，不慎引燃附近的蚊帳、蒲團及衣物，導致房子失火。

南京蟲咬人是六親不認的，不僅是一般民眾，就連臺灣總督也難倖免。一八九八年四月的《臺灣新報》「街談巷說」版就提到，總督樺山資紀從日本搭橫濱丸來臺途中被南京蟲咬傷而發燒，之後又在官邸遭南京蟲咬傷，看來跟這個蟲子還挺有緣的。

南京蟲帶來的困擾也曾促使鐵道部改善火車車廂的座椅設備。日治臺灣的火車車廂分為三級，三等車廂坐的多為臺人，有鑑於臺人旅客大多有赤腳的習慣，不太注意整潔，並常攜帶折疊

◆東部幹線火車的二等車及車廂內裝。

及藤製物品，很容易成為南京蟲孳生的溫床。鐵道部遂將布椅改換成人造皮包覆的座椅，如此不僅方便用消毒水清潔，也易於打掃，減少南京蟲的繁殖及叮咬。

今津佛國的發明

直要到一九三〇年代，臺灣才有了比較有效的防治方式。除了改善環境衛生，面對南京蟲的威脅，最有效的則是除蟲化學藥品的發明。

當時最著名的是今津化學研究所開發出來的イマヅ蠅取粉及イマヅ芳香油。

今津化學研究所的負責人是今津佛國博士，他所開設的這間研究所專門研發藥物對付害蟲，如蒼蠅、蚊子、跳蚤、蟑螂，其中又特別強調對南京蟲的效力。這些除蟲藥劑的發明大大改善當時臺灣的生活環境。漫畫反映了這樣的現象，圖中一位躺在席子上的男子，舒適地拿著扇子搧風，絲毫不怕周遭飛舞的蚊蟲，右邊則是一位研究者在開發新藥劑，其中一瓶試管就是針對南京蟲，左上方文字強調有了這些混合藥劑，從此可不再掛蚊帳。

今津佛國曾把蒼蠅形容成「大可畏之殺人魔王」。在一九三〇年七月的《臺灣日日新報》，他教導民眾認識蒼蠅會傳染各種可怕的疾病。無論日本或臺灣，我們很容易在一九三〇年代的報紙見到這位博士的衛生學說，他所談論的重點多是在呼籲民眾要注意該如何殲滅這些害蟲、如何做好家庭衛生，及如何有效使用今津蠅取粉。

今津佛國是位商社主管、發明者、衛教者，更是一位商人。

イマヅ除蟲藥

他常在各級學校宣導蒼蠅與環境衛生的關係，打著就是販賣他們自家商品的主意。イマヅ蠅取粉及イマヅ芳香油就是當時消除害蟲最主要的利器。今津佛國博士如此宣傳他在大阪開設的害蟲驅除研究所：「余所經營今津化學研究所，專研究家庭害蟲，及植木農作物害蟲之驅除。乃本邦唯一研究所。」

イマヅ蠅取粉及イマヅ芳香油要如何使用呢？一九三〇年代的報紙到處可見既是衛生宣導又像是商品廣告的文宣，譬如報紙標題會寫道：「全市一齊（自三日至十日止）南京蟲退治日」。內容強調要消滅南京蟲，就得全市一起全面舉行，一次七天，如此才能有所成效。若僅是少數家庭實行，則難免會造成南京蟲移往他處繼續繁殖的後遺症。他們還會搬出官方的調查報告，

◆《臺灣日日新報》中有關開發新藥治南京蟲的漫畫。

像是根據衛生實驗所的實驗結果，來說服民眾對付南京蟲的最有效方式就是使用イマヅ芳香油。

這種油性除蟲劑裝在深色玻璃瓶中，通常瓶身會註明除了廁所除臭，用來驅蟲及消毒的功效更大。透過報紙廣告，我們可以見到商家會強調這是特許專賣的商品。使用時，先將芳香油裝在ヒーロー牌噴霧器中，然後對著地面噴灑，三十秒就可以見到成效。文宣中還會特別強調不會污染床單、衣物。使用後，還須再另外搭配使用イマヅ蠅取粉，特別是紅色包裝者，撒在床席邊及角落，才能根絕南京蟲繁殖。若是大面積的地方像是公共場所、工廠及食堂，這些文宣也教導要改用新出品且效果較佳的水龍式灑粉器。

藥品與戰爭

隨著イマヅ蠅取粉及イマヅ芳香油在居家及公共場所防蟲的普及使用，其影響力更擴及到戰場。一九三七年中日戰爭開打後，日本部隊會發給士兵一些「慰勞袋」。當時的一些海報還會特別強調，除了生活必需品，最不可或缺的就是這個攜帶方便的綠色小圓盒イマヅ蠅取粉。這是提供日軍士兵在中

◆ 蠅取粉廣告。

國江南一帶夜宿時，對付南京蟲的良方。

有了這樣除蟲化學武器，大大提高了士兵的士氣，難怪當時的《臺灣日日新報》會這樣下標題：「支那兵には恐れぬが，南京蟲には閉口」，它解決了日本兵在中國野外夜宿的最大夢魘。

關鍵詞：南京蟲、今津佛國、今津化學研究所、蠅取粉、衛生、慰勞袋

延伸閱讀：

劉士永，〈「清潔」、「衛生」與「保健」：日治時期臺灣社會公共衛生觀念之轉變〉，《臺灣史研究》，8卷1期(2001)。

李尚仁編，《帝國與現代醫學》，臺北：聯經出版事業股份有限公司，2008。

范燕秋，《疾病、醫學與殖民現代性》，臺北：稻鄉出版社，二版，2010。

◆ 1939 年，《大阪朝日新聞臺灣版》的慰勞袋裡的必備皮膚藥品廣告。

35 石鹼：化學肥皂的普及

走在一九三〇年代的臺北街頭，應該不難碰到這樣的場景：一群人拿著看板與旗幟，浩浩蕩蕩地遊行，向行人宣傳他們家新出的花王肥皂。

氣味的歷史

早在清末肥皂就已傳入臺灣，但要到日治時期才漸漸普及。說到肥皂，總讓我聯想到法國文化史家阿蘭・柯班（Alain Corbin）的名著《臭味與香氣：氣味與法國社會想像》。

他透過各種科學、醫學、衛生、公眾健康、文學、建築、城市及禮儀書中的資料，發現一七五〇至一八五〇年間，法國民眾對於辨別氣味的能力有所提升，對臭味接受的程度也隨之降

◆ 花王肥皂街頭廣告的遊行隊伍。

低，這些臭味漸漸被天然的高雅香氣(例如黃水仙)所取代，導致當時社會採取了去除臭味的行動。例如在帶有危險氣味的人群中，如何出現身體與社會的距離；公共和私人空間是如何安排的；階級威權又是如何大肆宣傳「中產階級」控制了嗅覺這樣的口號，來贏得其他社會階層的支持。如此十八世紀法國的氣味場景，不禁令人聯想到德國作家徐四金 (Patrick Süskind) 的小說《香水》。

若以此角度來觀看日治臺灣的公共衛生，我們將特別注意到肥皂對臺灣人洗浴文化的影響。我們現在所稱的「肥皂」，在日治時期叫做「石鹼」。

肥皂使用的普及

日治初期臺灣民眾使用肥皂並不普遍，大多數人用的還是天然的茶箍、無患子為主。直到一九二〇年代以後，肥皂的使用量與消費金額才有增加的趨勢。據《臺灣日日新報》記載，有幾個因素造成這樣的現象。最主要是受到臺灣整體衛生習慣改善的影響。此外，氣候過於炎熱，農村景氣回升消費力提高，臺灣女性的洗滌習慣與都市沐浴習慣的改變，都是原因之一。

一九二〇年後，總督府採取了一些改革措施，鼓勵在州市街庄等地廣設公共浴場；一九三〇年後，平均每年至少有五十間浴場在開業。

一九三〇年以後，臺灣人的肥皂消耗量，已經有追上日本內地的趨勢。據統計，光是一九三五年，臺灣肥皂的消費金額至少有兩百六十萬圓，若以當時全臺人口五百二十萬計算，人均消費高達五十錢，當時日本內地也不過六十錢。

對此現象，日人吉田靜堂有獨特的觀察。他認為以往多認為日本人是世界上屈指可數愛乾淨且喜好入浴的民族，因而化妝肥皂的消費也名列前茅。另一方面很多人將中國人的洗澡習慣排除在外，認為他們最多只會清潔臉部與四肢，肥皂的使用數量不多，無須考慮肥皂消費問題。若作如是可說大錯特錯，根本不了解地方實情。他還提到當時臺北等地的仕紳們已經普遍地在自家建浴室，不少澡堂也由本島人經營。因而，隨著臺灣民眾的衛生觀念的改進，對於肥皂的需求將逐漸增加。

早期臺灣沒有製作肥皂的工廠，相關商品幾乎仰賴外國及日本進口。

肥皂製造業

臺灣本島的肥皂製造業始於一九〇二年，最早是大稻埕的若松商行。而後又開了順昌商行、英成商行，之後才有新起街的石丸洋行、西門外街的橋本商店。由於競爭激烈，最後只剩四家。肥皂價格也由原先一箱十打的一圓六十錢，跌至一圓十錢，香港及日本內地的商品也因而減少

◆ 花王石鹼的廣告。

進口。銷售範圍涵蓋了基隆、臺北、淡水、新竹、苗栗及臺中等地的雜貨鋪、洗衣店及軍隊。其中，有的商行還將商品外銷至對岸的中國。

日治臺灣民眾對於肥皂需求大增，吸引許多業者投入生產行列。

臺灣的肥皂業者有兩大集團，一是「東光油脂工業株式會社」，另一個是「臺灣石鹼合資會社」。這兩間工廠所製作的「東光石鹼」與「大春石鹼」，是當時臺灣洗濯肥皂中最受歡迎的兩大品牌。臺灣民眾所熟悉的日本品牌花王，也在一九四三年的戰爭末期設立「臺灣花王有機株式會社」。

肥皂的宣傳方式

隨著各式廣告宣傳的增加，日治臺灣民眾對於新式肥皂這種商品的認識也隨之開展。當時宣傳的管道有以下幾種：工商團體的拍賣會、展覽會，以及各種報紙、廣播及看板廣告。

從一九二〇到三〇年代，臺灣商工會每年幾乎都會舉辦各種特賣會促銷商品，例如結合各種節日慶典的「納涼會」與廟會。此外，還有針對特定主題的商展，例如一九三二年總督府殖產局所辦的「商業美術展覽館」，以及一九三六年臺北的商工團體聯合會所辦的「商工祭」。這些為時一、兩週的商展，確實吸引不少臺灣人前往觀展。在商工祭期間，我們可以見到許多廣告遊行隊伍的動態活動，參與的店家會砸下大錢，精心布置自家的遊行廣告，有時商家也利用簡單的廣告旗幟來宣傳。

透過豐原的慈濟宮負責人張麗俊的日記，我們可以見到這些肥皂廣告如何設立在地方，又花了多少錢來設置。一九二八年七月三日，張麗俊到王興煙草賣捌所與東光石鹼的人員商談廣告看板的事宜。和他簽訂一塊墓地看板廣告契約的是日人田村朝次郎派來的出差員陳世美，雙方以兩年五圓的租金，簽訂廣告契約。

除此之外，業者還常舉辦各式活動來提升人氣。

例如一九二六年八月十一日的《臺灣日日新報》刊登臺北市綠町的東光油脂株式會社，舉辦全臺以藝妓為對象的「百美藝妓寫真徵集活動」，藉以促銷自家的商品「東光石鹼」。這次活動一共收到日本藝妓照片三百二十張，臺灣藝妓照片兩百張，多來自臺北。九月十二日，照片於丸新料理店的別室展出，並特別請來臺北市的新聞雜誌記者當場票選，各選出五十人。

舉辦徵文比賽也是商品廣告的方式之一，此舉既達到宣傳商品的效果，也推廣了使用肥皂的公共衛生知識。

一九三七年，花王肥皂舉辦了與石鹼有關的徵文比賽，參賽的孩童相當踴躍。主辦單位從全臺五千五百多位小學校、公學校學生中，挑出六位獲選的學生，其中四名日籍，兩名臺籍，分別是新竹州六家公學校的郭清棟及臺南州馬祖公學校的林文顯。在臺灣日日新報社的協助下，這些獲獎的兒童連同學校老師及家人，一起受邀前往臺北參觀臺灣神社、文教局、報社以及報社的印刷廠，當夜則招待夜宿在臺北館旅店。

報紙廣告更是肥皂廠商提升消費者買氣的重要手法之一。

整體來看，透過廣告，消費者從中得到了許多訊息，像是產

◆ 1936 年 5 月，臺北商工祭的遊行。

◆ 1937 年 5 月臺北的商工祭期間，有著「寶船自動車」稱號的宣傳車，載著商店主、女給、藝妓及商工團體關係者，在市區遊行宣傳。

品的味道、原料、去污起泡、殺菌效果、價格各方面的特性。例如圖中，肥皂業者結合學校衛生教育，推廣重點為「飯前洗手」的觀念，強力推銷自家商品的除菌功效，也就是飯前用肥皂洗手可以消滅細菌，以達到預防傳染病的效果。有的報紙廣告則會結合時下的熱門網球運動來進行宣傳，譬如一九三二年五月，《臺灣日日新報》的廣告就強調，在一天的運動後，該如何消除疲勞？廣告台詞通常會說該公司的肥皂適用於顏面、肌膚與毛髮，由於化學的效用較為和緩，所以使用後可以消除疲憊的感覺，身清氣爽，達到身體健康的效果。

配給制度的影響

◆ 石鹼廣告。

◆花王石鹼的洗手廣告。

一九三七年後，隨著戰爭開打與戰事白熱化，一切物資以軍需為首要考量，民生物資的生產與消費受到層層管制。配給制度實施後，肥皂原料取得不易，產量銳減，民眾開始節約使用肥皂，替代性商品也紛紛出籠了。

關鍵詞：東光油脂工業株式會社、臺灣石鹼合資會社、花王石鹼、納涼會、商業美術展覽館、商工祭

延伸閱讀：

劉士永，〈「清潔」、「衛生」與「保健」：日治時期臺灣社會公共衛生觀念之轉變〉，《臺灣史研究》，8卷1期（2001）。

何姿香，〈從茶箍到雪文：日治時期臺灣肥皂之研究〉，國立中央大學歷史研究所碩士論文，2010。

趙祐志，《日據時期臺灣商工會的發展，1895-1937》，臺北：稻鄉出版社，1998。

董宜秋，《帝國與便所：日治時期臺灣便所興建及污物處理》，臺北：臺灣書房，2012。

36 屈臣氏：原來天天都便宜早就有了

原來我們現在電視廣告打著「買貴退差價」的屈臣氏藥妝店不是新東西，早在日治臺灣時代就已經有了。

臺灣外來藥的鼻祖

屈臣氏早在清代道光年間就創立，總行位於香港，各地設有分行。屈臣氏專門販賣歐美大藥廠的藥品，被視為臺灣外來藥的始祖。

一開始，屈臣氏販售的藥品相當靈驗，又適合華人體質，在上海頗有名聲。日治前，臺灣就已經在大稻埕一帶設置了分售處，生意相當興隆。日治之後，藥品審核規定變得嚴格，通過認可的申請案不到一半，但屈臣氏所賣的藥品則全數通過。為了確保自身權利，屈臣氏不久遂註冊了商標。由於知名度大，

◆ 神農氏大藥房創辦人巫世傳的照片。

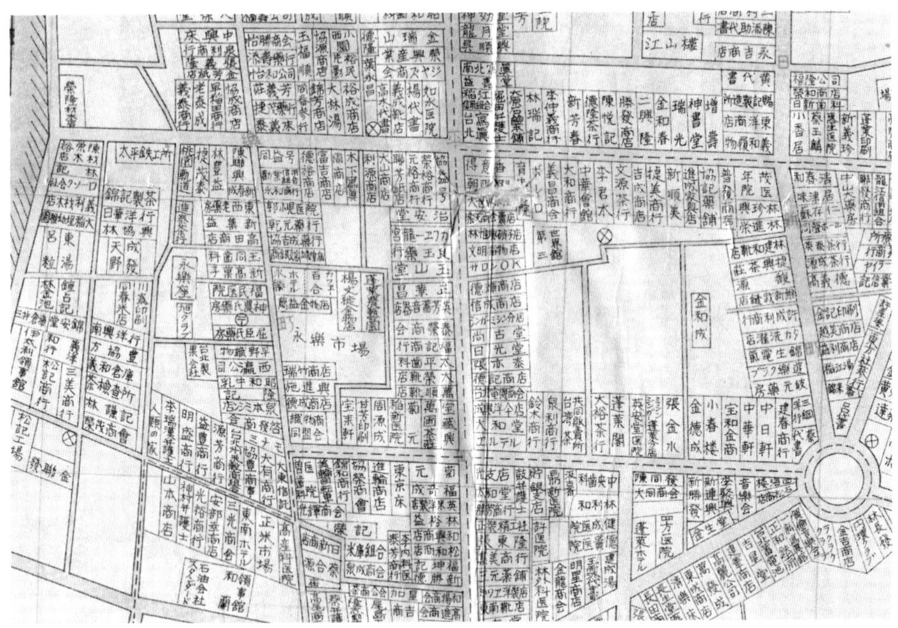

◆《臺灣博覽會記念臺北市街圖》，圖中的大稻埕地區，左邊的永樂市場對面，可以見到屈臣氏藥房及神農氏藥房的位置。

該店商標遭冒用的事層出不窮。

全臺的屈臣氏是由臺中實業家李俊啟全權負責經營，他趁著臺中舉行「共進會」的好時機，擴張銷路，開設臺中分店，並和臺北總店北中呼應。之後，香港總行派了經理齊塔藍到臺灣來處理商標問題，採取的方式是售予臺灣的總代理權給指定商家。

神農氏大藥房

其中，最著名的就是神農氏大藥房。

這間藥房由巫世傳所設立，

香港總店的提告

一九三四年，香港屈臣氏本店向法院提出告訴，控告臺灣屈臣氏大藥房李俊啟擅自使用該公司商標，最後東京大審院判決原告香港總店勝訴，李俊啟還為此偽造私文書，遭臺北地方法院檢查局拘留。

官司塵埃落定後，香港屈臣氏馬上對外強力放送，只有臺北神農氏大藥房才是唯一具有正字標記的專門代理店，報紙也開始刊出神農氏大藥房的樓房、招牌及其老闆巫世傳的照片，這樣還不夠，另有斗大標題謝著「香港屈臣氏會社總代理店：臺北神農氏大藥房」，還畫上屈臣氏商標，就是要民眾認清楚，此商標左邊是龍，右邊是一匹長著尖角的馬，中間夾一座中國寶塔，似乎象徵中西兼並。

此後，臺灣的屈臣氏「只此一家，別無分號」。

關鍵詞：李俊啟、神農氏大藥房、巫世傳、共進會、鴉片、

◆屈臣氏藥房的商標。

（三七七）身體規訓與公共衛生

戒煙粉

延伸閱讀：

皮國立，《臺灣日日新：當中藥碰上西藥》，臺北：臺灣書房出版有限公司，2008。

劉士永，〈醫學、商業與社會想像：日治臺灣的漢藥科學化與科學中藥〉，《科技、醫療與社會》，11期，2010。

chi Street, Taihoku. （臺北）榮町通り
らるゝ島一流商店の多くは此處に店舗を有して居る

八. 物與日常生活

37 寫真館：全臺的寫真熱

日治之前，臺灣的攝影（寫真）主要來自西方來臺人士，臺灣人還說不上真正熟悉攝影技術。日本統治臺灣之後，臺灣開始出現日本人開的「寫真館（照相館）」。一九二〇年代之後，隨著攝影技術日漸開展，上層社會才接觸得到寫真機（照相機）與攝影術的情況才開始轉變，臺灣各地紛紛成立寫真會。

林草與寫真館

在寫真普及化之前，這門技術基本上還是掌握在寫真館手中。一九〇〇年起，臺灣就出現臺人開設的寫真館，如一九〇一年臺中「林寫真館」（二〇一七年國立歷史博物館舉辦「彼時．此刻——臺灣近現代寫真」特展，展品中就有店主林草的作品），之後鹿港有「二我寫真館」、一九一六年「羅訪梅寫真館」及一九二七年臺北「太平寫真館」，儘管數量不少，但遠不及日人開設的照相館。據統計，一九二六至一九三五年間，寫真館的數量暴增近七倍，一九二五年

◆ 2017年國立歷史博物館舉辦「彼時·此刻——臺灣近現代寫真」特展，本書作者應邀出席專題講座，以「寫真熱：日治台灣的寫真館與寫真會為題」發表演說。

之前照相館數量最多的地方是臺中，其後十年間，臺中被臺北給超越，另一個寫真館重鎮則是臺南。

根據岩崎潔治《臺灣實業家名鑑》記載，林草生於一八八二年，一八九八年從荻野照光學寫真術，之後荻野返回日本，就由林草繼續經營照相業。

林草在臺中的文人圈相當知名，常有地方菁英與文人找他拍照，如一九一一年四月五日，豐原地方菁英張麗俊就去林草的照相館拍照，用途是申辦前往中國旅遊的證件。祝壽照也是當時文人常拍攝的照片。一九一五年一月二十日，張麗俊和林草約定拍攝張母八十一歲的祝壽紀念照及三子世藩的新婚照。

林草不只與張麗俊深交，林獻堂日記中也常提到林草的照相館，兩人交情持續到戰後。例如一九四八年八月四日，日記寫道林草拿著一九一一年櫟社在瑞軒歡迎梁啟超與湯覺頓的合照來給林獻堂看，兩人回憶往事不覺唏噓，照片中許多人都已經不在，當年照片裡三十一人還在世的沒剩幾人，才三十八年光景，竟有如此變化，頗為感慨。

寫真社團的成立

除了照相館，「寫真會」大量出現最能反映臺灣的寫真熱。一九〇一年，臺灣已出現「臺北素人寫真會」，這個機構還在一九一六年創辦了攝影同好雜誌《影》，內容刊載攝影訊息與會員得獎作品，價格為會員一本三十錢，非會員三十五錢。

一九二〇年代是寫真會的盛行年代。受到日本寫真聯盟的影響，殖民地下的許多地方也成立聯盟，像是大連的滿州聯盟。一九二六年七月，「全關西寫真聯盟臺灣支部」正式成立。這個組織整合了部分既有的寫真團體，如臺北的カメラ俱樂部、鐵道部的T. S. S會，以及來自各地的研究會、若葉會、寫友會。透過這個聯盟，各俱樂部的代表共同訂立規約與展覽會的全島規定。

此後，在聯盟推動下，各種攝影大會紛紛舉辦，地點有大稻埕、植物園及動物園等，例如一九二七年三月十三日，聯盟就在臺北植物園商品陳列館——即國立歷史博物館前身——舉行春季攝影大會，參加者有研究會、若葉會、寫友會等會員。徵件分為兩類，一類是作品印畫，大小八吋；一類是自由畫題，大小四吋。投件截止時間為三月二十五日，送交處為大朝支局，並送大阪同盟總部審查，四月底開展覽會，展出獲選作品。一九三〇年代以後，寫真熱席捲全臺，處處可見攝影團體的作品，而這些照片呈現了一九三〇年代的日常生活百態。

攝影熱與寫真機竊案

寫真活動的流行，除了來自寫真會推波助瀾，各種寫真器材店的開設與寫真雜誌的發行多少都讓民眾更容易接觸攝影。

一九二三年九月十二日，《臺灣日日新報》就提到當時臺灣的「カメラ熱（攝影熱）」。報導認為在經濟不景氣的情況下，仍然流行攝影，相當不可思議。當時資生堂除了藥、化妝品及飲食，還經營攝影器材，府中街的寫真機材料店就是資生堂副總經理自立門戶所開設。

新聞中還提到當時比較好的相機一台要價五、六百圓，這明顯是上層人士才有能力購買的價格，若從新聞中經常報導的寫真機竊案來看，平均價格以一百二十圓到一百八十五圓者居多，例如一九三四年十一月二十日，有兩位來自日本的日人到高雄鹽埕町的榮安寫真館，兜售原價一百八十圓的袖珍型照相機，要價僅二十圓，被高雄刑警檢舉後法辦。

從破獲的竊案案例，也可發現三十圓左右的相機。例如來自廣島的川村弘之在臺南末廣町銀座向竹中照相機店謊稱購買相機，乘店員不留意偷走一台相機，店長趕緊報警，警方相當有效率地在當日下午四點於大宮町仁井照相機店前逮捕竊賊。報導中透露這台相機價值二十八圓，可見相機等級差距很大，價格頗為懸殊。

還有甲照相館向乙照相館行竊的案例。例如一九三四年三月九日，臺南白金町曉照相館館主林世榮，因為自家相機不好，遂於當年一月中旬竊取町內同業林某的相機鏡頭，一顆來自德國的頂級貨，要價兩百圓。不一定所有竊案都是偷照相館，也有許多苦主是民居的例子，如一九三七年二月二十五日報紙報導，來自鹿兒島的日人裁松利光，潛入臺北辻本民家偷竊一台三百圓的相機，轉賣到榮町的相機店。這個個案很有意思，失主最後找到相機下落，贖了回去，竟再次遭竊，直到竊賊拿到店家脫手求售，被店家報警處理才得以破案，經查這個小偷在臺中郵便局工作，至少犯過同類型竊案十餘件，獲利千餘圓。從這些竊案可以看出當時的確有不少人擁有相機，竊賊不只是偷照相館，也向一般民居下手，得手後大多至照相館銷贓，可見照相館會收購二手相機再轉賣。

官方對攝影的限制

「寫真熱」透露出民眾有各種的寫真活動與參與攝影的機會，但我們不能忘了一點，就是日本殖民體制對民間攝影仍有各種管制，民眾不得能任意拍攝，新聞中不時可見因拍照被法辦的新聞。一九三一年四月七日，新聞報導基隆港有一艘蘭科尼野號觀光船，船員及臺北觀光客等三人因天氣放晴在岸邊散步，卻被基隆憲兵隊發現於儲油桶附近拍攝港區，立即逮捕送辦，經調查後釋放兩人，沒收照相機，其中一人則送臺北地方法院審判。

不僅是岸邊，就連坐火車也不能隨便拍照。一九三一年十一月二十二日，彰化街同志信用組合員工旅行，一行八人從臺北搭火車往宜蘭途中，在最後一台車廂拍到基隆郡沿線的要塞地帶，被派出所員警發現通報。這群人夜裡到了宜蘭，剛下車就被當地警察逮捕，押送至基隆憲兵隊問訊，經調查，二十五歲的書記賴熾昌在暖暖及八堵間拍了兩張照片，最後不僅底片被沒收，還移送臺中地方法院審判。

日治臺灣的攝影熱還可以透過各式各樣的寫真帖來關注，寫真帖最能反映日治時期官方的政治態度。透過寫真帖裡的照片，我們不僅看到當時的臺灣風土與民眾生活，也能理解帝國之眼下的觀光圖像與被凝視的臺灣片斷。

徐佑驊在《日治臺灣生活事情：寫真、修學、案內》書中說得很好：「殖民者眼光凝視下的『臺灣』，有一套特定『觀看臺灣的方式』，作為他者的臺灣，在各個時期裡也呈現出不同的時代特性。」唯有理解寫真照是如何地被視覺化、建制化，我們才能夠更清楚這套殖民統治的論述方式與符號意義。

關鍵詞：林草、日本寫真聯盟、寫真熱

延伸閱讀：

徐佑驊、林雅慧、齊藤啟介，《日治臺灣生活事情：寫真、修學、案內》，臺北：翰蘆圖書，2016。

38 書店：文青的閱讀世界

一九三〇年代的臺北有三間文青常去的書店：新高堂、杉田及文明堂，其中新高堂最著名。這間書店打從一八九八年就在臺北開張，一九一五年重建，位在現在的重慶南路與衡陽路口，一九四五年後改為東方出版社。

黃旺成就常到新高堂看書買書，有一回他在這裡替老闆買了一本《菜根譚》。此外，從他日記中提到的閱讀書目，如《蕩寇志》、《獨秀文存》、胡適《中國哲學史大綱》、《史記》、《左傳》或者是《臺灣青年》雜誌，大致可看出當時文青的閱讀世界。

文青的書訊從何而來？報紙的新聞及廣告是其中一種。《臺灣日日新報》就會公布新高堂書店的「暢銷雜誌種類」，如一九一七年二月份刊登當月雜誌排行榜，其中銷售數量一百本以上的有：《婦人世界》770冊、《幼年畫報》600冊、《幼年之友》330冊、《講談雜誌》290冊、《家庭雜誌》250冊、《中央公論》245冊、《少女之友》240冊、《日本少年》240冊、《太陽》230冊、《幼年世界》225冊、《婦人畫報》220冊、《婦人之友》220冊、《小兒》180冊、《日本及日本人》165冊及《文藝俱樂部》140冊。這些雜誌大都可以在全臺各書店買到，黃旺成

◆ 新高堂位於臺北，是 1930 年代的文青經常出入的三家書店之一。

在臺中的中央書局買過《太陽》雜誌，並在一九二七年的日記寫到閱讀心得：「今天略覺清閒，看了多少的什誌《太陽》以遣興致。」

書店有時會在報紙上刊登廣告宣傳特價訊息。一九二七年十一月二十八日，太平町的雅堂書局刊登一則消息，說該店於十一月二十四日至十二月二十三日止，舉行冬季特賣會，古今圖書九折，新舊小說八折。相較於日本書店買書會打折一至兩成，臺灣書店的價格對於文青而言，應該是較大的負擔，因為定價之外還要額外加成，日本「內地書書籍商組合」曾抗議臺灣銷售制度帶來的暴利，雙方為了此事還鬧上報紙版面。

在臺中，中央書局是最常被中部地方菁英提到的閱讀空間。邱于芳在其論文中就提到中央書局的特性，她認為：「中央書局，曾是臺中最具規模的中文書店，日治時期與蔣渭水在臺北開設的文化書局齊名，匯聚了戰前及戰後臺灣中部地區的文化人士。日治時期中部地區的政治社會運動與文化活動蓬勃發展，臺灣文化協會、臺灣文藝聯盟，都以臺中作為核心活動場域。中央書局從一九二七年起營運至一九九八年，經營超過七〇年的時間，使其成為老臺中的文化地標，也是戰後喜好閱讀的群眾的精神養分。臺中被譽為文化城，中央書局在其中扮演了重要角色，中央書局的歷史記憶，和臺中『文化城』稱號的歷史記憶建置有密切關係。」

以往學界大多強調的是這間書局的政治社會運動角色，缺少談書局的文化層面。如今，我們透過日記的資料，更可以瞭解當地地方菁英與這間著名中部的書局的連結。

日治時期，有幾位地方人士的日記常提到中央書局的蹤影，像是黃旺成、林獻堂、呂赫若及吳新榮。中央書局不僅提供書籍販售，還是當時文青的社交場所，常見文青在此聚會。

日治時期的臺灣文青日記提到在中央書局買書的經驗。一九四三年五月二十六日，吳新榮提到他在臺中進行了兩天的旅行，讀完金關丈夫的《胡人的味道》，認為這是一位有良心的學者所寫的民俗隨筆，他在彰化的東亞書局買到了《支那文化談叢》，臺中的中央書局購得《大陸史的十二人》，在戰時體制下的臺灣，書籍取得不容易，能找到這類型的書對吳新榮而言是意外的收穫。在五月二十三日的日記裡，他還提到一早坐十點火車到臺中，拜訪一九三〇年出任中央書局營業部主任的張星建，後來因為防空訓練沒遇到，就改去首陽園拜訪楊逵夫婦，邊吃午飯邊談文學。之後回到中央書局，得知王井泉及張文環在中央旅社，就去見他們。

中央書局不僅是賣書，還提供出版。吳新榮在一九四三年十月三十一日寫說，張星建該日從臺中來佳里，提起中央書局想發行吳新榮對妻子的懷念作品《亡妻記》。結果吳新榮的回覆是已經跟清水書店先有約定，無法再度變更了。但又考慮到張興建與《亡妻記》有些淵源，所以考慮再度商量看看。

林獻堂也常在日記中提到中央書局，買書及訪友皆有。一九三二年三月二十三日的《灌園先生日記》提到，林獻堂同友人金生至中央書局買書，一次就買了二十多本書，並將這批書放在家中的圖書室。林獻堂似乎常到中央書局大量購書，一九三七年一月六日的紀錄更驚人，他前一天在中央書局一次購買了七十多種書，隔天書局專程送來。中央俱樂部的創辦人莊垂勝午後來林家，林獻堂竟然趁機向他殺價，最後決定給予五折的優惠，林立即繳交書錢十六元。林獻堂有時候買紀念品也會到中央書局購買。一九三五年三月九日，林獻堂帶著愛子到醫院檢查，順道至農會看南洋蘭，又到附近的田邊書店、中央書局及清水商店購買紀念品，準備當作到林家講座的講師贈品。

到中央書局買書的文青不限中部地區，有時遠在新竹或臺南的文青也會前來購書或訪友，像新竹的黃旺成或臺南的小鎮醫生吳新榮，最常見的還是呂赫若日記裡的中央書局記載。呂赫若日記裡有關中央書局的記事，較多都是訪友與辦事，提到買書或寫下買書的書名的例子不多。一九四二年五月十八日，呂赫若上午空閒，可讀書寫作，但靜不下來，就邀請友人如鵬一塊去臺中，遍訪中央書局、李石樵家，還買了注射器。下午四點後，天氣太熱，最後沒心情逛，提前回潭子家，遂搭巴士去郊區的社口岳母家幫她打針。一九四二年七月四日，他上午在家寫履歷書，午後到臺中市區拍電報給叔叔，順便至中央書局將履歷書轉交給主任張星建。同年十一月十四日，呂赫若搭九點半的快車離開臺北到臺中，下午抵達後立即到中央書局向張星建說明參加「奉公會」的事，又去「大地」喝茶，至四點才坐局營巴士回潭子。

除了找中央書局裡頭的負責人，呂赫若也常在此商討有關臺灣文學的事務。如一九四二年七月二十八日，他和巫永福到中央書局，商討要做《臺灣文學》刊物的合評，直到晚上十點半才搭出租汽車回家。

以上僅是透過日記與報刊資料微觀日治時期臺灣的文青與中央書局。若從當代史學研究的新趨勢來看，日治時期的日記與報刊資料提供了觀看這個時期「物」的臺灣文化史的絕好例證，無論鐵道、博物館、旅館、料理店，還是自行車、味素、收音機、書店，都不再單純只是物的文化史書寫，背後還隱含東亞消費社會發展下的帝國、商業、技術與各種人群移動，而書局更是連結了人、文化、文學活動與閱讀的新式空間。除了買書與訪友，透過中央書局，其實有更多的文化活動在此進行。

關鍵詞：新高堂、《太陽》、《婦人之友》

集海報圖案、ラーヂ商標問題、自行車贈品抽籤等等，其中自行車失竊的新聞最多。

當時新聞常以「自行車泥棒」的字眼下標題，自一九二〇年代之後，這種社會事件有增無減。仔細分析這些社會新聞，偶有一、兩則單一腳踏車失竊者，大多是有關竊盜的數量及龐大金額的描述，例如當時常見的標題有：「竊取自轉車五十餘臺」、「自轉車店主嗾使雇人盜車，贓品約五千圓」、「竊取自轉車五十餘臺」、「自轉車盜難既に百臺，此價格金八千圓」、「專盜自轉車既三十臺，現尚究餘罪」等等。由此可見，當時一台自行車遭竊既不罕見也不稀奇。當時這類失竊新聞之所以會上報，或許是因為竊案過於頻繁且數量眾多，而非自行車價格昂貴。

當時竊賊最常下手的地方有總督府、圖書館、法院、醫院、銀行等地的自行車停車場，此外官衙及會社門前也是歹徒竊盜的好目標，他們經常數人合作，彼此照應進行偷竊。

例如一九三〇年九月十三日《臺灣日日新報》刊載，十七歲少年黃來福受雇於人，自該年六月以來於總督府後門建成町附近的赤十字社醫院、臺北醫院、商工銀行等地偷竊自行車，得手後由二十四歲的雇主在其所開設的自行車店銷贓。眼尖的南署刑事發現其行跡可疑，帶回派出所查問，終於問出一共偷過五十台自行車，價值五千圓。

有時數量龐大，警察還會將嫌犯及贓車陳列展示並登報。例如一九四〇年八月九日，《臺灣日日新報》報導斗六郡查獲竊盜集團曾在三年內偷遍高雄、嘉義，再將一百多台贓車運至斗六銷贓。新聞中提到，官署旁的空地停滿偷來的自行車，警察及三名嫌犯站在自行車前合影，明顯有警世作用。

若以價格論，平均一台自行車約五十至八十圓，以一九二〇年代的物價而言，不算是天價，若說一台腳踏車等同一台汽車或樓房，似乎有些誇大。

從當時臺北或整個臺灣自行車總數來看，可以發現當時一般人的自行車擁有率已相當普遍。

自一九二〇年代起，自行車從奢侈性消費變成大眾性消費。一九二〇年八月七日有一則新聞，指出當時全島約有七萬台自行車，總金額估計超過三百萬圓，人車比居日本帝國首位，本島各地數量排名為屏東第一、臺北其次，再來是臺南。

《臺灣日日新報》曾於一九一九年統計，光是當年四月底，臺北就有自行車五千八百台，到了十月底又增加約一千輛。當時的商店及提供外送的料理店幾乎每一家都在門口擺了兩、三台自行車。到了一九二九年，各地政府藉由自轉車鑑札交換（證明書）的機會來課稅，對於自行車數量的掌握更精確，光臺北州就有三萬輛以上。這種普及的情形一直持續到戰爭期才有所趨緩。

關鍵詞：富士霸王號、日米商店、泥棒、自轉車鑑札

40 過年：舊曆元旦與新曆年

著名的德裔美國史家 Peter Gay 在一系列維多利亞時代的布爾喬亞感官經驗研究《感官的教育》提到，對於十九世紀的人們而言，那是個「快速列車的時代」。隨著火車、鋼軌路基和信號系統的持續改進，火車的速度越來越快，鐵路也成為一種流行的隱喻，新的感官刺激紛至沓來，這表達了十九世紀的急遽變遷，以及由此引發的人們的困惑與焦慮。

同樣因時代轉變而造成的感官體驗與人心變動，在二十世紀初日本作家夏目漱石的《彼岸過迄》亦可見到。時代轉變、東京、市營電車、站台、紅色鐵柱、年輕人、城市，成為小說中常出現的用語與書寫。

一九三〇年代的臺灣似乎也有這樣的現象，城市的劇烈改變為日常生活帶來種種便與不便，成為作家、地方菁英的城市書寫、個人日記或旅遊雜記的重要內容。透過當時地方菁英的私生活書寫，搭配報刊新聞與廣告，我們更能清楚地感受到那個時代的移動、感官與城市文化。

日本著名的旅行史作家富田昭次在《觀光時代：近代日本的旅行生活》曾明白指出，近代的日本可稱做是觀光的時代，各種交通工具的改變帶來快速移動，不僅改變城市地景，也改變人們的感官體驗。

觀光時代帶來的最大變動是旅行方式的改變。呂紹理在《展示臺灣：權力、空間與殖民統治的形象表述》點出這個時期旅行制度化的特色，他認為旅行「制度化」正是旅行活動最重要的發展方向與特質。從外在因素來看，生活作息型態改變、星期制時間系統的出現為旅遊活動提供了時間誘因。交通網路的綿密化和交通工具的快速提高旅行活動的效率，而殖民政府希望藉由旅遊好讓人們看見統治的進步，這股政治力是制度化的重要推力。

論及內在因素，旅遊機構及旅館系統的出現以及旅遊手冊的出版，則為旅行提供更方便的條件。這些都是使得旅行朝向制度化發展的重要因素。以《殖民地臺灣と近代ツーリズム》著稱的日本學者曾山毅則提出：「觀光產業做為一種近代性的裝置被導入臺灣的同時，亦反映出來自宗主國日本的文化影響。」換句話說，日本旅館或料理店的擴展、溫泉的開發、地名的日語讀法、日語書寫的旅遊指南等，在在顯示出殖民地臺灣的觀光產業實為內地延長的側面。這表示研究日治臺灣史不能只看臺灣，還要瞭解當時的日本史甚至是世界動態。

當然，要瞭解作為現代性表徵之一的日常生活轉變，絕非僅靠旅行生活，可能還要多加理解東亞當時的城市文化、消費社會、日常生活、飲食慣習等各方面才有可能，其中「過年」是很好的觀察角度之一，尤其是文青的過年。

日治臺灣的文青怎麼過年的？

日治時期，過年這一天又習慣稱為舊曆元旦。豐原的著名地方士紳張麗俊的過年方式較為傳統，屬老派文人式的，常見的活動有貼春聯、分壓歲錢及拜神。

一九〇九年一月二十一日，《水竹居主人日記》提到張麗俊在農曆元旦前一天，前往葫蘆墩（豐原）購買年節用品，近午才歸。午後，開始貼門聯、拜神敬祖，慶祝這一年的結束。晚飯畢，他的兒女前來討取壓歲錢，在他看來也是天倫一樂。日記結尾，他還特別感傷歲月的流逝：「但今宵猶是舊歲，明旦即是新年，人生易邁，歲月難留，撫今追昔，又不無老之將至之感也」。

拜神本是過年大事。一九二一年二月七日，《水竹居主人日記》提到農曆年除夕這一天，張麗俊全家一早拜謝天地神祇，午後祭拜祖先，完成祭神大事。大年初一這天，他半夜三點就早起，燃燈煮茗，恭神敬祖，九點前往豐原街（舊名葫蘆墩街）慈濟宮進香，和梨園戲班一同唱起戲曲。一九二四年二月五日，張麗俊又提到舊曆新年這一天往慈濟宮進香，和慶陽春梨園戲班唱戲，庭園中紅男綠女熙來攘往，人潮爆滿，動彈不得，這是從未有過的舊曆年現象。

張麗俊不只敬神，過年時向長輩拜年請安也是要事之一。例如一九一八年的二月十一日大年初一，他一早五點起床迎接新年，早餐飯畢，就扶母親坐在大廳中堂，自己和兒孫、媳婦等一一拜跪，給母親添福增壽，禮畢，一大家子同往庄內聖母廟及祖祠進香，直到中午才回家。

林獻堂則在一九三七年二月十一日記載，農曆新年這天有吹春與給紅包的習俗。他提到：「三時餘睡覺，五時又再睡去，聞吹春之聲乃急起。今年祭祀公業輪著鶴年，恐其無準備紅包，使管門樓溪水往取之來與吹春。」所謂的「吹春」又稱噴春，指的是由剃頭業或社會職位較低者組成一班，用喇叭、鼓、鑼、笛、鎖吶、鈸、韻鑼吹打，在市街遊行，到各戶門口吹奏賀春，被吹之戶則用紅包回贈。

林獻堂日記也提過舊曆元旦祭拜祖先的事。一九三〇年一月三十日，這一天烏雲漫天，雨勢不斷，來訪之人甚少，他的活動僅有和內子、垂訓、來兒、織雲、湘雲共同祭拜祖先而已。早餐後林獻堂刻意找來攀龍冒雨前往萊園，參拜祖母之墓。日記還提到，以往每年舊曆元旦，都會有數百位男女在鄰家萊園嬉春，今年元旦大雨，在夕佳亭上作樗蒲之戲者，才數十人而已。

林獻堂的夫人楊水心在日記裡也提到拜年、吹春之事。一九三四年二月十四日，她六點多就起床，之後真蘭社戲團來家裡「吹春」。到了八點，她和林獻堂、猶龍、愛子去拜祖，然後五叔、六龍、夔龍、素英、欒子、容紉、瑞騰、資彬、啟東、漢鋑、根生、阿欒、莊萬生夫婦來拜年。

有的文青在農曆元旦這一天還是一如往常地作息，如新竹地方菁英黃旺成，他在一九一七年一月十七日的日記提到，當天照常授課，下午兩點後才離開學校，前往木村床處剃髮，店內生意因為農曆元旦顯得相當興隆，到了晚上錦珍香送來送過年用的甜料及大鯛。這甜料有紅棗、土豆、冬瓜糖、瓜子等，是當時敬拜祖先及親友拜年時用來招待的糖果。

有的人在監獄過新年，對過往正月一日抱著無限懷念。

一九三〇年二月十日的《簡吉獄中日記》以回憶的方式提到過年的情境，當天簡吉想起前一年此日正逢舊曆春節。那一天，簡吉用朋友國祥和根二兄送來的物品與洪水兄送來的魚丸煮年糕，夜晚用以信兄寄來的錢買了飯糰在公園吃掉；從傍晚開始忙著訪問和幫忙，很晚才結束，晚飯讓主人不在的主婦招待了，吃了一頓豐富的新年晚餐。隔了一年，簡吉的正月初一卻是在監獄度過，午餐只有鹹沙丁魚，兩相比較，現況悽涼。

簡吉對舊曆年的懷舊記憶不僅是私人生活方面，也有公領域的描述。他在一九三〇年的二月十二日的日記提到，前一年此日是舊曆正月初三，是個歡樂的新年，不料一早全島就有三百餘人遭檢舉，五百餘處住宅遭到搜查，與農民組合有關者以及和他們來往的人們與家庭一片混亂。在搜查住宅時，日本統治者故意粗野蠻橫，拘捕時更是粗暴示威，完全破壞了全島的祥和氣氛。當時他正在本部，因為不願做飯，就把朋友送來的甜粿、菜包、魚丸等胡亂混在一起，做成非常奇特的煮年糕，吃起來不知是甜是鹹，初一初二都是這樣度過。對簡吉而言，一九二九年農曆過年期間發生的查禁大事讓他記憶深刻。

相對於舊曆年，一般文青提到陽曆新年元旦的記載相對更多，由此可以看出日本推行的現代作息對文青日常生活的影響。吳新榮是一九三〇年代的文青中將新年元旦寫得最清楚的一位。

臺南小鎮醫生吳新榮的農曆年跟豐原張麗俊、林獻堂、黃旺成很不同，沒有拜神活動，而是訪友、賞景、泡溫泉、登山及打麻將，一副文青的現代過年模式。

一九三五年二月四日，他在日記裡提到過了九點才起床，吃過早飯，朋友昭癸義兄開著自動車載他去參詣赤山岩，因為是舊曆的元旦，參拜者陸續到來，人相當多。十一點多，兩人又乘火車到後壁，再轉巴士到白河，在這裡連同賴煇煌、魏國兩夫婦到關子嶺泡溫泉。林泰料夫婦已到，不久陳清鐘夫婦又到。眾人各自入浴後，就一同攝影留念。這幾位昔日東京醫學士已各有妻小，甚呈盛觀。之後大夥又去登山清遊。晚餐後，石錫純君又到，吳新榮和這夥同學開始打東京式的麻將。吳新榮的舊曆年第一天就是這樣度過。

吳新榮在新曆年有個習慣，就是到外地辦同學會。他在一九三九年的新年元旦提到：「今年在此鄉下的元旦一如往常，沒有什麼改變，因為勵行國曆，在市場裡被嚴格禁止□□的關係，到街上逛熱鬧的人反而多了。」由於來看病的患者很少，所以他搭下午五時的巴士到臺南，悠然地過他的新年。從一九三六年起，他這天都在外地選個地方舉辦「旭翠會」，與過去在東京的同窗相聚。一九三九年的旭翠會決定在日月潭舉辦，就邀呂成寶君同行，太太雪芬則想去買些新開市的便宜物品，帶了小孩南圖一起來。到達臺南時，首先去拜訪王烏硈先生，正好他們與慈惠院的同事們在吃壽喜燒，於是當了不速之客。事後又去拜訪黃百祿，看看要參加旭翠會者有那些人，卻只來了林耳君和黃明富兩位，與黃百祿加起來只有五個人，場面看來冷清，加上旅館訂房等等原因，最後日月潭之行只好取消，決定在臺南簡單舉辦。

雖然參加者不多，吳新榮這夥朋友還是去了酒樓，傾訴一年來的心情，一起祝福新的一年過得更好。第一回合到新開幕的招仙閣，幾乎客滿，多耗了些時間，不過，此店被視為當時臺灣第一大酒家，他們在此把酒言歡。第二回合決定到松竹咖啡屋去喝，此店有過一段全盛時期，女給（女招待）眾多。他們一行人為了展現豪勢，就到寶美樓進行第三回合飲宴，寶美樓歷史悠久，不愧為臺南老店，深夜還能出菜，端出大家最喜愛的烤山羊肉。

這次的活動散會後，因為旅館都客滿了，他到妻子借住的王烏硈先生家過夜。而友人林耳、黃明富、呂成寶等三位找了七、八家才找到住宿處。經過與友人狂歡一天後，他的心情反映在日記裡：「在新年或廟會慶典時，還是別到都市去湊熱鬧。但今天我卻玩得蠻開心的，也慶幸有機會在此遇見黃氏，暢談往日情懷。」

到了戰爭最末期，過年的氣氛連帶受到影響。吳新榮在一九四五年一月一日的日記提到，去年末，完全沒送出任何一份年禮，因物資匱乏，也覺得無此必要；也未送紅包給小孩和家人，因為並不覺得金錢那麼值得重視。元旦這天，謝絕了黃大友等人的招待，決定不喝酒。因為時勢如此，他完全沒有以喝酒的方式來慶祝新年的心情。當年元旦也破例不拍全家福紀念照片，一方面是底片缺貨，另一方面是家族成員在精神上並未完全一致。

在度過上述新元旦與舊曆年並存的日常生活後，到了一九四五年，這群文青又經歷了一次生活作息的大變動，舊曆年恢復了。一九四七年一月二十一日，吳新榮在日記裡提到：「光復變為復古了，大部分的百姓都準備歡迎舊曆。舊曆或稱古曆或陰曆，或稱農曆。所以在這農村當然要做這舊慣，自然市面也因之呈出盛況，物價也因之空前膨脹。致使我們已不能做新，也不能做舊。但是最少限度也蒸些甜果〔粿〕可以敬祭祖先。」看來日本人走了之後，臺灣民眾又開始回復農曆，由於物價高漲，依昔日慣習僅能蒸煮些簡單的糕點來祭拜祖先。

關於這個主題，近來的歷史研究已經透過日記、報刊、檔案進行了許多相當精采的論述，例如中研院臺史所研究員林玉茹在〈過新年：從傳統到現代臺灣節慶生活的交錯與嫁接（1890-1945）〉一文提到，在戰時體制下，新、舊曆元旦的競爭更趨白熱化，促使部分臺灣人，特別是城市居民和接受新式教育的青年，逐漸選擇新曆元旦而不再過舊曆年。但另一方面，即使在警察、保甲系統以及皇民奉公會的嚴密監控下，大部分、特別是農村中的臺灣民眾，大致仍持續過舊曆新年，只是將部分年節儀式隱藏起來，而呈現另一種殖民地民眾堅守傳統節慶風俗的精神。這也是為何戰爭一結束，臺灣人即歡欣鼓舞地過舊曆年，新曆元旦反而受到冷落。

關鍵詞：張麗俊、林獻堂、慈濟宮、簡吉

延伸閱讀：

林玉茹，〈過新年：從傳統到現代臺灣節慶生活的交錯與嫁接（1890-1945）〉。

41 空襲：臺灣民眾的戰爭記憶

午後突然緊急召集防衛團。我們救護班如往常地到金唐殿集合。當然防空警報已經下達了。不久傳令報告：數架敵機在臺北上空襲擊。事實與詳情均不明，恐怕這是臺灣，不，是日本第一次的被空襲吧。不曾目擊過真正的空襲的這些人，甚至把收音機的廣播都當做一種幻想，依舊採取「天下太平」的態度而生活，毫不覺得有甚麼戰爭的氣息。

《吳新榮日記全集》，1938/2/23

過往，我們對於一九三七年中日戰爭的爆發原因與影響有相當多的歷史書寫，卻對戰爭發起國日本殖民體制下的臺灣生活所知甚少。通常我們會在相關書籍把這段時期的歷史特色形容為「戰時體制」。教科書是這樣描述戰時體制形成的背景：「一九三〇年代，日本國內受到世界性經濟大恐慌的影響，產生經濟及政治危機，結果造成日本軍部勢力抬頭，並加緊對外侵略腳步。一九三一年，發動九一八事變，佔領中國東北。一九三七年七月，製造蘆溝橋事變，中日全面開戰。」除了北進之外，日本也在一九三六年正式「南進」，積極展開侵略行動。

隨著軍事行動的擴展，日本全國進入戰時體制，臺灣也不可倖免地捲入戰爭洪流。為了因應軍事需求，臺灣總督又回到日治初期的武官總督體制。一九三六年，海軍大將小林躋造出任總督，提出了「皇民化、工業化、南進基地化」三政策，成為戰時體制下統管臺灣的最高原則。

戰爭的感受

臺灣民眾何時感受到戰爭的即將到來？一九三七年的七月七日或許是個重要的時間點。儘管近年來有關戰時體制下的臺灣研究越來越多，但多偏向政治、社會及經濟方面的研究，少有從民眾的生活感受著手。透過日記或許是我們微觀戰時體制下臺灣民眾生活的重要管道。

一九三七年七月七日，臺南小鎮醫生吳新榮在這一天僅寫下幾個字：「正義如不滅，良心遍世界。」雖沒有太多描述，但明顯已經表明他對這場戰爭開打的態度。此後到年末的日記裡，沒有太多有關中日戰事的直接描述，但開始對戰爭造成的生活影響有所著墨。中日戰爭後半年內，常出現在臺灣民眾日記中的戰爭事務字眼有：空襲警報、國防獻金、出征、送別會、防衛團、民風作興委員會、愛國婦人會、慰問品、軍機獻納促進會、青年團、國民精神總動員、南京陷落祝賀會等。

例如九月一日，吳新榮午後在佳里勸募國防基金，成績相當亮眼，幾日下來已經累積到兩臺北實施了空襲的燈火管制。當晚六點五十五分，發佈空襲警報，一時臺北成為黑暗世界，所有通行中的汽車都停駛關燈，直到七點十五分才解除第一階段的空襲警報。到了晚上九點，又發佈第二次警報，隔二十分鐘解除，所有警戒管制到十點才結束。這樣的空襲警報演練主要是隨著陸軍紀念日的活動而進行，涵蓋的範圍應當是全臺。花蓮在紀念日這天，午後五點半召集了第三大隊、街防衛隊、特殊防衛隊、官衙、街民等，六點全體動員，開始警備演練，進行數次燈火管制及判別瓦斯種類的活動，直到九點才結束。

臺灣何時首次遇到空襲？原來不是戰爭末期，早在一九三八年就有。從吳新榮的日記得知，一九三八年二月二十三日午後，吳新榮接到防衛團的緊急召集，救護班奉命前往佳里金唐殿集合。隔天又提到有十二架敵機從南方飛來，救護班再度緊急集合。這是他第一次聽到防空警報，不久就收到傳令報告，有數架飛機在臺北上空襲擊。儘管事實與詳情都不明，但吳新榮推測：「恐怕這是臺灣，不，是日本第一次的被空襲吧。」對此，吳新榮很感慨地說，當時大多人是透過收音機的廣播得知這消息，由於並未親身經驗，未曾目睹真正空襲，因而大多會將這類消息當作幻想，依舊採取「天下太平」的態度過生活，絲毫不覺得有戰爭的氣息。

從一九四四年十月起，吳新榮經歷連續五天空襲，平均每天有一千架飛機來襲，是島內前所未有過的大規模空襲。

當年十月十二日，他親眼目擊空戰。據日記描述，當天凌晨三點開始發佈空襲警報，開始全員配備與躲避。到了七點鐘，敵機的大編隊已經出現在曾文溪上空，展開對戰。他曾三次見到敵機燒成火球往地面墜落。

連續空襲首日，剛好是吳新榮的兒子夏雄滿四個月的日子，根據習俗，家人會準備紅桃祭拜祖先，娘家則會送禮祝賀。這一天因為空襲無法進行任何慶祝活動，慘得是三餐只有米飯拌砂糖。

空襲第二日凌晨三點，吳新榮就被叫起來開戰時非常會，商議如何在早晨六點動員鎮上每一戶居民燃燒野草樹葉來製造煙霧，事後才知道這種煙霧在空襲時曾發揮很大的效果。當日吳新榮外出看診途中，發現家家戶戶終日都在燻煙，寫下：「如此忠誠而善良的國民，我看了感動掉淚」這樣的感想。

或許是參與地方動員團體的事務，吳新榮對於戰事的掌握相當清楚。十月十三日他在日記提到，敵軍的航空母艦有一千多架飛機來襲，遭臺灣擊落的有一百多架。對吳新榮而言，此次空襲讓臺灣民眾覺得日本已經掌握了反攻的轉機，若真如此，臺灣成為戰場也該滿足了。

面對連續空襲，吳新榮規劃了幾處可以避難的處所：有將軍老家、下營的徐清吉、北門的漢醫大舅張善惠、麻豆的李自尺、白河的黃奇珍。為了防範空襲，他還特地將賽璐珞製造的易燃物品如汽油和洋娃娃移至屋後安置。

第三天時，他聽聞到有跳傘被俘美軍的口供消息，得知美軍第一天的目標是軍需工廠，第二天是軍事設施，第三天是一般民間。這種轟炸方式讓吳新榮有了新的覺悟，認為是種「無差別轟炸」。所幸他已經完成家中的避難設備，無論敵人以什麼方式來襲，都能應對。由於空襲的緣故，一切收音機、通信及交通都中斷，連不遠老家的將軍一帶都無消息，好在前一天有壽坤親自跑一趟老家帶回來的消息，才令吳新榮稍微放心。儘管如此，他還是牽掛家中長輩，為此，他終夜難眠，遂摸黑找出珍藏已久椪卡龍酒，喝了幾杯，快到天亮才有睡意。但一早，他就被班長叫起來準備煙霧及其他配備。

到了空襲第四天，吳新榮總算能趁著空襲空檔，將蓋在防空壕上的塌塌米搬進屋內睡覺。跟平常不同的是，他是全副武裝在休息，儘管不舒適，但或許是兩三天的疲倦感一下湧現，他和妻小擠在一張大蚊帳中，一覺到天亮。

在這幾天的空襲中，吳家不僅自己躲空襲，在吳新榮父親的安排下，還接待了從臺南來的朋友躲在小雅園。吳新榮在日記中寫道：小雅園自空襲後，就開放舊的防空壕讓來自琉球的逃難民眾開放，估計可以容納五家三十多口人家。此外，我們得知，當時逃難的民眾還有來自南方的屏東及高雄，或徒步或坐牛車的準備逃往虎尾、臺中。看著這些人疲憊的樣子，使他深深感受到戰爭的現實及民眾的命運。

到了第五天，吳新榮透過管道得知，在這次前所未有的大空襲中，美軍被擊落的軍機約兩百架，但更好的戰果是在海上，已經捕獲敵方機動部隊，並且擊沈了航空母艦級以下的艦艇三十餘艘。在這一天，受到連續空襲的影響，為了要守住診所，保護家人，再加上藥品器材不足及交通工具欠缺的緣故，吳新榮做了以下決定：限制或辭退兩種情況的外診，分別是直轄之外的遠路看診及燈火管制時的夜間外診。

十月十二日以來連續五天的戰鬥，稱之為「臺灣沖航空戰」。

十月十九日的吳新榮日記裡對於這次航空戰稱之為大東亞戰爭以來的最大戰爭，他描述道：「敵方艦隊據說是太平洋第三艦隊的第五十八機動部隊，總計有四十五艘的損失。即使臺灣全島被空襲而有三百餘架的我軍機未返回，但是敵人的損失要比此更龐大。」然而，事實上，美軍的船艦並未有像日本宣傳的這樣，遭受到重大損失，這似乎只不過是當時日本軍方的誇大之詞。

一九四五大轟炸

一九四五年的新年一開始，吳新榮就感受到空襲的壓力。元月三日，他從收音機聽到全島空襲的廣播。在躲防空壕的瞬間就聽到遠處砲火隆隆。一月十七日，他記載了連續的空襲感覺已經成為日常生活中的一部份，弄得工作幾乎歇業。根據描述，當時的空襲遍及全島，新竹、彰化、臺南及馬公的損害相當嚴重。

對吳新榮而言，雖然物質上沒有太大的打擊，但精神上讓他焦躁不安。這種敵人的神經戰術，對民眾的生活也有很大的影響。他偶而會趁著救護勤務時補充營養，但戰爭時的孩子們可能就沒有這樣的機會。吳新榮的補給之道就是趁值勤時和同僚抽籤，輪流到西美樓酒家喝一杯或吃吃壽喜燒。

一九四五年四月十日，吳新榮在日記提到，美軍的空襲由南部逐漸往北部移動，南部雨季來臨時空襲可能會減少。當時攻擊的順序大致是由屏東、高雄、臺南、嘉義、彰化一路向北。透過報紙的訊息，當時已經能夠判斷出美軍的飛機已經集結在沖繩。

沒有空襲的日子，吳新榮還是要趁空檔外診。一九四五年四月九日，他搭著人力車到臺南七股篤加村幫人看病，一路上經過的是因陣地構築而破壞的道路，路況惡劣，儘管如此，他竟然還能看完清水書店所發行的《臺灣文化論叢》第一輯。

蓋防空壕

一九四一年二月二十日，吳新榮的鄰居借用他們家後花園蓋防空壕，條件之一是順便另外幫他蓋個新的防空壕，以作為佳里醫院之用。不到幾天時間，他們就在花園西側完成了一座佳里地區最堅固的防空壕。

從一九四五年一月的日記看來，吳新榮家中的防空壕有四座，且每座都分配給不同人員。第一防空壕是榮樑、南星、南圖、夏雄，第二是雪金、南河及亞姬子，第三是岳母、朱里、吳的二弟國卿的長女翠霞，第四是井上、藥局生長旺、有財。此外，若他父母親來的話則分配在四、三防空壕。

在日本政府的命令下，民眾挖防空壕避難的政策已持續好幾年。隨著一九四五年太平洋戰事的激烈化，防空壕的強化工作勢在必行。多數的防空壕像吳新榮家的一樣，經歷了重挖、強化、掩蓋、重修的階段有五次之多。

一九四五年二月十五日，吳新榮為了趕在雨季來臨前整建，開始構思重建防空壕。他從老家將軍把舊藏的粗大福州杉木運到佳里，和以往分散式的設計不同，此次預計增建一座最高防禦力的建物，於是委託小雅園粗重工作的重要助手吳三耳來進行。十八日，吳新榮家裡的防空壕增建的工程約已完成三分之二，進度為第一日挖土、之後每日的不同進度分別為：立樑柱、編竹、疊磚、鋪頂蓋，到了第六天堆土完後就算完工。在戰時資源缺乏的情況下，要興建一座防空壕並不容易，除了剛好有現成的木材外，吳新榮也很幸運地找來了鐵、石灰、磚塊、穀物及竹子等材料。落成後，他還打算要安置牽手觀音，作為守護神的本尊。

躲空襲是日治末期臺灣人的共同記憶，不僅人要躲飛機轟炸，就連家中祭拜的菩薩也要。一九四五年三月二十二日，吳新榮提到他回老家將軍，他母親建議將神位移到防空洞內奉祀。為此，吳新榮特別製作了簡易神位，以南鯤鯓代天府的照片包上紅布，寫上了觀音佛祖、五府千歲、保生大帝及中壇元帥的照片。

材薪的欠缺在戰爭後期越來越嚴重，吳新榮對此感到非常焦慮，通常要動員各方來尋找。一九四五年四月，他從各個地方搬來了堆積如山的木材，一方面可以強化防空洞，一方面可以維持生活所需到戰爭結束。其中有來自將軍的甘蔗頭、大道墘的印度田菁、外渡頭的田菁頭、同安寮的甘蔗果、一保及二保的龍眼柴、後營及新寮的木麻黃。

身為救護團員，吳新榮常會在空襲之後奉命參與救護。從日記看，救護的範圍不限於佳里。一九四五年一月四日，他一早就到救護站集合，中午正要回家吃飯時，收到郡本部發出到北門庄的動員令。他隨著警察隊一進村莊，看到的災難損害比預料的還嚴重，每間房子都遭到轟擊。其中，他伯父的屋子被炸彈直接轟炸，全家五口都壓在瓦礫堆中，只救出一人，帶回佳里救治。巧的是，他伯父在空襲時正好不在家，逃過一劫。其餘吳新榮的朋友，曾在日本東京醫專就讀的王金河、鹽分地帶文學同仁的王碧蕉、佳里青風會成員的王登山等家族，也逃過一劫。

或許是因為北門這個地方有港灣設施、有存鹽倉庫、有偽裝的工廠，連這樣不起眼的地方都被轟炸，這次的經驗讓吳新榮切實感受到戰爭已經迫在身邊，更感覺到防空壕的重要性。

戰爭終了

到了一九四五年八月戰爭末期，有關空襲的紀錄越來越少，帶來嚴重影響的不是空襲，而是天災。八月一日，吳新榮提到一場大雨，將他最高級的、最終的、充滿自信的防空壕沖得完全崩塌了。連日大雨使佳里地區發生前所未有的水患，家屋浸水，道路氾濫，防空壕塌陷，樹木大量傾倒。隔了幾天，他回到將軍老家探視，情況嚴重，似乎預告這場戰爭即將結束。這是六年來第一次大水災。透過恢復正常的收音機及報紙訊息，他在九日得知日、蘇已進入開戰狀態。最後記載空襲的情況是八月十二日，這天他見到二十四架B24轟炸機分四個編隊通過佳里上空，似乎是空襲嘉義，但並未聽到爆炸聲。

八月十五日，日本投降，關於戰爭結束，這位臺南小鎮醫生在日記裡並未透露太多情緒，僅簡單寫道朋友聽醒他要回家聽收音機：「今天上午到下營保甲事務所為瘧疾患者做採血檢驗。從下營歸途中，遇到謝得宜君，告訴我中午有重大事件廣播。回到家要開收音機，卻沒電。到晚上，鄭國津君倉惶而來，告訴我重大廣播的內容。恰中我先前告訴徐清吉、黃朝篇兩人的預言，連我自己都嚇一跳。」

關鍵詞：愛國婦人會、青年團、吳新榮、防空壕

附錄一：參考書目

山口政治，《東臺灣開發史：花蓮港とタロコ》，東京都：中央產經資訊，1999。

山路勝彥，《近代日本の殖民地博覽會》，東京都：風響社，2008。

毛利之俊著，陳阿昭編，葉冰婷譯，《東臺灣展望》，原民文化，2003。

王慧瑜，〈日治時期臺北地區日本人的物質生活（1895-1937）〉，國立臺灣師範大學臺灣史研究所碩士論文，2010。

王櫻芬，〈聽見臺灣：試論古倫美亞唱片在臺灣音樂史上的意義〉，《民俗曲藝》，160 期（2008）。

末光欣也，《臺灣歷史：日本統治時代的臺灣》，臺北：致良出版社，2012。

皮國立，《臺灣日日新：當中藥碰上西藥》，臺北：臺灣書房，2008。

吉見俊哉著，蘇碩斌、李衣雲、林文凱、陳韻如譯，《博覽會的政治學》，臺北：群學出版有限公司，2010。

竹中信子著，熊凱弟譯，《日本女人在臺灣：日治臺灣生活史・昭和篇上（1926-1945）》，臺北：時報文化，2009。

艾倫・狄波頓，《旅行的藝術》，臺北：先覺出版股份有限公司，2002。

佐藤春夫，《佐藤春夫：殖民地之旅》，臺北，草根出版，2002。

何姿香，〈從茶箍到雪文：日治時期臺灣肥皂之研究〉，國立中央大學歷史研究所碩士論文，2010。

吳永華，《臺灣歷史紀念物：日治時期臺灣史蹟名勝與天然紀念物的故事》，臺北：晨星出版社，2000。

吳奇浩，〈洋風、和風、臺灣風：多元雜揉的臺灣漢人服裝文化〉，國立暨南國際大學歷史學系博士論文，2012。

吳奇浩，〈時勢所趨：日治時期臺灣洋服的引進流行〉，收入李力庸、張素玢、陳鴻圖、林蘭芳編，《新眼光：臺灣史研究面面觀》，臺北：稻鄉出版社，2013。

吳新榮著、張良澤編，《吳新榮日記》，臺南：國立臺灣文學館，2007。

呂紹理，《水螺響起：日治時期臺灣社會的生活作息》，臺北：遠流事業股份有限公司，1998。

呂紹理，《展示臺灣：權力、空間與殖民統治的形象表述》，臺北：麥田出版，2005。

呂赫若著，鍾瑞芳譯，《呂赫若日記》，臺南：國家臺灣文學館，2004。

坂本悠一監修，《朝日新聞臺灣版》，東京都：ゆまに書房，1935-1942。

李力庸、張素玢、陳鴻圖、林蘭芳編，《新眼光：臺灣史研究面面觀》，新北市：到鄉出版社，2013。

李志銘，《單聲道：城市的聲音與記憶》，臺北：聯經出版事業股份有限公司，2013。

李尚仁編，《帝國與現代醫學》，臺北：聯經出版事業股份有限公司，2008。

李品寬，〈日治時期臺灣近代紀念雕塑人像之研究〉，國立臺灣師範大學臺灣史研究所碩士論文，2009。

李欽賢，《臺灣的古地圖：日治時期》，新北市：遠足文化，2002。

周湘雲，《日治時期臺灣熱帶景象之型塑》，臺北：國史館，2012。

岩口敬子，〈國家儀典與國民統合：日治時期臺灣官方節日與儀式之研究〉，國立政治大學臺灣史研究所，2008年。

松田京子，《帝國の視線：博覽會と異文化現象》，東京都：吉川弘文館，2003。

林丁國，〈從「嘉農」看日治時期臺灣棒球運動的發展〉，《臺灣史料研究》，28 期 (2006)。

林太崴，〈日治時期臺語流行歌的商業操作：以古倫美亞及勝利唱片公司為例〉，《臺灣音樂研究》，8 期 (2009)。

林玫君，〈日治時期臺灣女學生的登山活動：以攀登「新高山」為例〉，《國立臺中技術學院人文社會學報》，3 期 (2003/12)。

林玫君，《從探險到休閒：日治時期臺灣登山活動之歷史圖像》，臺北：博揚文化，2006。

林玫君，《臺灣登山一百年》，臺北：玉山社，2008。

林玫君、余智生，〈日治時期的「臺灣八景」與休閒登山〉，《嶺東體育既休閒學刊》，2007 年第 5 期。

林芬郁、沈佳姍、蔡蕙頻，《沒有電視的年代：阿公阿嬤的生活娛樂史》，臺北：貓頭鷹出版社，2012。

林雅慧，〈「修」臺灣「學」日本：日治時期臺灣修學旅行之研究〉，國立政治大學臺灣史研究所碩士論文，2009。

林裕勳，〈日治時期花蓮港廳吉野村清水部落之研究〉，國立東華大學臺灣文化學系碩士論文，2013。

柯勝釗，〈日治時期臺南社會活動之研究：以臺南公會堂為例〉，臺南：國立臺南師範學院鄉土文化研究所碩士論文，2002。

洪秋芬，〈日治時期殖民政府和地方宗教信仰中心關係之探討：豐原慈濟宮的個案研究〉，《思與言》，42 卷 2 期 (2004)。

洪德仁，《戀戀北投溫泉》，臺北：玉山社，1997。

范燕秋，《疾病、醫學與殖民現代性》，臺北：稻鄉出版社，二版，2010。

宮崎健三，《鶴駕奉迎之記》，臺中：臺灣新聞社，1923。

徐逸鴻，《圖說日治臺北城》，臺北：貓頭鷹出版社，2013。

翁純敏，《吉野移民村與慶修院》，臺北：花蓮縣青少年公益組織協會，2007。

國立臺灣博物館編，《世紀臺博・近代臺灣》，臺北：國立臺灣博物館，2008。

吉見俊哉，《博覽會的政治學》，臺北，群學，2010。

堀田典裕，《吉田初三郎の鳥瞰圖を　あむ》，東京都：河出書房新社，2009。

張雅綿，《失序的森林：日治末期太魯閣林業開發》，花蓮：花蓮縣文化局，2012。

張麗俊著，許雪姬、洪秋芬、李毓嵐編，《水竹居主人日記》，臺北：中央研究院近代史研究所，2004。

莊永明編，《臺灣鳥瞰圖：一九三〇年代臺灣地誌繪集》，臺北：遠流出版事業股份有限公司，1996。

許佩賢，《太陽旗下的魔法學校：日治臺灣新式教育的誕生》，新北市：遠足文化事業股份有限公司，2012。

許雪姬編，《日記與臺灣史研究：林獻堂先生逝世 50 週年紀念論文集》，臺北：中央研究院臺灣史研究所，2008。

許雪姬編註，《灌園先生日記》，臺北：中研院臺史所、中研院近史所，2007。

郭立婷，〈味覺新滋味：日治時期菓子業在臺灣的發展〉，國立政治大學臺灣史研究所碩士論文，2010。

陳玉箴，〈日本化的西洋味：日治時期臺灣的西洋料理及臺人的消費實踐〉，《臺灣史研究》，20 卷 1 期 (2013)。

陳玉箴，〈食物消費中的國家、階級與文化展演：日治與戰後初期的「臺灣菜」〉，《臺灣史研究》，15 卷 3 期 (2008)

陳芳明，《殖民地摩登：現代性與臺灣史觀》，臺北：麥田出版社，2004。

陳柔縉，《臺灣西方文明初體驗》，臺北：麥田出版社，2005。

陳凱雯，〈日治時期基隆公會堂之研究：兼論基隆地方社會的發展〉，《海洋文化學刊》，3 期（2007）。

陳毓婷，〈日治時期臺灣的納涼會：以《臺灣日日新報》為主之探討 (1902-1940)〉，國立暨南國際大學歷史學系研究所碩士論文，2011。

謝仕淵，《國球誕生前記：日治時期臺灣棒球史》，臺南：國立臺灣歷史博物館，2012。

謝仕淵、謝佳芬，《臺灣棒球一百年》，臺北：果實出版社，2003。

謝竹雯，〈誰家紅腳鬥鳴苓：由大埔賽紅腳為例看個人、群體與權力〉，《人類與文化》，39期(2009)。

羅慧芬，〈日治時期鳥瞰圖之研究：從日本繪師之眼見臺灣〉，國立屏東教育大學視覺藝術系碩士論文，2011。

附錄二：圖片引用出處

《大阪朝日新聞台灣版》

《臺灣日日新報》

《東臺灣展望》

《始政四十周年記念臺灣博覽會誌》

《昭和十年新竹州震災誌》

《昭和十年臺中州震災誌》

《鶴駕奉迎之記》

《臺灣鐵道旅行案內》（國立臺灣圖書館提供）

《臺北市政20年史》（國立臺灣圖書館提供）

《珈琲店時代》（國立臺中圖書館提供）

《女給時代》（東村出版社提供）

唐立宗提供（圖說中有說明為明信片者）

蓬萊の島大衆生活

島嶼

臺灣
高雄州
屏東街
旗山街
案內記
職業別索引（イロハ順）
官公衙學校等
屏東街役場
屏東公園
屏東郵便局
旗山郡役所
旗山街役場
鳳山郡役所
銀行
會社
飲料水商
履物商
保險代理店
ペンキ屋
米雜穀肥料
時計商
旅館
金物商
菓子商
硝子商
電機店
鐵工業

大眾的歷史、
歷史是寫給大眾的、
歷史是由大眾來書寫的。

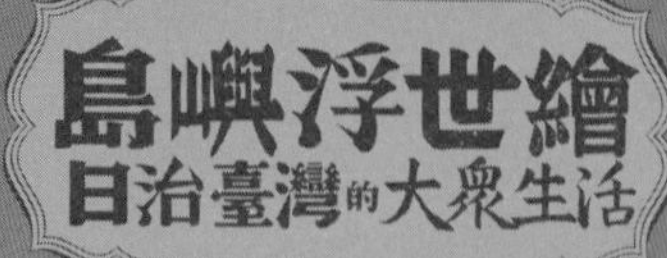

作者　蔣竹山

發 行 人／林宜澐
總 編 輯／廖志墭
執行編輯／張筑婷 董雅芳 王威智
美術設計／黃子欽
出版／蔚藍文化出版股份有限公司
地址：110 臺北市信義區基隆路一段 176 號 5 樓之一
電話：02-2243-1897
臉書：https://www.facebook.com/AZUREPUBLISH/
讀者服務信箱：azurebks@gmail.com
總 經 銷／大和書報圖書股份有限公司
地址：24890 新北市新莊區五工五路 2 號
電話：02-8990-2588
法律顧問／眾律國際法律事務所　著作權律師／范國華律師
電話：02-2759-5585　網站：www.zoomlaw.net
印刷／世和印製企業有限公司
初版一刷／ 2014 年 4 月
增訂二版／ 2021 年 1 月
二版四刷／ 2024 年 9 月
定價／ 480 元

國家圖書館出版品預行編目 (CIP) 資料
島嶼浮世繪 : 日治臺灣的大眾生活 / 蔣竹山著 .
-- 二版 . -- 臺北市 : 蔚藍文化 , 2021.01
面；　公分
ISBN 978-986-5504-18-2(平裝)
1. 日據時期 2. 生活史 3. 臺灣史

733.28　109013245